21가지 퍼즐을 풀면서
배우는 알고리즘과 프로그래밍의 원리

퍼즐로 배우는
알고리즘

with
파이썬

퍼즐로 배우는 알고리즘 **with 파이썬**

PROGRAMMING FOR THE PUZZLED: Learn to Program While Solving Puzzles by
Srini Devadas
Copyright © 2017 by Massachusetts Institute of Technology

ISBN   978-89-314-6132-9

독자님의 의견을 받습니다

이 책을 구입한 독자님은 영진닷컴의 가장 중요한 비평가이자 조언가입니다.

저희 책의 장점과 문제점이 무엇인지, 어떤 책이 출판되기를 바라는지, 책을 더욱 알차게 꾸밀 수 있는
아이디어가 있으면 이메일, 또는 우편으로 연락주시기 바랍니다.

의견을 주실 때에는 책 제목 및 독자님의 성함과 연락처(전화번호나 이메일)를 꼭 남겨 주시기 바랍니다.
독자님의 의견에 대해 바로 답변을 드리고, 또 독자님의 의견을 다음 책에 충분히 반영하도록 늘
노력하겠습니다.

주 소   (우) 08505 서울시 금천구 가산디지털2로 123 월드메르디앙벤처센터2차 10층 1016호
대표팩스   (02) 867-2207
등록   2007. 4. 27. 제16-4189호
이메일   support@youngjin.com

저자 Srini Devadas | **역자** 유동균 | **책임** 김태경 | **진행** 최윤정, 이민혁
표지디자인 지화경 | **본문디자인** 이경숙 | **영업** 박준용, 임용수
마케팅 이승희, 김근주, 조민영, 김예진, 이은정 | **제작** 황장협 | **인쇄** SJ P&B

이 책은 알고리즘 퍼즐의 재미와 컴퓨터 프로그래밍의 실용성 사이에 다리를 놓고, 독자들과 함께 퍼즐을 풀면서 프로그래밍에 대해 소개하려고 합니다. 일부 소수의 학생들은 프로그래밍을 위한 프로그래밍을 좋아하기도 합니다. 나머지 독자들에게 프로그래밍을 더욱 흥미롭게 만들고, 문제를 쉽게 설명할 수 있으며, 현실 세계의 어플리케이션을 반영한 것이 퍼즐입니다.

각 단원은 퍼즐의 설명으로 시작합니다. 퍼즐을 풀면서 처음에는 한두 번 실패하고 난 뒤, 우리는 "아하!" 하는 순간을 겪게 될 것입니다. 검색 전략, 데이터 구조, 수학적 증명 등에 대해 깨달은 뒤, 답을 찾을 수 있을 것입니다. 퍼즐의 답은 우리가 작성해야 할 코드의 명세서와 같습니다. 여러분은 우선 코드를 보기 전에 이 코드가 어떤 역할을 수행할지 배웁니다. 이 부분은 제가 믿고 있는 강력한 교육학적 철학으로서, 코드의 기능을 이해하는 것과 프로그래밍 언어의 문법과 의미를 이해하는 것을 분리시킬 수 있기 때문입니다. 코드를 이해하기 위한 문법은 그때 그때 필요한 순간마다 설명했습니다.

이 책을 시작하기 위해 독자들에게 필요한 것은 아주 기초적인 프로그래밍 개념만 있으면 됩니다. 이 책은 스무 개가 넘는 퍼즐을 소개하고 있고, 난이도가 다른 예순 개가 넘는 프로그래밍 예제를 다루고 있습니다. 대다수의 퍼즐은 다른 여러 출간물이나 웹 사이트에서 소개되고 있는 유명한 문제들입니다. 연예인과 사진찍는 최적의 시간표를 짜는 방법부터 스도쿠 문제를 수 초 안에 해결하고, 여섯 단계 분리 가설에 관해서도 검증해볼 것입니다. 퍼즐을 풀기 위한 모든 코드는 아래 웹 사이트에서 다운로드받을 수 있습니다.

• 영진닷컴 홈페이지(www.youngjin.com) – 부록 CD 다운로드

퍼즐은 정말 놀라운 게임입니다. 최고의 퍼즐은 어떻게 풀어야 할지 막막할 때 "아하!" 하는 순간과 함께 어렴풋이 답이 보이는 문제입니다. 알고리즘 퍼즐은 그 답이 알고리즘인 퍼즐로서, 기계화될 수 있는 단계들의 집합을 찾아내는 것입니다. 알고리즘은 영어로도 표현될 수 있고 또는 다른 언어로도 표현될 수 있지만, 더 멋지고 정확하게 표현하기 위해 우리는 종종 "의사 코드"로 표현합니다. 의사 코드라고 불리는 이유가 있습니다. 프로그래밍 언어로 작성된 코드와는 다르게 컴퓨터에서 바로 실행할 만큼 충분히 자세히 적지 않기 때문입니다.

컴퓨터 프로그래밍은 점점 더 많은 사람들에게 관심을 받고 있습니다. 프로그래밍을 배우기 위해서 누군가는 먼저 프로그래밍 구조의 기초를 배웁니다. 예를 들어, 변수 값을 할당해보거나 또는 간단한 예제를 통해 제어문을 작성해보고, 좀 더 나아가 알고리즘의 의사 코드를 공부하고 있는 프로그래밍 언어로 변환하는 연습도 합니다. 프로그래머는 퍼즐을 푸는데 필요한 분석 능력이 큰 도움이 됩니다. 이런 능력은 요구 사항을 프로그래밍 구조로 변환하는데 필요하고, 또한 초기 단계의 코드에서 디버깅이라고 불리우는 에러를 찾는데도 필요합니다.

MIT에서 1, 2학년 학생들에게 수십 년간 프로그래밍을 가르쳐오면서 한 가지 확실하게 느낀 점은, 학생들은 프로그래밍 언어의 문법이나 기초를 배우는 것보다 어플리케이션을 통해 배울 때 훨씬 열의가 있다는 것입니다(물론 일부 소수의 학생들은 프로그래밍을 위한 프로그래밍을 좋아하기도 합니다). 퍼즐은 아주 멋진 어플리케이션이 될 수 있습니다. 퍼즐은 문제를 설명하기 쉽고, 또한 주목시키기도 쉽습니다. 특히 오늘날은 후자가 중요한데, 강사는 학생들의 주목을 얻어내기 위해 이제는 스냅챗, 페이스북, 인스타그램과 싸워서 이겨야 하기 때문입니다. 그리고 이전에 다른 분들이 깨달았듯이 저도 깨달았습니다. 5분 안에 학생들을 잠들게 하는 최고의 방법은 바로 프로그래밍 문법과 의미를 설명하는 것입니다.

이 책을 통해 알고리즘 퍼즐의 재미와 컴퓨터 프로그래밍의 실용성 사이에 다리를 놓을 수 있는 프로그래밍을 가르치려고 합니다. 프로그래밍의 기본적인 개념이 걱정된다면, 여러 프로그래밍 입문서나 기초 강의들이 도움이 될 것입니다.

이 책의 각 단원은 퍼즐의 설명으로 시작합니다. 대다수의 퍼즐은 다른 여러 출간물이나 웹 사이트에서 소개되고 있는 유명한 문제들입니다. 퍼즐을 풀면서 처음에는 한두 번 실패하고 난 뒤, 우리는 "아하!" 하는 순간을 겪게 될 것입니다. 검색 전략, 데이터 구조, 수학적 증명 등에 대해 깨달은 뒤, 답을 찾을 수 있을 것입니다. 때로는 퍼즐을 풀 때 고민할 것 없이 "무식한" 방법을 쓰기도 합니다. "실패" 라고 여기기 전에 저는 관련된 알고리즘과 코드를 설명하겠습니다. 그 후에, 새로 얻은 깨달음을 통해 좀 더 우아하고 효율적인 답을 이끌어낼 수 있습니다.

퍼즐의 답은 우리가 작성해야 할 코드의 명세서와 같습니다. 여러분은 우선 코드를 보기 전에 이 코드가 어떤 역할을 수행할지 배웁니다. 이 부분은 제가 믿고 있는 강력한 교육 철학으로, 코드의 기능을 이해하는 것과 프로그래밍 언어의 문법과 의미를 이해하는 것을 분리시킬 수 있기 때문입니다. 코드를 이해하기 위한 문법은 그때 그때 필요한 순간마다 설명했습니다.

물리적 세상에서의 퍼즐로부터 컴퓨터 세상의 프로그램으로 이동하는 것은 재미있지만 항상 순조롭지는 않습니다. 어떤 경우에 여러분은 컴퓨터 세상의 프로그램이 효율적이지 않다는 것을 느낄 수 있습니다. 저는 이 책에서 이러한 부분을 최소화하려고 했지만, 모두 제거하지는 못했습니다. 이런 부분이 전체 내용을 이해하는데 혼란을 주지 않을 것이라고 믿고, 필요할 때는 매번 설명을 곁들였습니다.

여러분은 이 책을 읽고, 여러 가지 방법으로 사용할 수 있습니다. 만약 여러분이 오로지 퍼즐과 그에 대한 해답에만 관심이 있다면, 해답에 대한 내용이 나오는 곳에서 멈추고 읽어본 뒤 다음 퍼즐로 넘어갈 수도 있습니다. 하지만 저는 여러분이 그 곳에서 멈추지 않았으면 합니다. 왜냐하면 설명이 적힌 답을 읽고 이해하는 것과 실행 가능한 코드를 직접 작성해보는 것은 엄청난 차이이고, 코드까지 작성하는 것이 제가 이 책을 쓴 목적이기 때문입니다. 전체 퍼즐을 모두 읽고 난 뒤, 여러분은 누구나 실행하고 사용할 수 있는 유용한 프로그램을 만들 수 있는 감각이 길러질 것이라고 믿습니다. 저는 이 책에서 필요한 파이썬 문법과 의미에 관해 모두 함께 담아두기 위해 많이 노력했습니다만, 만약 여러분이 파이썬의 문법과 의미, 라이브러리를 더 알고 싶다면, python.org를 최고의 보물창고로 활용할 수 있습니다. 또한 edX/MITx 6.00001x 수업도 파이썬으로 프로그래밍의 기초를 배우는데 큰 도움이 됩니다.

만약 여러분이 여러분의 컴퓨터에 파이썬을 설치하고 실행할 수 있다면, 여러분은 이 책으로부터 많은 것을 얻어갈 수 있습니다. https://www.python.org/downloads/를 방문해서 파이썬을 설치할 수 있습니다. 이 책에 있는 모든 퍼즐의 코드는 MIT Press 웹 사이트에서 쉽게 다운받을 수 있습니다. 또는 http://people.csail.mit.edu/devadas/pftp/puzzled.zip에서 바로 다운받을 수 있습니다. 코드는 파이썬 2.7과 그 이후 버전, 그리고 파이썬 3.x에서 테스트하였습니다. 물론, 여러분은 웹 사이트에서 다운받을 수 있는 코드를 무시하고, 퍼즐을 풀기 위한 여러분만의 코드를 작성할 수 있습니다. 여러분은 이 책의 웹 사이트에서 다운받은 프로그램을 실행할 수 있고, 또는 여러분이 이 책의 예시로 있는 입력과는 다르게 해서 실행할 수도 있습니다. 저는 여러분이 후자와 같이 주도적으로 해보기를 강력하게 추천합니다.

그리고 (엄청나게 노력했지만) 코드에 버그가 하나도 없다고 단정 짓지는 못하겠습니다. 주의할 점은, 제공된 모든 코드는 각 퍼즐에 해당하는 입력값이 들어온다고 가정하고 있습니다. 그리고 만약 예상치 못한 입력값을 받게 되면, 코드는 에러와 함께 종료될 수 있습니다. 코드에 이러한 입력 오류를 검사하는 것을 넣으면 어수선하게 되어버릴 것입니다. 프로그래밍의 이해를 넓히기 위한 좋은 방법으로, 각 퍼즐의 코드에 예상치 못한 입력이 들어올 때는 명시적으로 확인하는 코드를 넣어볼 수 있습니다.

각 퍼즐의 마지막에 프로그래밍 연습문제를 넣어두었습니다. 이 연습문제에는 여러 가지 난이도가 있고, 코드 일부분을 다시 작성해야 합니다. 각 퍼즐의 연습문제를 풀어보면서, 여러분이 이 책의 내용을 넘어서는 것들까지 스스로 공부할 수 있게 됩니다. 여러분은 퍼즐과 연관된 코드를 충분히 이해해서 코드의 기능을 수정할 수 있을 정도가 되어야 합니다. 이 책의 몇몇 연습문제는 예상치 못한 입력값이 들어왔을 때 어떻게 처리할지를 담고 있습니다. **퍼즐 연습**이라고 표시된 연습문제는 제공된 퍼즐 코드의 구조를 전면 변경하거나 대부분의 내용을 다시 적어야 하는 문제들입니다. 이 중 몇몇은 주어진 퍼즐과 비슷하지만 더욱 어려운 내용을 담고 있기도 합니다. 연습문제의 답은 이 책에서 따로 알려주지는 않습니다.

저는 실행을 통한 배움에 대해 확고한 믿음이 있습니다. 만약 여러분이 모든 예제까지 스스로 성공적으로 완료하였다면, 여러분은 컴퓨터 과학자가 되기 위한 여러분의 첫 발을 잘 내딛은 것입니다! 여러분의 길고 긴 여정에 항상 행복이 깃들기를 바라겠습니다.

Srini Devadas

처음으로 파이썬이라는 언어를 접하게 된 날은 아직도 기억이 생생합니다. 바로 인생 첫 출근날이기 때문입니다. 당시에는 개발자가 아닌데도 프로그래밍을 너무 좋아하던 멘토 선배가 내주었던 첫 과제가 바로 파이썬을 설치하고 어떻게 실행하는지 알아보고 정말 기본적인 문법 몇 가지(변수 할당, 반복문, 조건문)를 공부하는 것이었습니다(저는 컴퓨터공학 전공이 아니기 때문에 프로그래밍을 잘 알지는 못했었습니다). 그 다음 날, 갑자기 서버에서 수작업으로 실행하던 몇몇 작업들을 파이썬 스크립트를 사용해서 자동화해 보자고 합니다. 걸음마 배우다가 마라톤 나가라는 것과 비슷한 느낌일까요?

결국에는 잘 만들었습니다. 어떻게 하면 선배가 저를 잘 가르쳐줄지, 어떻게 하면 제가 주도적으로 찾아가며 배울지에 대해 많은 고민과 생각이 담긴 과제였습니다. 막막해 보이던 일이 단계마다 적당한 배움과 적당한 구글링을 통해 해결해가는 과정은 생각보다 짜릿했습니다. 대학교에서 C를 배울 때, 문법과 의미, 손코딩으로 졸음을 참아가며 버티던 것과는 달리, 이번에는 재미있다고 생각했었습니다.

저는 이 책을 번역하면서 잊혀졌던 이 기억을 되돌려볼 수 있었습니다. 저자가 알고리즘을 알려주기 위해 사용하는 방법이 바로 저의 첫 파이썬 경험과 너무나 비슷했기 때문입니다. 이 책에는 알고리즘을 위한 문제가 아닌 실용적인 문제를 체계적으로 풀어보고자 알고리즘을 제시하고 있고, 또한 단계적으로 알고리즘을 배울 수 있도록 저자의 정성이 담긴 21개의 퍼즐이 배열되어 있습니다. 번외로 느낀 점은, 누군가 퀴즈를 내면 풀고 싶어하는 본능은 동서양을 막론하고 같은 것 같습니다.

이 책에서 쓰인 파이썬 문법은 하루면 배울 수 있는 간단한 내용들입니다. 어려운 수학이 필요하지도 않습니다. 하지만 알고리즘은 그렇게 간단하지는 않습니다. 어떤 퍼즐에서는 잘 이해가 안될 수도 있고, 또 막연하게 머리로는 이해가 되지만 정말 이게 되는지 확신은 안 갈 수도 있습니다. 그럴 때는 손을 씁시다. 변하는 변수와 상태를 하나하나 손으로 그려가며 끝까지 쫓아가보고, 또 다른 예제를 만들어서 다시 한 번 그려봅시다. 무식한 방법일지는 모르지만, 이런 방법을 통해 알고리즘의 동작에 대한 확신과 함께 "감"도 얻을 수 있을 것입니다.

마지막으로, 이 책을 읽기 시작한 모든 독자분들이 논리적 분석과 알고리즘에 대한 재미를 함께 느낄 수 있기를 바라며 글을 마칩니다.

유동균

컴퓨팅 사고는 21세기에 가장 가치있는 능력임이 분명하지만, 지금까지 이것을 얻기까지 어렵고 지겨운 과정을 거쳐야 하는 것으로 여겨져 왔습니다. Srini Devadas는 프로그램을 배우는 것이 재미있고 즐거울 수 있으며, 심지어 중독성이 있다는 것을 보여주었습니다. 이 책을 통해 그는 어렵고 복잡한 퍼즐을 어떻게 프로그래밍을 사용해서 풀 수 있을지, 파이썬으로 여러분의 생각을 어떻게 코딩할지 가르쳐줄 것입니다. 그러나 더욱 중요한 것은, 그는 여러분에게 프로그래밍의 정수를 느낄 수 있도록 도와줄 것이고, 어려운 문제에 대한 효율적이고 우아한 답을 찾아나가는 독특한 즐거움을 함께 즐길 것입니다.

Arlindo Oliveira
Superior Tecnico의 교수 겸 사장, 'The Digital Mind'의 저자

저는 이 책을 모교인 California 대학교 Berkeley 캠퍼스에서 안식년을 지내면서 작성했습니다. 이 책의 많은 부분을 작성했던 Cory Hall에서 사무실을 사용할 수 있도록 친절하게 맞아주신 Robert Brayton 교수님에게 감사의 인사를 드립니다. 또한 Berkeley에 있을 때, 재미있고 생산적인 안식년이 될 수 있도록 저를 챙겨주었던 Sanjit Seshia, Kurt Keutzer, Dawn Song에게도 감사를 보냅니다.

저는 첫 해에 Daniel Jackson과 함께 처음으로 소프트웨어 공학을 가르쳤었습니다. 그 수업은 Java 프로그래밍 언어를 사용한 수업이었습니다. 저는 프로그래밍 언어와 소프트웨어 공학에 관한 Daniel의 생각으로부터 많은 영향을 받아왔고, 지금도 많은 부분에 공감하고 있습니다. 기초적인 프로그래밍 개념을 가르치기 위해 어떻게 우편 요금을 계산하는 것이 좋을 지와 같은 퍼즐을 포함한 JavaScript 워크샵을 함께 만들었습니다.

저는 John Guttag와 함께 컴퓨터 과학 입문과 프로그래밍을 가르쳤습니다. 그 수업은 컴퓨터 과학 전공이 아닌 학생들이 많이 수강했었습니다. John의 열정은 전염성이 있어서, 그와 함께하면서 저는 파이썬을 사용한 입문 프로그래밍을 가르치는 것에 관심을 가지기 시작했습니다. 최소한 한 개 이상의 예시(제곱근을 찾기 위한 이분 탐색)를 이 책에서 찾을 수 있습니다.

저는 '프로그래밍의 핵심'이라는 수업에서 사용했던 몇몇 퍼즐을 이 책에 옮겨 담았습니다. 프로그래밍의 핵심 수업은 Adam Chlipala, Ilia Lebdedev와 함께 2015-2016년도에 개발한 수업입니다. 강의와 숙제를 위해 작성되었던 코드에 대해, 초안에서 실제 "운영"될 수 있는 버전까지 많은 사람들의 공헌이 있었습니다. 특히 가장 큰 공헌자들은 "정원에 타일을 깔아주세요" 퀴즈를 만든 Yuqing Zhang, "잔돈 내는 방법이 얼마나 있을까요?" 퀴즈를 만든 Rotem Hemo, 그리고 "질문에도 돈을 내야 합니다" 퀴즈를 만든 Jenny

Ramseyer입니다. 2017년 봄 학기에 대략 4백여명의 학생들이 이 수업을 수강했었고, Duance Boning, Adam harts, Chris Terman 과 함께 교육 자료를 준비하는 과정은 정말 재미있는 경험이었습니다.

"다른 사람의 마음 읽기" 퍼즐은 컴퓨터 과학을 위한 수학 과정에서 매우 중요한 내용을 담고 있습니다. 누가 고안해냈는지 모르는 이 퍼즐을 저에게 소개해주고, 15년 전에 제 떨리는 첫 시범 수업에서 제 "마술사"를 위해 훌륭하게 "조수"가 되어준 Nancy Lynch 에게 감사의 마음을 전합니다. 이 퍼즐에 관한 설명은 강사 Eric Lehman, Tom Leighton, Albert Meyer가 작성한 수업 노트로부터 얻어왔습니다.

Kaveri Nadhamuni는 퍼즐 "가짜를 찾아라", "누가 저녁 파티에 오지 않게 될까?", "영재발굴단", "욕심은 옳습니다"의 코드를 작성하는 것을 도왔습니다. Eleanor Boyd는 Girls Who Code 프로그램에서 "가짜를 찾아라" 퍼즐을 검증하고 소중한 의견을 보내주었습니다.

Ron Rivest는 많은 퍼즐들의 최적화와 일반화를 제안해주었습니다. "모두 똑같이 만들기", "파티에 참석하기 가장 좋은 시간", "제발 유리구슬이 깨지길", "누가 저녁 파티에 오지 않게 될까?", "애너그램 매니아", "제 기억은 정확합니다" 퍼즐들에 대한 개선을 도와주었습니다.

Bill Moses는 책을 천천히 유심히 읽어본 뒤 수많은 개선점을 찾아주었습니다.

제가 수업 강의를 하면서 저 또한 알고리즘과 소프트웨어 공학, 그리고 프로그래밍 언어에 대한 지식이 늘어갔습니다. 함께 수업을 가르쳤던 제 동료 Costis Daskalakis, Erik Demaine, Manolis Kellis, Charles Leiserson, Nancy Lynch, Vinod

Vaikuntanathan, Piotr Indyk, Ron Rivest, Ronitt Rubinfeld, Saman Amarasinghe, Adam Chlipala, Daniel Jackson, John Guttag, Martin Rinard에게도 감사를 전합니다. 이런 재능있는 동료들과 함께 할 수 있다는 것이 저에게 큰 영광이었습니다.

Victor Costan, Staphany Park는 제가 오롯이 수업 내용에만 집중할 수 있도록, Fundamentals of Programming, Introduction to Algorithms 수업을 위한 훌륭한 자동화된 채점 시스템을 만들어주었습니다.

MIT 출판사는 세 명의 익명 검토 위원에게 이 책의 초안을 보냈습니다. 누군지는 모르지만, 제 원고를 깊이있게 살펴주시고, 내용을 향상시키기 위한 많은 훌륭한 제안을 해주시고 출간 추천도 해 주신 그분들께 감사를 인사를 드립니다. 만약, 언젠가 그분들이 출간된 이 책을 읽어본다면, 소중한 의견을 모두 반영하려고 노력했다는 것을 알아채주시고 기뻐해주셨으면 좋겠습니다.

MIT에서 부서와 연구실에서 제 교육적 노고에 끝없이 격려해주신 분이 많습니다. 이 자리를 빌어, 수년간 저를 응원해주신 Duane Boning, Anan-tha Chandrakasan, Agnes Chow, Bill Freeman, Denny Freeman, Eric Grimson, John Guttag, Harry Lee, Barbara Liskov, Silvio Micali, Rob Miller, Daniela Rus, Chris Terman,George Verghese, Victor Zue에게 감사를 드립니다.

Marie Lufkin Lee, Christine Savage, Brian Buckley, Mikala Guyton는 능숙하게 이 책의 검토, 수정, 발간을 처리해주었습니다. 이 분들의 노력에 감사를 표합니다.

제 아내 Lochan은 이 책의 제목을 제안해주었습니다. 제 딸 Sheela와 Lalita는 제 첫 번째 "고객"이 되어주었고, 책을 개선하는데 도움을 주었습니다. 아내와 딸 모두 이 책을 위해 헌신해주었습니다.

퍼즐 01_
모두 똑같이 만들기

모두 자유롭게 행동하도록 하면, 대개는 서로 따라하기 마련입니다.

Eric Hoffer

이번 퍼즐에 쓰이는 프로그래밍 구조 및 알고리즘:

- 리스트

- 튜플

- 함수

- 제어문(**if** 절과 **for** 반복문)

- **print** 함수

야구 경기를 보기 위해 많은 사람들이 입구에서 줄을 길게 서있다고 생각해봅시다. 모두 자신들이 응원하는 팀의 야구모자를 쓰고 있습니다. 그런데 모두 같은 방식으로 야구모자를 쓰지는 않았습니다. 어떤 사람들은 앞으로, 어떤 사람들은 뒤로 쓰고 있습니다.

사실 앞으로 모자를 썼다는 것은 사람마다 다르게 느낄 수 있지만, 여기서는 모자의 캡이 왼쪽을 향해있으면 앞으로 쓴 것이고, 오른쪽을 향해있으면 뒤로 썼다고 생각하겠습니다.

여러분들은 경기장 입구를 지키고 있는 직원입니다. 여러분들은 모든 입장객들이 같은 방식으로 야구모자를 썼을 때만 입장하도록 허락하고 있습니다. 즉, 모두 앞으로 모자를 썼거나 혹은 모두 뒤로 썼을 경우만 허락합니다. 앞에 말한 것처럼, 사람들 각각 모자 방향에 대한 정의가 다르기 때문에, 여러분들이 "모두 앞으로 모자를 써주세요." 라고 말해도 사람들은 각자 다르게 해석합니다. 대신 여러분들은 입장객들에게 "모자를 뒤집어주세요." 라고 말할 수는 있습니다. 한 가지 다행인 것은, 입장객들은 자기가 서있는 줄에서 자신의 위치를 알고 있습니다. 첫 번째 사람의 위치는 0, 마지막 사람은 $n-1$ 입니다. 예를 들면 여러분은 이런 식으로 입장객들에게 요청할 수 있습니다. 입장객 중 외국인도 있으니, 영어로도 안내를 해야 합니다.

i번 손님, 모자를 뒤집어주세요(Person in position i, please flip your cap).

i번 부터 j번(i 와 j 모두 포함하는) 손님들, 모자를 뒤집어주세요

(People in position i through j, please flip your caps).

다만 여러분들은 요청의 횟수를 최소화하고자 합니다. 많이 소리치면 목이 아플테니까요. 다음 예시를 통해 다시 살펴보겠습니다.

총 13명의 입장객이 줄을 서있습니다. 0번부터 12번까지의 입장객이 있습니다. 그 중 6명은 앞으로 모자를 쓰고 있기 때문에, 우리는 아래와 같은 방법으로 여섯 번 소리쳐서 모든 입장객의 모자 상태를 맞출 수 있습니다.

0번 손님, 모자를 뒤집어주세요(Person in position 0, please flip your cap).

그리고 같은 문장을 1, 5, 9, 10, 12번째 손님에게 동일하게 말합니다. 말을 조금 더 아끼기 위해서 다른 요청 방법을 사용해서 네 번만 소리쳐볼 수도 있습니다.

0번부터 1번 손님들, 모자를 뒤집어주세요(People in position 0 through 1, please flip your caps).

5번 손님, 모자를 뒤집어주세요(Person in position 5, please flip your cap).

9번부터 10번 손님들, 모자를 뒤집어주세요
(People in position 9 through 10, please flip your caps).

12번 손님, 모자를 뒤집어주세요(Person in position 12, please flip your cap).

이러면 모두 모자를 뒤로 쓰고 있게 될 것입니다.

사실 우리는 이것보다 더 잘할 수 있습니다. 이렇게 소리치면 어떨까요?

2번부터 4번 손님들, 모자를 뒤집어주세요(People in position 2 through 4, please flip your caps).

6번부터 8번 손님들, 모자를 뒤집어주세요(People in position 6 through 8, please flip your caps).

11번 손님, 모자를 뒤집어주세요(Person in position 11, please flip your cap).

이렇게 한다면, 세 번만에 입장객들의 모자를 모두 앞으로 맞출 수 있습니다.

자, 여기서 어떻게 하면 최소의 명령을 통해 모두의 모자를 일치시킬 수 있을까요? 좀 더 어려운 질문으로, 딱 한 번만 입장객들을 훑고 지나가면서 최소의 명령을 만들 수 있는 방법이 있을까요?

연이어 서있는 마음이 통하는 사람들 찾기

여러분이 입장객들이 서있는 순서대로 모자 방향에 대한 리스트를 가지고 있다고 가정해봅시다. 이 리스트를 통해 우리는 같은 방식으로 모자를 쓰고 있고 연이어 서있는 사람들에 해당하는 구간을 찾을 수 있습니다. 일반적으로 구간은 시작과 끝 위치를 통해 표현될 수 있고, 기호로 표시하면 [a, b] 가 될 것입니다(단, a <= b). 이 퍼즐에서 [a, b] 의 의미는 같은 방식으로 연이어 모자를 쓰고 있는 입장객 a번과 b번 사이의(a와 b를 포함하는) 모든 사람들입니다.

각 구간의 모자 방향은 앞 또는 뒤로 표시할 수 있습니다. 정리하면 각 구간은 3가지 속성을 가지고 있습니다. 시작 위치, 끝 위치 그리고 모자 방향(앞 또는 뒤) 입니다.

어떻게 이 구간들을 찾을 수 있을까요? 여기서 중요한 것은 구간이 끝나고 새로운 구간이 시작되는 지점에서 모자 방향이 변한다는 것입니다. 그리고 첫 번째 구간은 항상 0번 위치부터 시작합니다. 예를 들어, 앞에서 보았던 예시를 다시 사용해보도록 하겠습니다.

0번 위치의 모자 방향은 앞입니다. 리스트를 처음 시작점부터 훑고 지나가보겠습니다. 1번 위치의 모자 방향도 0번 위치와 동일하게 앞입니다. 그런데 2번 위치의 방향은 뒤이고, 바로 여기가 모자 방향이 변하는 위치입니다. 이 말은, 첫 번째 구간은 현재 위치 2번의 이전인 1번에서 끝난다는 것입니다. 첫 번째 구간은 [0, 1] 그리고 방향은 앞입니다. 그리고 두 번째 구간의 시작은 현재 위치인 2번입니다. 이제 우리는 다시 처음 상태로 돌아가 있는 것을 알 수 있습니다. 현재 위치를 알고 있고, 끝 지점을 찾아야 하죠.

이런 식으로 반복하면, 우리는 총 7개의 구간([0, 1] 앞, [2, 4] 뒤, [5, 5] 앞, [6, 8] 뒤, [9, 10] 앞, [11, 11] 뒤, [12, 12] 앞)을 찾아낼 수 있습니다. 마지막 구간은 우리가 찾아낸 알고리즘으로 찾을 수는 없습니다. 왜냐하면 입장객의 끝에 다다랐기 때문에 모자 방향이 바뀌는 구간이 없기 때문입니다(바로 이 문제를 코드에 적절히 구현하는 것은 매우 중요합니다! 꼭 기억해둡시다).

우리의 첫 알고리즘은 모자 방향이 앞인 구간들의 개수와 뒤인 구간들의 개수를 찾고, 더 적은 수를 가지는 방향을 선택합니다. 위의 예시에서는 4개의 앞 방향 구간과 3개의 뒷 방향 구간이 있기 때문에, 뒤로 모자를 쓴 입장객들에게 모자를 뒤집어 써 달라고 요청합니다.

최악의 경우는 앞으로 모자를 쓴 입장객과 뒤로 쓴 입장객이 번갈아서 1명씩 서있는 것입니다. n명의 사람이 있다고 가정했을 때, n이 짝수라면 n/2개의 앞 방향 구간들과 n/2개의 뒷 방향 구간들이 생기게 됩니다. 여러분은 n/2번이나 소리쳐야 하는 것입니다. 만약 n이 홀수라면, 앞 방향 구간이 1개 더 많거나 혹은 그 반대일 것입니다.

우리의 알고리즘은 연속된 같은 방향으로 모자를 쓴 사람들을 1개의 구간으로 묶어서 표현합니다. 모든 구간이 정해진 후에, 우리는 다시 원래 문제와 똑같은 상황을 맞이하게 됩니다. m개의 앞 방향 구간들은 m 또는 m−1 또는 m+1 개의 뒷 방향 구간들 사이에 존재하기 때문입니다. 여기서 우리의 목표는 최소의 요청을 할 수 있는 모자 방향을 선택하는 것이고, 이 알고리즘보다 절대 더 적은 요청 횟수를 가지는 경우는 없을 것입니다.

1-2 문자열, 리스트 그리고 튜플

이 책에서 여러분은 파이썬이 기본적으로 제공하는 데이터 구조인 문자열, 리스트, 튜플, 집합, 딕셔너리를 알아보게 될 것입니다. 여기서는 간략하게 이런 데이터 구조들이 무엇을 의미하는지 보도록 하겠습니다.

문자는 한 글자의 기호를 나타냅니다. 예를 들어 'a' 나 'A' 같은 것들입니다. 문자열은 이런 연속된 문자들의 집합입니다. 예를 들어 'Alice' 나, 혹은 한 글자짜리 문자열인 'B' 도 가능합니다. 문자열은 작은 따옴표뿐만 아니라 큰 따옴표로도 표시할 수 있습니다. "A", "Alice" 도 가능합니다. 여러분은 문자열의 각각의 문자에도 접근할 수 있습니다. 예를 들어 s = 'Alice' 를 실행한 뒤, s[0] 를 실행하면 'A' 가 나옵니다. 그리고 s[**len**(s)−1] 은 'e' 가 됩니다. **len** 함수는 문자열(혹은 리스트)의 길이를 출력합니다. 그래서 **len**(s) 는 5입니다. 문자열은 수정할 수 없습니다. s[0] = 'B' 로 첫 번째 문자를 변경하기 위한 명령을 실행하면 에러가 납니다. 대신 여러분은 기존의 문자열을 사용해서 새로운 문자열을 만드는 것은 할 수 있습니다. 예를 들어

s = 'Alice' 가 있다고 합시다. s = s + 'A' 를 실행하면, 기존 문자열 s를 참조해서 만든 새로운 문자열인 'AliceA' 를 얻을 수 있습니다.*

파이썬에서 리스트는 원소들의 배열로 생각할 수 있습니다. 리스트는 숫자, 문자열, 그리고 다른 리스트를 포함할 수 있습니다. 예를 들어 L = [1, 2, 'A', [3, 4]] 가 가능합니다. L[0] 은 1 이 나오고, L[**len**(L) - 1] 은 [3, 4] 가 나옵니다. L[3][0] 은 3이 나오게 되겠죠. 리스트는 문자열과 다르게 수정이 가능합니다. L[3][1] = 5 는 L을 [1, 2, 'A', [3, 5]] 로 바꾸게 될 것입니다.

튜플은 리스트와 비슷하지만, 수정할 수 없다는 점이 다릅니다. T = (1, 2, 'A', [3, 4]) 가 주어졌을 때, T[3] = [3, 5] 는 오류가 나지만, T[3][0] = 4 는 정상적으로 실행이 되어서 결과적으로 T = (1, 2, 'A', [4, 4]) 가 될 것입니다. 만약 T = (1, 2, 'A', (3, 4)) 로 T 변수를 정의하고 T[3][0] = 4 를 실행하면 오류가 발생합니다.

여러분은 이제 예제 코드로부터 문자열, 리스트, 튜플에 관한 여러가지 연산을 접하게 될 것입니다. 조금 더 고급 데이터 구조인 집합과 딕셔너리는 이 책의 뒷 부분에서 필요할 때 다루기로 하겠습니다.

1-3 알고리즘을 코드로

자, 이제 우리가 생각해낸 첫 번째 전략을 코드로 표현해보도록 하겠습니다. 코드는 4개의 파트로 나누어져 있는데, 부분 코드와 그 바로 뒤에 설명을 덧붙이는 방식으로 이야기해보겠습니다. 이 책 안의 모든 코드에서 파이썬 키워드 혹은 예약어는 모두 글자를 두껍게 표시하고 있습니다. 이런 단어들은 여러분이 작성할 함수나 변수 이름으로 사용하지 말아야 합니다.

---

* **역자 주_** 파이썬에서는 한 글자인 문자를 저장하는 변수 타입은 없습니다. 오로지 문자열만 가능합니다. 예를 들어 s = 'A' 라고 하여도, s 변수는 한 글자인 문자열로 인식됩니다. 여기서는 문자열이 문자로 이루어져 있고, 각각 접근이 가능하다는 것을 설명하기 위해 자세히 이야기하고 있지만, 실제로 파이썬을 통해 코드를 작성할 때는 문자와 문자열의 차이에 관해 신경쓰지 않아도 됩니다.

```
1.  cap1 = ['F','F','B','B','B','F','B',
            'B','B','F','F','B','F' ]
2.  cap2 = ['F','F','B','B','B','F','B',
            'B','B','F','F','F','F' ]
```

1 – 2번째 줄은 단순한 입력 리스트들입니다. cap1 리스트는 이전에 우리가 보았던 예쁜 모자들 그림이 있는 예시를 표현한 것입니다. 이 리스트는 문자열의 리스트이고, 각각의 문자열 'F'는 앞 방향을, 'B'는 뒷 방향을 나타냅니다. 파이썬은 리스트를 정의할 때 여러 줄에 나눠 적을 수 있습니다. 대괄호 [] 로 감싸주기만 한다면 파이썬은 리스트의 시작과 끝을 잘 인식해서 받아들입니다.

```
3.  def pleaseConform(caps):
4.      start = forward = backward = 0
5.      intervals = []
6.      for i in range(1, len(caps)):
7.          if caps[start] != caps[i]:
8.              intervals.append((start, i-1, caps[start]))
9.              if caps[start] == 'F':
10.                 forward += 1
11.             else:
12.                 backward += 1
13.             start = i
14.     intervals.append((start, len(caps)-1, caps[start]))
15.     if caps[start] == 'F':
16.         forward += 1
17.     else:
18.         backward += 1
19.     if forward < backward:
20.         flip = 'F'
21.     else:
22.         flip = 'B'
23.     for t in intervals:
24.         if t[2] == flip:
25.             print ('People in positions', t[0],
                        'through', t[1], 'flip your caps!')
```

3번째 줄은 함수의 이름과 입력변수를 나열합니다. **def** 키워드는 함수를 정의하는데 사용되고, 괄호로 묶여있는 문자열은 입력변수를 나타냅니다. 이 함수는 오로지 리스트만 입력변수로 받을 수 있을 것이고, cap1 혹은 cap2 어느 것이나 함수의 입력값으로 넣어도 동작할 것입니다. 예시로, 잠시 뒤에 pleaseConform(cap1)을 수행한 결과를 살펴보겠습니다. 또한 이 함수는 입력값인 리스트에 'F' 와 'B' 문자열들만 들어있다고 간주합니다. 그리고 리스트의 길이는 아무래도 상관이 없지만, 비어있으면 안됩니다.

4 – 5번째 줄은 알고리즘에 쓰일 변수들을 정의하고 초기화합니다. 각 구간은 3-튜플로 표시할 수 있습니다. 처음 2개는 숫자이고 마지막은 문자열 'F' 또는 'B' 입니다. 처음 2개의 숫자는 구간의 시작과 끝 지점을 나타냅니다. 구간은 양 쪽이 닫힌 형태이므로 시작과 끝 지점을 모두 포함합니다. 조금 전에 말했다시피, 튜플은 리스트와 비슷하지만 한 번 만들고 난 후에는 수정할 수가 없습니다. 8번째 줄을 리스트를 사용해서 다음과 같이 쓸 수도 있습니다.

```
intervals.append([start, i-1, caps[start]])
```

즉, () 대신 [] 를 사용해서 3개의 변수를 묶을 수 있고, 변경한 뒤에도 프로그램이 동작하는 방법은 동일합니다. intervals 변수는 사람들의 구간을 표현하는 튜플의 리스트이고, 처음에는 빈 리스트 [] 으로 초기화되어 있습니다. forward와 backward 변수는 앞으로 모자를 쓴 구간의 개수와 뒤로 모자를 쓴 구간의 개수를 저장하고, 모두 0으로 초기화되어 있습니다.

for 문으로 시작하는 6 – 13번째 줄에서는 구간을 계산합니다. len(cap1) 은 13입니다. 한 가지 주의할 점은 caps 리스트 안의 원소들은 0에서 12로 순번이 매겨집니다. 예를 들어, caps[0] = 'F', caps[12] = 'F' 입니다(caps[13] 을 실행하면 에러가 발생합니다). **range** 키워드는 1개, 2개 또는 3개의 입력값을 받을 수 있습니다. 만약 우리가 **range**(len(caps)) 를 실행하면, 변수 i는 0부터 시작해서 **len**(caps) − 1까지 순서대로 증가할 것입니다. 6번째 줄에서 우리는 **range**(1, **len**(caps)) 라고 해놓은 것을 볼 수 있는데, 이렇게 하면 변수 i는 1부터 **len**(caps) −1까지 1만큼씩 순서대로 증가하게 됩니다. 이것은 **range**(1, **len**(caps), 1) 과 동일합니다. **range**(1, **len**(caps), 2) 는 1부터 시작해서 2만큼씩 숫자가 커지게 됩니다.

start 변수는 구간을 정하는데 정말 중요한 역할을 합니다. 처음에 start는 0으로 시작하고, 우리는 변수 i를 증가시키면서 caps 리스트를 순회하고, 그러면서 caps[i] 가 caps[start] 와 다르게 되는 시작점을 찾아내기 때문입니다. 두 값이 다르다는 것을 확인하는 것은 7번째 줄의 **if** 절에서 수행합니다. 만약 **if** 절의 caps[start] != caps[i] 가 **True** 라면, 한 개 구간을 종료시키고 현재의 i 로부터 새로운 구간을 시작하게 됩니다. 방금 전에 찾은 구간은 start 로 시작해서 i − 1 로 끝납니다. 한 번 구간이 정해지면, intervals 리스트에 이 구간을 표현하는 3-튜플을 추가합니다. 3-튜플의 첫 번째 값은 시작 지점을, 두 번째 값은 끝 지점을, 세 번째 값은 구간의 모자 방향 'F' 또는 'B'로 구성됩니다. 9 − 12번째 줄은 방금 찾은 구간의 모자 방향에 맞춰 forward 혹은 backward 변수의 값을 늘립니다. 13번째 줄은 새로운 구간을 시작하기 위해 start 변수에 i 변수의 값을 할당합니다.

14번째 줄은 **for** 문의 외부에 있다는 것을 주의해야 합니다. 들여쓰기가 이것을 잘 표현하고 있습니다. **for** 문이 종료되었을 때, 여러분은 구간을 구하는 작업이 끝났다고 생각할 수도 있습니다. 하지만 아닙니다! 마지막 구간은 아직 intervals에 추가되지 않았습니다. 왜냐하면 우리가 구간을 intervals에 추가하는 작업은 해당 구간을 지나쳐서 방향이 변경된 것을 인식한 뒤에서야 이루어지기 때문입니다. 마지막 구간에 대해서는 추가하는 작업이 아직 이루어지지 않은 것입니다! 예를 들어, cap1을 함수의 입력값으로 생각해봅시다. i = 12 일 때 우리는 start = 11 이면서 'F' 를 볼 수 있고 **for** 문이 종료됩니다. 비슷하게 cap2 에 대해서 계산해보면, i = 12 일 때 우리는 start = 9 이면서 'F' 를 볼 수 있고, 마찬가지로 **for** 문이 종료됩니다. 결과적으로 마지막 구간에 대해서 별개로 무언가를 해서 intervals 변수에 넣어주어야 합니다. 바로 이 작업을 14 − 18번째 줄에서 하는데, **for** 문 안에서 했던 것과 동일합니다.

19 − 22번째 줄은 앞으로 모자를 쓴 구간을 뒤집으라고 해야 할지, 뒤로 모자를 쓴 구간을 뒤집으라고 해야 할지 결정하는 부분입니다. 당연히 작은 것을 선택합니다. 그리고 23 − 25번째 줄에서 intervals 리스트를 한 번 훑어봅니다. 여기의 **for** 문은 intervals 리스트 안에 있는 각 구간을 하나씩 돌아보고, 선택된 구간에 대해 여러분이 요청해야 할 구문을 출력합니다. 여기서 t는 3-튜플로서 구간에 대한 정보를 담고 있습니다. 이 정보는 결과에 맞는 구간을 선택하고 시작 지점과 끝 지점을 이용해서 요청 구문을 만들어내기 위해 필요합니다. 만약 여기서 t[0] 또는 t[1] 또는 t[2] 를 변경하려고 한다면, 프로그램은 오류로 인해 종료될 것입니다. 왜냐하면 튜플은 수정할 수 없기 때문입니다. 여기에서 우리는 왜 리스트보다 튜플을 사용하는 것이 좋은지 알 수 있습니다. 혹시 모르게 의도하지 않은 수정이 일어날 것을 방지해줄 수 있기 때문입니다.

25번째 줄의 **print** 함수는 요청 구문을 출력합니다. **print** 함수는 별도로 있는 문자열과 변수들을 합쳐서 출력할 수 있습니다. 문자열과 변수들은 모두 () 로 감싸져 있어야 합니다. 이 코드에서 **print** 함수의 내용을 가독성을 위해 2개의 줄로 나누어 두었는데, 파이썬은 입력값이 () 로 쌓여진 **print** 함수를 잘 해석해서 정상적으로 동작시킵니다.

1-4 코드 최적화

모든 거대한 프로그램 안에는, 없애버리고 싶은 작은 프로그램들이 있다.

Tony Hoare

우리가 작성한 26줄의 코드는 큰 규모의 프로그램은 아니지만, 코드의 아름다움이라는 관점에서 보았을 때 최적화를 통해 조금 더 작고 간결하게 만들 수 있습니다. 그렇다고 꼭 작고 간결하게 해야한다는 것은 아니지만, 일반적으로 작은 프로그램이 좀 더 효율적이고 보다 적은 오류를 가지고 있습니다.

14 – 18번째 줄에서 리스트의 끝 처리를 위해 특별한 작업을 했었습니다. 왜냐하면 caps[start] 와 다른 값이 보일 때만 구간을 추가하게 만들었기 때문입니다. 이런 특별한 경우를 제거하기 위해, 우리는 5 – 6번째 줄에 아래와 같은 내용을 추가해볼 수 있습니다.

```
5a.     caps = caps + ['END']
```

이렇게 하고 14 – 18번째 줄을 없애는 것입니다. 위 문장을 통해 리스트 안에 있는 어떠한 것과도 같지 않은 원소를 리스트에 추가합니다. + 연산자는 두 개의 리스트를 합쳐서 새로운 리스트를 만들어내는 역할을 합니다. 그래서 'END' 를 [] 로 둘러서 + 연산을 한 것입니다. 왜냐하면 + 연산자는 두 개의 리스트 또는 두 개의 문자열 또는 두 개의 숫자에 대해서만 가능하고, 리스트와 문자열 또는 문자열과 숫자 사이에서는 불가능하기 때문입니다. 새로운 원소를 추가함으로써 원래보다 한 번 더 구간 찾기를 반복하고, 마지막에 caps[start] 가 'F' 또는 'B' 어떤 것이여도 상관없이 caps[start] != caps[i] 가 **True**가 되도록 유도해서, 별도의 작업 없이 마지막 구간이 intervals 변수에 저장되도록 합니다.

마지막으로, 이 최적화의 또 다른 장점은 기존의 함수는 입력 리스트가 비어있을 때 오류를 발생시키는데 반해, 개선된 함수는 입력 리스트가 비어있어도 문제를 일으키지 않습니다.

1-5 리스트의 생성과 수정

우리는 5a번째 줄에서 리스트 caps에 새로운 문자열 원소를 추가하기 위해 caps.append('END') 를 사용할 수도 있습니다. 하지만 이 방법은 입력변수 리스트 caps 자체를 변경해버리게 되고, 우리는 이런 상황을 반드시 피해야만 합니다. 아래 코드를 실행해서 어떻게 동작하는지 보겠습니다.

```
1.  def listConcatenate(caps):
2.      caps = caps + ['END']
3.      print(caps)

4.  capA = ['F', 'F', 'B']
5.  listConcatenate(capA)
6.  print(capA)
```

그리고

```
1.  def listAppend(caps):
2.      caps.append('END')
3.      print(caps)

4.  capA = ['F', 'F', 'B']
5.  listConcatenate(capA)
6.  print(capA)
```

첫 번째 코드는 처음에 ['F', 'F', 'B', 'END'] 를 출력하고, 그 뒤에 ['F', 'F', 'B'] 를 출력합니다. 두 번째 코드는 ['F', 'F', 'B'] 를 두 번 출력합니다. 리스트를 연결해서 합쳐주는 연산자 + 는 새로운 리스트를 만들어서 그 결과를 저장하는 반면에, append는 기존의 리스트를 수정합니다. 그래서 append를 사용하는 경우, 함수를 실행한 후에도 함수 안에 있지 않은 capA의 값이 수정된 것입니다.

1-6 영역

위의 두 개 코드에서 capA 리스트의 이름을 caps로 변경하더라도 프로그램의 실행 결과는 기존과 동일합니다. 첫 번째 코드에서 capA를 caps로 변경한 아래 코드를 살펴보겠습니다.

```
1.  def listConcatenate(caps):
2.      caps = caps + ['END']
3.      print(caps)

4.  caps = ['F', 'F', 'B']
5.  listConcatenate(caps)
6.  print(caps)
```

이 코드는 처음에 ['F', 'F', 'B', 'END'] 를 출력하고, 그 뒤에 ['F', 'F', 'B'] 를 출력합니다. 함수 listConcatenate 밖에 있는 변수 caps는 함수 안에 있는 입력 변수 caps와는 다른 영역에 존재합니다. 입력 변수 caps는 리스트의 연결이 된 후 다른 메모리 부분에 저장된 새 리스트 ['F', 'F', 'B', 'END'] 를 가리키게 됩니다. 왜냐하면 리스트의 연결은 새로운 리스트를 만들어서 기존 리스트에 있는 것을 복사해오기 때문입니다. 함수의 실행이 끝난 뒤에는, 입력변수 caps와 새로운 리스트는 더 이상 접근할 수 없습니다. 함수 바깥에 있는 변수 caps는 계속해서 처음 생성된 리스트 ['F', 'F', 'B'] 를 가리키고 있고, 처음 생성될 때 할당받은 메모리 부분에 계속 존재하였고, 그 이후로 한 번도 수정되지 않았습니다. 이번에는 append 코드를 살펴보겠습니다.

```
1.  def listAppend(caps):
2.      caps.append('END')
3.      print(caps)
4.  caps = ['F', 'F', 'B']
```

```
5.  listConcatenate(caps)
6.  print(caps)
```

영역에 관한 규칙은 여기에서도 적용됩니다. 입력 변수 caps는 처음에 생성된 리스트 ['F', 'F', 'B'] 를 계속해서 가리키고 있습니다. append는 이 리스트를 직접 수정하고, 그 결과 ['F', 'F', 'B', 'END'] 로 값이 변경됩니다. 그래서 함수 실행이 끝나서 입력 변수 caps는 사라지더라도, 메모리 부분은 수정되어버렸고 'END' 가 리스트의 끝에 계속 존재합니다. 함수의 바깥에서 정의된 변수 caps도 바로 이 메모리 부분을 참조하고 있고, 그 여파로 수정된 리스트가 보이게 됩니다. 위의 설명이 여러분의 머리를 아프게 했거나 책을 덮고 싶다는 마음이 들게 했다면, 헷갈리지 않도록 함수의 입력변수와 함수 바깥에서 사용하는 변수의 이름을 다르게 지정해주면 좋다는 것만 기억해주시기 바랍니다.

1-7 알고리즘 최적화

이제 조금 더 어려운 문제를 고민해봅시다. 어떤 방법을 사용하면 한 번만 줄을 훑고 내려가면서 최소한으로 입장객들에게 모자를 뒤집어달라고 요청할 수 있을까요?

여기 힌트가 있습니다. 모자를 앞으로 쓴 구간의 수와 뒤로 쓴 구간의 수는 최대 1만큼만 차이가 납니다. 줄의 첫 번째 사람이 둘 중 하나의 방법으로 모자를 쓰고 있는데, 앞으로 썼다고 우선 정해봅시다. 그렇다면 앞으로 모자를 쓴 구간의 수는 절대로 뒤로 모자를 쓴 구간의 수보다 작을 수 없습니다. 동일하게, 만약 첫 번째 사람이 모자를 뒤로 썼다면, 모자를 뒤로 쓴 구간의 수는 절대로 모자를 앞으로 쓴 구간의 수보다 작을 수 없습니다.

우리의 첫 알고리즘은 두 번 줄을 훑어봤다고 생각할 수 있습니다. 처음에는 리스트를 순회하면서 모자를 앞으로 쓴 구간과 뒤로 쓴 구간을 결정했었고, 그 다음에는 구간들을 순회하면서 적절한 작업을 수행했습니다.

딱 한 번만 리스트를 순회하면서 최소한의 명령 집합을 생성하는 알고리즘이 떠오르나요? 새로운 알고리즘은 한 번의 반복문을 사용해서 구현되어야 합니다.

한 번에 찾아내는 알고리즘

조금 더 깊게 생각해보면, 입력 리스트의 첫 번째 모자 방향이 최소의 요청 횟수를 만들기 위해 뒤집어야 할 모자 방향과 연관되어 있습니다. 예를 들면, 첫 번째 모자 방향이 앞으로 쓰고 있었다면, 여러분은 모자 방향이 뒤인 구간만 찾아서 모자를 뒤집도록 하면 우리의 목적을 조금 더 쉽게 이룰 수 있습니다. 이 성질을 이용해서 한 번에 찾아내는 알고리즘을 구현할 수 있는데, 아래 코드를 통해 살펴보겠습니다.

```
1.  def pleaseConformOnepass(caps):
2.      caps = caps + [caps[0]]
3.      for i in range(1, len(caps)):
4.          if caps[i] != caps[i-1]:
5.              if caps[i] != caps[0]:
6.                  print('People in positions', i, end='')
7.              else:
8.                  print(' through', i-1, 'flip your caps!')
```

2번째 줄은 리스트에 한 개의 원소를 추가하는데, 아무 것이나 추가하는 것이 아니라 입력 리스트의 첫 번째 원소와 같은 내용을 제일 뒤에 추가합니다. 반복문을 수행하면서 처음으로 구간의 첫 번째 원소와 다른 값을 만났을 때(4번째 줄), 우리는 새로운 구간을 시작합니다. 이렇게 하면, 첫 번째 구간은 아무 것도 하지 않고 지나가게 됩니다. 이상해보일 수도 있지만 괜찮습니다. 왜냐하면 앞서 우리가 살펴봤던 입력 리스트의 성질을 통해, 첫 번째 구간은 절대 뒤집어야 할 일이 없기 때문입니다. 항상 첫 번째 구간과 반대 방향으로 모자를 쓴 구간만 모자를 뒤집으라고 요청하는 것이 최소의 요청 횟수를 만들어내기 때문입니다. 첫 번째 원소의 방향과 같은 방향을 가진 원소를 만나면, 그 바로 직전을 구간의 끝으로 판단합니다. 그리고 여러분이 요청해야 할 요청 내용을 만들어서 출력합니다. 코드의 2번째 줄에서 보듯이, 입력 리스트의 제일 마지막에 원소를 추가해서, 본래의 입력 리스트의 마지막 모자 방향이 첫 번째 모자 방향인 caps[0] 과 다르더라도 마지막 구간도 출력될 수 있도록 하였습니다.

이 코드의 단점은 기존 코드에 비해 이해하고 수정하기 쉽지 않다는 것입니다. 이 단원의 마지막에 나오는 연습문제를 풀 때 느낄 수 있을 것입니다. 또한 이 코드는 비어있는 입력 리스트에 대해 오류가 나지 않도록 기능이 추가되어야 합니다.

1-9 알고리즘 활용

이 퍼즐 뒤에 숨어있는 내용은 바로 압축 알고리즘입니다. 우리가 관람객들에게 요청하는 내용을 만들 때, 한 사람 한 사람에게 요청하는 것보다 연속해서 서있는 사람들에게는 한 번에 요청해서 전체 요청 횟수를 줄일 수 있었습니다.

데이터 압축은 중요한 어플리케이션인데, 심지어 시간이 지날수록 더욱 더 중요해지고 있습니다. 인터넷에서 우리가 수많은 데이터들을 생산해내고 있기 때문입니다. 무손실 데이터 압축은 여러 분야에서 쓰일 수 있습니다. 그 중 우리가 풀었던 퍼즐과 가장 비슷한 것이 있는데, 바로 런-렝스 인코딩(Run-length encoding, RLE)입니다. 간단한 예시를 들어보는 것이 설명하기 쉬운데, 아래와 같은 32글자의 알파벳 문장이 있다고 가정합시다.

WWWWWWWWWWWWWBBWWWWWWWWWWWWBBBBB

간단한 알고리즘을 사용해서, 우리는 10글자로 이 문자열을 압축할 수 있습니다.

13W2B12W5B

이 문자열에서 문자 앞에 붙어있는 숫자는 원래 문자열에서 그 문자가 얼마나 연속되어 반복되는지를 나타냅니다. 원래 문자열에은 13개의 W가 나오고, 그 뒤에 2개의 B, 그리고 12개의 W, 마지막으로 5개의 B가 있고, 이 내용을 그대로 적어서 압축된 문자열로 표현합니다.

런-렝스 디코딩은 13W2B12W5B를 압축해제해서 원래 문자열을 계산하는 과정을 말합니다.

첫 번째 예시는 매우 좋은 압축 효율을 보이는데, 이번에는 아래와 같은 문자열에 대해서 생각해보겠습니다.

WBWBWBWBWBWB

이와 같은 경우, 아쉽게도 런-렝스 인코딩은 원래 문자열보다 더욱 긴 압축 결과를 보입니다.

    1W1B1W1B1W1B1W1B1W1B1WB

하지만, 여기 좀 더 똑똑한 알고리즘을 사용한다면 다음과 같이 만들 수도 있습니다.

    5(WB)

() 는 반복할 문자열을 감싸놓는 것으로 이해할 수 있습니다. 현대 컴퓨터의 압축 프로그램들은 이러한 아이디어들을 기반으로 한 알고리즘들을 사용합니다.

연습 1 pleaseConform(cap1) 을 실행하면 나오는 결과에서 한 가지 거슬리는 부분이 있습니다.

```
People in positions 2 through 4 flip your caps!
People in positions 6 through 8 flip your caps!
People in positions 11 through 11 flip your caps!
```

마지막 요청 내용은 사실 다음과 같이 나와야 정확합니다.

```
Person at position 11 flip your cap!
```

좀 더 자연스러운 문장이 나오도록 코드를 수정해주세요.

연습 2 연습 1에서 했던 것처럼, pleaseConformOnePass 를 수정해서 자연스러운 문장이 나오도록 하고, 또한 비어있는 입력 리스트가 들어와도 오류가 나지 않도록 해주세요.

힌트: 구간의 시작을 따로 저장해야 하고, 6번째 줄에서 미리 print 함수를 쓰지 않아야 합니다.

퍼즐 연습 3 입장객 중에서 머리를 한 껏 꾸미고 와서 모자를 쓸 수 없는 사람들도 있습니다. 그런 사람들을 'H' 라는 문자로 표현하겠습니다. 그래서 3번째 입력 리스트로 다음과 같은 리스트가 있습니다.

```
        cap3 = ['F','F','B','H','B','F','B',
                'B','B','F','H','F','F']
```

우리가 모자를 쓰지도 않은 입장객들에게 모자를 뒤집어써달라고 소리쳤다가, 사람들이 우리에게 화를 낼 수도 있습니다. 있지도 않는 것을 시킨다고 말이죠. 그래서 우리는 'H' 를 가진 사람들은 모두 요청을 하지 않고 넘어가고 싶습니다. pleaseConform 함수를 수정해서 다음과 같이 올바른 최소의 요청 내용이 나오도록 해주세요. cap3 리스트를 입력으로 사용할 경우 아래와 같은 결과가 나와야 합니다.

```
Person in position 2 flip your cap!
Person in position 4 flip your cap!
People in positions 6 through 8 flip your caps!
```

연습 4 ▶ 여러분이 직접 런-렝스 인코딩/디코딩을 구현하는 프로그램을 만들어봅시다. 예를 들어 인코딩 함수는 입력 문자열 BWWWWWBWWWW가 주어지면, 그것을 줄여서 1B5W1B4W로 변환해서 출력해야 합니다. 디코딩 함수는 압축된 입력 문자열을 받아서 원래 문자열로 복원시켜야 합니다. 여러분은 압축과 압축해제를 문자열을 딱 한 번만 훑고 지나가면서 결과를 만들어내야 합니다.

str 함수는 숫자를 문자열로 변환합니다. 예를 들어 str(12) = '12' 입니다. 이 함수는 인코딩 구현 시에 유용합니다.

int 함수는 문자열을 숫자로 변환합니다. 예를 들어 int('12') = 12 입니다. 어떤 문자열 s 에 대해, s[i] 가 알파벳 문자라면 s[i].isalpha() 는 **True**를 반환하고, 아닐 경우 **False**를 반환합니다. s.isalpha() 는 s 문자열 안의 모든 문자가 알파벳 문자라면 **True**를 반환합니다. int 와 isalpha 함수는 디코딩 구현 시에 유용합니다.

퍼즐 02_
파티에 참석하기
가장 좋은 시간

*아무도 그들의 삶을 돌아보지 않고, 그들이 하루종일 잤던 밤들을 기억
하지 않는다.*

작자 미상

이번 퍼즐에 쓰이는 프로그래밍 구조 및 알고리즘:

- 튜플, 튜플 리스트
- 중첩된 **for** 반복문
- 부동소수점 숫자
- 리스트 분할
- 정렬

여러분은 운좋게도 회사에서 진행했던 이벤트에 당첨되어서 많은 연예인이 참가하는 파티의 티켓을 얻었습니다. 그러나 이 티켓을 가지고 싶어 하는 사람이 너무 많아서, 티켓이 있더라도 여러분은 파티에 1시간만 머무를 수 있습니다. 그나마 다행인 점은, 여러분의 티켓은 특별한 것이라서 여러분이 직접 어느 시간에 가서 1시간을 머무를지 선택할 수 있습니다. 여러분은 파티에 가서 최대한 많이 연예인들과 셀카를 찍어서 SNS에 올리고 싶어합니다. 즉, 여러분은 연예인이 가장 많이 오는 1시간을 찾아내서, 파티에 가서 그 연예인들과 어울려서 놀고 셀카를 찍어야 한다는 뜻입니다.

여러분은 파티에 어떤 연예인이 언제 와서 언제 갈지에 해당하는 구간이 적힌 리스트를 가지고 있습니다. 구간은 [i, j) 로 가정하겠습니다. i와 j는 몇 시인지를 뜻합니다. 구간에서 왼쪽은 닫혀있고 오른쪽은 열려있습니다. 왼쪽이 닫혀있다는 것은 i시에 파티에 도착한다는 것이고, 오른쪽이 열려있다는 것은 j시가 시작하자마자 떠난다는 말입니다. 그래서 여러분은 j시에 파티에 도착해도 [i, j) 구간에 참석하는 연예인을 볼 수 없습니다.

여기 예시가 있습니다.

연예인	오는 시간	가는 시간
사나	6	7
나연	7	9
모모	10	11
정연	10	12
쯔위	8	10
채영	9	11
다현	6	8

언제가 파티에 참석하기 가장 좋은 시간일까요? 즉, 몇 시에 가야할까요?

각 시간마다 오는 연예인들의 수를 세어보면, 10 ~ 11시에 간다면 모모, 정연, 채영 3명을 만날 수 있다는 것을 알 수 있습니다. 이것보다 더 많은 연예인과 셀카를 찍을 수는 없습니다.

2-1 시간 확인하고 다시 또 확인하기

가장 직관적인 알고리즘은 각 시간마다 얼마나 많은 연예인이 와있는지 확인하는 것입니다. 어떤 연예인이 [i, j) 시간에 온다면 i, i+1, …, j−1 시간에 파티에 있습니다. 아래 알고리즘은 간단하게 각 시간마다 얼마나 많은 연예인이 오는지 세어보고, 최대값을 선택합니다.

여기 알고리즘에 대한 코드가 있습니다.

```
 1. sched = [(6, 8), (6, 12), (6, 7), (7, 8),
              (7, 10), (8, 9), (8, 10), (9, 12),
              (9, 10), (10, 11), (10, 12), (11, 12)]
 2. def bestTimeToParty(schedule):
 3.     start = schedule[0][0]
 4.     end = schedule[0][1]
 5.     for c in schedule:
 6.         start = min(c[0], start)
 7.         end = max(c[1], end)
 8.     count = celebrityDensity(schedule, start, end)
 9.     maxcount = 0
10.     for i in range(start, end + 1):
11.         if count[i] > maxcount:
12.             maxcount = count[i]
13.             time = i
14.     print ('Best time to attend the party is at',
              time, 'o\'clock', ':', maxcount,
              'celebrities will be attending!')
```

위 함수의 입력변수인 schedule은 구간들이 저장되어 있는 리스트입니다. 각 구간은 숫자로만 이루어진 2-튜플로 표현됩니다. 첫 번째 값은 시작 시간, 두 번째 값은 끝 시간입니다. 알고리즘에서 구간에 대한 정보를 수정할 일은 없기 때문에, 튜플을 써서 수정할 수 없도록 하겠습니다.

3 − 7번째 줄은 연예인들이 파티에 도착하는 가장 빠른 시간과 떠나는 가장 늦은 시간을 찾습니다. 3 − 4번째 줄에서 schedule은 최소 1개 이상의 튜플을 가지고 있다고 가정하고, start와 end 변수를 초기화합니다. start 변수에는 가장 먼저 오는 연예인의 도착 시간이, end 변

수에는 가장 늦게 떠나는 연예인이 언제까지 파티에 있는지 저장할 것입니다. schedule[0]은 schedule 리스트의 원소 중 첫 번째 원소인 튜플입니다. 튜플의 두 가지 값을 접근하는 방법은 리스트에서 사용하는 방법과 완전하게 동일합니다. 그래서 schedule[0]은 튜플이고, 그 뒤에 다른 [0]은 튜플의 첫 번째 원소값을(3번째 줄), [1]은 두 번째 원소값을(4번째 줄) 나타냅니다.

for 문에서, schedule 리스트에 있는 모든 튜플을 순회하고, 각각의 튜플이 c 변수에 저장됩니다. 만약 우리가 c[0]을 10으로 수정하려고 한다면, 프로그램은 여러분들에게 c는 튜플이라 수정할 수 없다고 에러를 던질 것입니다. 반면에, 만약 우리가 sched = [[6, 8], [6, 12], …]라고 정의했다면, 우리는 6을 10으로 변경할 수 있을 것입니다. 리스트 안에 튜플이 아닌 리스트가 있기 때문입니다.

8번째 줄은 또 다른 함수를 호출해서 count 리스트에 결과를 할당하는데, start부터 end까지 각 시간별로 파티에 있는 연예인의 수를 저장할 것입니다.

9 - 13번째 줄은 start부터 end까지의 시간을 하나하나 돌아보면서 어떤 시간에 가장 많은 연예인이 있는지 찾습니다. 새로운 최대값이 발견될 때마다 maxcount에 저장합니다. 이 부분은 다음과 같이 바꿀 수 있습니다.

```
9a.    maxcount = max(count[start:end + 1])
10a.   time = count.index(maxcount)
```

파이썬은 max 함수를 기본적으로 제공하는데, 리스트에서 최대값을 찾아서 반환합니다. 게다가 우리는 리스트의 연속된 일부분만 자르는 것도 할 수 있습니다. 9a번째 줄을 보면, 우리는 start부터 end까지 시작과 끝을 포함하는 연속된 일부분만 잘라서 최대값을 구하도록 했습니다. 만약 우리가 b = a[0:3]이라고 했으면, 이 문장은 a 리스트 내의 첫 번째부터 세 번째 원소인 a[0], a[1], a[2]를 복사해서 b 리스트에 넣습니다. 10a번째 줄은 count 리스트에서 최대값이 저장되어 있는 원소의 순번을 찾습니다.

이제 알고리즘의 핵심 부분인 celebrityDensity 함수를 구현해보겠습니다.

```
1.   def celebrityDensity(sched, start, end):
2.       count = [0] * (end + 1)
```

```
3.     for i in range(start, end + 1):
4.         count[i] = 0
5.         for c in sched:
6.             if c[0] <= i and c[1] > i:
7.                 count[i] += 1
8.     return count
```

이 함수 안에는 2개의 중첩된 반복문이 있습니다. 바깥쪽 반복문에서는 시간에 대해 1만큼 증가시키면서 순회를 하고, 시작은 start부터 하기 위해 **range** 함수의 첫 번째 입력값으로 start를 넣었습니다. 각 시간마다, 5 – 7번째 줄의 안쪽 반복문에서는 연예인에 대해 순회를 하는데, 6번째 줄에서 현재 시간에 연예인이 파티에 있는지 확인을 합니다. 이전에 말한 것처럼, 현재 시간은 연예인의 시작 시간보다 크거나 같아야 하고, 끝 시간보다는 작아야 합니다.

이제 함수를 실행해봅시다.

```
bestTimeToParty(sched)
```

결과는 다음과 같이 출력됩니다.

```
Best time to attend the party is at 9 o'clock : 5 celebrities
will be attending!
```

이 알고리즘은 가독성이 좋아 보이지만, 만족스럽지는 않습니다. 우리가 문제를 풀 때, 기본 시간 단위가 어떻게 되나요? 우리의 예시에서 6이라고 표현했던 것은 오후 6시라고 하고, 11은 오후 11시, 12는 오전 12시라고 해봅시다. 즉, 시간 단위는 1시간입니다. 만약 연예인들이 자기가 편한 시간에 왔다 간다면 어떨까요? 예를 들어 사나가 6시 31분에 와서 6시 42분에 떠나고, 나연은 6시 55분에 와서 7시 14분에 나갔다고 합시다. 이런 상황이라면 시간 단위를 1시간이 아니라 1분으로 해야 할 것 같습니다. 이 부분을 우리 코드에 반영하면 시간에 대해 반복문을 수행할 때, 60배나 더 계산해야 합니다. 만약 사나가 6시 31분 15초에 오기로 한다면, 우리는 시간 단위를 초로 바꾸어서 계산해야 합니다. 만약 어떤 연예인이 밀리초에 나가고 싶어한다면 (물론 연예인이 이렇게까지 하는건 힘들겠지만요) 어떻게 해야 할까요? 시간 단위를 정해야 한다는 것은 귀찮은 일입니다.

혹시 여러분이 시간 단위와 관계 없이 동작할 수 있는 알고리즘을 생각해볼 수 있을까요? 새로운 알고리즘은 연예인들의 숫자에 관련된 연산만 하고, 스케줄에 관련된 연산은 하지 않도록 해야 할 것 같습니다.

2-2   똑똑한 시간 확인 방법

여기서는 모든 연예인들의 구간을 그림으로 표현해보겠습니다. 가로로 그어진 실선이 연예인의 파티 참가 시간을 나타냅니다. 참석 가능한 연예인들의 스케줄을 반영해서 아래 그림을 그려보았습니다.

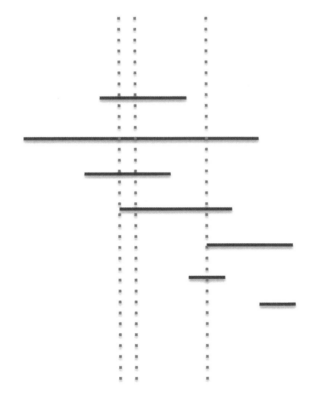

이 그림은 우리에게 영감을 줄 수 있습니다. 그림의 점선처럼 특정 시간에 자를 대듯이 선을 그어서 얼마나 많은 연예인들의 실선과 교차하는지 확인하면, 우리가 특정 시간에 만날 수 있는 연예인 수를 알 수 있습니다. 여기까지는 우리가 이전에 작성했던 직관적인 알고리즘의 코드와 비슷합니다. 조금 더 그림을 관찰해보면 우리는 문제에 관한 두 가지 특징을 더 얻어낼 수 있습니다.

1. 우리는 연예인의 파티 참석 구간의 시작과 끝 시간만 신경쓰면 됩니다. 왜냐하면 오로지 시작과 끝 시간에만 파티에 참석하는 연예인의 수가 바뀔 수 있기 때문입니다. 위의 그림에서 두 번째 점선에 해당하는 시간에는 다시 계산을 해볼 필요가 없습니다. 첫 번째 점선과 두 번째 점선 사이에 어떤 연예인이 더 오거나 나간 사람이 없기 때문에 첫 번째 점선과 같은 연예인들을 만날 수 있을 테니까요. 첫 번째 점선에서 네 번째 연예인(위에서부터)의 선과 겹쳐있는데, 이 시간에 연예인이 파티에 도착한 것이므로 만날 수 있다는 뜻입니다.

2. 자를 왼쪽에서 오른쪽으로 옮겨보면서 단순 증가/감소 연산을 통해 최대로 만날 수 있는 연예인의 수를 찾아낼 수 있는데, 이 부분을 조금 더 파헤쳐 보겠습니다.

처음에는 연예인의 수를 0으로 초기화합니다. 연예인의 존재 구간의 시작 시간을 만날 때마다 연예인의 수를 하나씩 증가시킵니다. 연예인의 존재 구간의 끝 시간을 만날 때마다 연예인의 수를 하나씩 감소시킵니다. 또한 연예인의 수의 최대값을 따로 저장해서 추적합니다. 연예인의 수가 연예인의 시작/끝 시간을 만나면서 변하는 도중에도, 새로운 최대값이 발견될 때는 연예인의 시작 지점에서만 발생할 수 있다는 것을 기억합시다.

한 가지 중요한 점은, 자를 왼쪽으로 오른쪽으로 옮기면서 계산했듯이 우리는 시간이 증가하는 순으로 이러한 연산을 진행해야 합니다. 즉, 연예인들의 시작/끝 시간을 정렬해두어야 위의 알고리즘을 적용할 수 있습니다. 우리가 원하는 것은 그림에서 보듯이 제일 먼저 오는 연예인 아래 두 번째로 도착하는 연예인이 오고, 그 아래에는 세 번째로 도착하는 연예인이 나오는 식으로 되어야 합니다. 정렬을 어떻게 할지는 잠시 뒤에 고민해보고, 앞서 작성했던 코드를 좀 더 효율적이고 우아하게 바꿔서 파티에 참가할 최적의 시간을 계산해봅시다.

```
1.  sched2 = [(6.0, 8.0), (6.5, 12.0), (6.5, 7.0),
            (7.0, 8.0), (7.5, 10.0), (8.0, 9.0),
            (8.0, 10.0), (9.0, 12.0), (9.5, 10.0),
            (10.0, 11.0), (10.0, 12.0), (11.0, 12.0)]
```

```
2.   def bestTimeToPartySmart(schedule):
3.       times = []
4.       for c in schedule:
5.           times.append((c[0], 'start'))
6.           times.append((c[1], 'end'))
7.       sortList(times)
8.       maxcount, time = chooseTime(times)
9.       print ('Best time to attend the party is at',
                time, 'o\'clock', ':', maxcount,
                'celebrities will be attending!')
```

schedule과 sched2는 2-튜플이고, 이전과 동일하게 각 튜플의 첫 번째 원소는 시작 시간을, 두 번째 원소는 끝 시간을 표현합니다. 하지만 우리는 이번에 sched2에서 부동소수점 숫자를 사용하고 있습니다. 이전에는 특정 시간의 정각을 표현하는 정수를 사용했었습니다. 6.0, 8.0 과 같은 숫자들이 부동소수점 숫자입니다. 이 퍼즐에서 우리는 부동소수점 숫자들의 크기를 비교하기만 하고, 이 숫자들에 대한 산술 연산은 하지 않습니다.

반면에, 3번째 줄에서 빈 리스트로 초기화되는 times 리스트도 2-튜플을 담고 있지만 내용이 다릅니다. 첫 번째 원소는 시간이고, 두 번째 원소는 이 시간이 시작 시간인지 끝 시간인지 알기 위한 문자열 라벨입니다.

3 - 6번째 줄에서 연예인들의 시작과 끝 시간을 라벨과 함께 수집해서 times에 저장합니다. 이 리스트는 아직 정렬되지 않았습니다. 왜냐하면 schedule 리스트에서 순서대로 꺼내서 times 리스트에 저장하는데, schedule 리스트 안의 2-튜플들이 순서대로 정렬되어 있다고 보장할 수 없기 때문입니다.

7번째 줄은 정렬하는 역할을 해주는 함수를 호출해서 times 안의 데이터를 정렬합니다. 정렬에 관해서는 바로 뒤에서 구현해보도록 하겠습니다. 정렬이 된 후에 8번째 줄에서는 가장 중요한 chooseTime 함수를 호출하는데, 여기서 시간 순서대로 연예인의 수(또는 밀도)를 계산하고, 그 시간과 연예인의 수를 출력합니다.

이 코드는 원래 입력이었던 sched를 입력으로 넣으면 같은 문장이 출력되고, sched2를 넣으면 다음과 같이 출력이 됩니다.

```
Best time to attend the party is at 9.5 o'clock : 5 celebrities
will be attending!
```

이제 시간들을 어떻게 정렬해야 할까요? 우리는 구간에 대한 리스트를 가지고 있고, 구간 안에 'start'와 'end' 라벨이 달린 시간들을 라벨을 유지한 채로 오름차순으로 정렬하고 싶습니다. 다음은 그 역할을 하는 코드입니다.

```
1.  def sortList(tlist):
2.      for ind in range(len(tlist)-1):
3.          iSm = ind
4.          for i in range(ind, len(tlist)):
5.              if tlist[iSm][0] > tlist[i][0]:
6.                  iSm = i
7.          tlist[ind], tlist[iSm] = tlist[iSm], tlist[ind]
```

이 코드가 어떻게 동작하는 것일까요? 사실 위 코드는 선택정렬이라고 하는 가장 단순한 정렬 알고리즘입니다. 이 알고리즘은 바깥쪽 **for** 문의 첫 번째 순회를 하면서 리스트 안의 가장 작은 값을 찾아서 리스트의 가장 앞에 위치시킵니다(2 – 7번째 줄). 가장 작은 값을 찾는 과정은 $len(tlist) - 1$ 번만 하면 됩니다. $len(tlist)$ 번이 아닙니다. 원소가 1개일 때 우리가 굳이 최소값을 찾으려고 노력할 필요는 없기 때문입니다.

최소값을 찾기 위해서는 리스트 내의 모든 값을 살펴봐야 하고, 이 부분은 안쪽 **for** 문(4 – 6번째 줄)에서 수행됩니다. 최소값을 찾아서 리스트의 가장 앞에 위치시켜야 하는데, 이미 그 위치에는 다른 원소가 있기 때문에 두 원소의 위치를 서로 바꿔줍니다(7번째 줄). 7번째 줄은 두 개의 할당을 한 번에 하는 것으로 생각하면 됩니다. tlist[ind] 는 tlist[iSm] 의 이전 값을, tlist[iSm] 은 tlist[ind] 의 이전 값을 받아서 넣습니다.

바깥쪽 **for** 문의 두 번째 순회에서, 이 알고리즘은 리스트의 나머지 부분(첫 번째 원소를 포함하지 않은 채로) 중에서 최소값을 찾고, 이 최소값을 리스트의 첫 번째 자리 바로 옆인 두 번째 자리에 위치시킵니다. 위치시키는 방법은 동일하게 이번에 구한 최소값을 두 번째 위치로, 두 번째 위치의 값은 최소값이 위치하던 자리로 서로 바꿔줍니다. 눈여겨 보아야 할 부분은 4번째 줄의 **range** 함수가 2개의 입력변수를 받고 있는데, 그 첫 번째 값인 ind입니다. 바깥쪽 반복문에 대해, 안쪽 반복문에서는 반복의 시작을 ind 부터 시작합니다. 바깥쪽 반복문에서 이미 최소값을 구해 적절한 위치로 옮겼기 때문에, 안쪽 반복문에서는 표시해놓은 ind를 포함하는 뒤쪽만 고려하면 되기 때문입니다. 이러한 과정이 전체 리스트가 정렬될 때까지 반복됩니다. 리스트의 각 원소는 2-튜플이기 때문에, 우리는 5번째 줄처럼 값을 비교할 때 각 원소의 첫 번째 값으로 비교합니다. 이것이 바로 5번째 줄에 [0] 이 있는 이유입니다. 물론, 우리는 2-튜플을 정렬하고 있습니다. 2-튜플은 7번째 줄에서 서로의 위치를 바꾸고, 이 과정에서 우리가 표시해했던 'start', 'end' 의 라벨들은 그대로 유지된 채로 위치가 변경됩니다.

리스트가 정렬되고 나면, 아래 있는 chooseTime 함수가 입력 리스트를 딱 한번만 순회하면서 가장 좋은 시간과 연예인의 수를 찾아냅니다.

```
1. def chooseTime(times):
2.     rcount = 0
3.     maxcount = time = 0
4.     for t in times:
5.         if t[1] == 'start':
6.             rcount = rcount + 1
7.         elif t[1] == 'end':
8.             rcount = rcount - 1
9.         if rcount > maxcount:
10.            maxcount = rcount
11.            time = t[0]
12.     return maxcount, time
```

반복의 횟수는 연예인의 수의 두 배가 될 것입니다. 왜냐하면 times 리스트는 각 연예인들의 시작 시간과 끝 시간을 가지고 있기 때문입니다. 중첩된 반복문을 가지고 있는 직관적인 알고리즘과 비교해보았을 때, 기존 알고리즘은 연예인의 수와 계산하려는 시간 단위(시간, 분 초 등)에 따른 시간 개수의 곱만큼 반복이 이루어집니다.

우리가 앞에서 관찰했던 내용 중 하나로, 최적의 파티 참석 시간은 항상 어떤 연예인의 시작 시간에 달려있습니다. 왜냐하면 rcount 변수를 연예인의 시작 시간에만 1씩 증가시키고 있고, 가장 연예인이 많은 시간은 rcount 값이 증가될 때만 발생할 수 있기 때문입니다. 이 내용을 연습 2에서 사용해보도록 하겠습니다.

2-3 정렬의 대표주자

효율적인 리스트의 정렬은 가장 기본적인 사항입니다. 만약 여러분이 단어들이 나열된 두 개의 리스트를 가지고 있다고 생각해봅시다. 여러분은 두 개의 리스트가 동일한지 아닌지 확인하고 싶습니다. 리스트에 중복된 단어는 없고, 두 리스트들은 모두 n개의 단어를 가지고 있습니다. 가장 확실한 방법은 리스트 1의 각 단어들을 가져와서 그 단어가 리스트 2에도 있는지 확인하는 것입니다. 이렇게 한다면 우리는 리스트 1의 n개의 각 단어마다 리스트 2의 원소들과 최대 n번 비교를 해야 합니다. 최악의 경우 n^2만큼의 비교를 해야 하는 것입니다.

더 좋은 방법이 있습니다. 바로 두 개의 리스트를 각자 알파벳 순서로 단어들을 정렬해두는 것입니다. 한 번 정렬이 된 후에는, 우리는 단순히 리스트 1의 첫 번째 단어가 리스트 2의 첫 번째 단어와 같은지만 비교하고, 두 번째 단어가 두 번째 단어와 다시 같은지 비교하는 식으로만 진행할 수 있습니다. 이 방법은 n번만 비교하면 됩니다.

잠깐! 그렇게 한다면 정렬을 하는데 필요한 연산 횟수들은 어떻게 되는건가요? 정렬 자체를 수행하는데도 최악의 경우 n^2만큼 연산을 해야하지 않나요? 게다가 우리는 리스트를 두 개나 가지고 있습니다. 나중에 이 책에서 다루겠지만, 우리는 $n \log n$ 만에 정렬을 수행할 수 있는 더욱 좋은 알고리즘들을 사용할 수 있습니다. 이 차이는 지금은 작아 보이지만, n이 매우 큰 경우에 $n \log n$은 n^2에 비해 엄청나게 작은 수이기 때문에 비교 전 정렬을 할만한 가치가 있습니다.

연습 1 ▶ 여러분은 사실 업무에 치여서 너무나 바쁘기 때문에, 아무 때나 파티에 갈 수 있을 만한 여유가 없습니다. 여러분들을 위해 직접 함수에 입력변수를 추가해서, 입력값으로 주어지는 시간(ystart시-yend시) 안에서 가장 많은 연예인을 만날 수 있는 시간과 연예인 수를 찾도록 수정해보세요. 입력값으로 주어지는 구간은 [ystart, yend) 라고 생각합시다. 즉, 여러분은 ystart <= t < yend 를 만족하는 시간 t에만 파티에 있습니다.

연습 2 시간 단위에 의존하지 않고 파티에 갈 수 있는 최적의 시간을 찾는 다른 방법이 있습니다. 우리가 차례차례 연예인을 한명씩 선택하고, 선택한 연예인의 시작 시간이 얼마나 많은 다른 연예인들의 존재 구간에 포함되는지를 계산해봅시다. 그렇게 해서 가장 많은 다른 연예인이 선택되는 시간을 우리가 파티를 가야 할 시간으로 결정합니다. 이 알고리즘을 코드로 구현하고, 정렬에 기반해서 풀었던 우리의 알고리즘과 동일한 결과가 나오는지 확인해보세요.

퍼즐 연습 3 여러분이 파티에서 만날 연예인들에 대해 여러분의 선호도가 있다고 생각해봅시다. 이렇게 하면 각 연예인의 스케줄은 3-튜플로 표현될 수 있습니다. 예를 들면 (6.0, 8.0, 3) 입니다. 6.0은 시작 시간, 8.0은 끝 시간, 그리고 3은 여러분들이 이 연예인을 얼마나 좋아하는지를 나타냅니다. 코드를 수정해서 가장 많은 선호도를 가지는 시간을 찾을 수 있도록 해보세요.

예를 들어 아래 그림이 주어졌을 때:

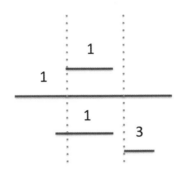

우리는 첫 번째 점선에서 3명의 연예인을 만날 수 있더라도, 두 번째 점선의 시간이 출력되길 바랍니다. 왜냐하면 두 번째 점선은 2명의 연예인을 만나지만 총 선호도는 4로, 첫 번째 점선의 총 선호도인 3보다 크기 때문입니다.

여기 조금 더 복잡한 예시 입력이 있습니다.

```
sched3 = [(6.0, 8.0, 2), (6.5, 12.0, 1), (6.5, 7.0, 2),
          (7.0, 8.0, 2), (7.5, 10.0, 3), (8.0, 9.0, 2),
          (8.0, 10.0, 1), (9.0, 12.0, 2),
          (9.5, 10.0, 4), (10.0, 11.0, 2),
          (10.0, 12.0, 3), (11.0, 12.0, 7)]
```

위와 같은 연예인 스케줄에서, 여러분은 최대의 선호도 13을 얻을 수 있도록 11.0시 정각에 가야 합니다.

퍼즐 03_
다른 사람의
마음 읽기

눈치는 일종의 마음을 읽어내는 기술입니다.

Sarah Orne Jewett

이번 퍼즐에 쓰이는 프로그래밍 구조 및 알고리즘:

- 사용자로부터의 입력 받기
- 조건별 분석을 위한 흐름 제어
- 데이터 인코딩/디코딩

여러분은 마술사이자 뛰어난 독심술의 대가입니다. 여러분의 조수는 관람객들에게 가서 평범한 52장으로 이루어진 카드를 내밉니다. 여러분은 그 사이에 무대 밖으로 나가서 아무 것도 볼 수 없습니다. 다섯 명의 관람객들이 각자 원하는 카드를 고릅니다. 조수는 관람객들이 뽑은 다섯 장의 카드를 모으고, 그 중 네 장을 관람객들에게 하나씩 하나씩 보여줍니다. 각각의 카드를 보여주며 조수는 관람객들에게 마음을 집중하여 카드를 봐달라고 주문합니다. 관람객들이 집중해서 카드에 마음을 담아주면, 아직 카드의 앞면을 보지 못한 마술사도 그 마음을 전달받아서 어떤 카드인지 읽을 수 있기 때문이라고 합니다. 잠시 후, 여러분도 네 장의 카드를 확인합니다. 이 카드는 여러분들이 관람객들의 마음을 읽는데 도움이 됩니다.

여러분이 네 장의 카드를 본 뒤 관람객들에게 "여러분들의 생각이 이제 보이기 시작합니다."라고 말한 뒤, 무대 밖으로 다시 이동합니다. 조수는 다섯 번째 카드를 꺼내 관람객들에게 보여주고 집어넣습니다. 그 사이에 관람객들은 다섯 번째 카드를 마음을 담아 쳐다보았고, 잠시 후 무대로 돌아와서 다섯 번째 카드를 정확히 맞추는데 성공합니다.

여기에 어떤 트릭이 숨어있을까요?

사실은 조수가 카드를 보여준 순서가 여러분에게 다섯 번째 카드가 무엇인지 말해주고 있습니다. 조수는 다섯 개의 카드를 빠르게 살펴본 뒤, 어떤 카드를 숨겼다가 마지막 다섯 번째 카드로 사용해서 마술사가 맞추게 할 지 결정해주어야 합니다. 조수와 마술사가 함께 이 트릭을 완성시킬 수 있는 방법이 있습니다.

예를 들어 관람객들이 10♥, 9♦, 3♥, Q♠, J♦인 다섯 개의 카드를 선택했다고 합시다.

- 조수는 기호가 같은 두 개의 카드를 먼저 고릅니다. 다섯 개의 카드가 주어진다면, 그 중에 반드시 두 개의 카드는 같은 기호를 가지고 있습니다. 왜냐하면 기호는 네 가지밖에 없기 때문입니다. 우리의 예시를 본다면, 조수는 3♥와 10♥를 선택합니다.

- 조수는 선택한 두 개의 카드의 숫자들이 아래와 같은 고리에서 어디에 있는지 생각합니다.

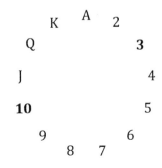

이 고리에서 서로 다른 임의의 두 개의 값은 서로 떨어진 거리가 시계방향으로 1에서 6 사이에 있을 것입니다. 예를 들어, 10♥는 3♥에서 시계방향으로 7만큼 떨어져 있지만, 3♥는 10♥로부터 시계방향으로 6만큼만 떨어져 있습니다.

- 두 개의 카드 중 한 개가 먼저 공개되고, 다른 하나는 비밀 카드인 다섯 번째로 공개되는 카드가 됩니다. 먼저 공개되는 카드는 6 혹은 그보다 작은 거리에 있는 카드들 중 앞에 위치한 카드가 됩니다. 그러므로, 우리의 예시에서는, 10♥가 먼저 공개되고, 3♥가 비밀 카드가 됩니다. 왜냐하면 10♥부터 시작해서 6만큼의 거리에 3♥가 있기 때문입니다(만약 다른 예시로 조수의 손에 4♥와 10♥가 있다면, 4♥가 먼저 공개되고 10♥가 비밀 카드가 됩니다. 왜냐하면 4♥부터 시작해서 10♥가 6만큼 떨어져있기 때문입니다).

  – 비밀 카드의 기호는 항상 처음 공개되는 카드와 동일합니다.

  – 비밀 카드의 숫자는 처음 공개되는 카드로부터 시계방향으로 1에서 6 거리 안에 있습니다.

- 이제 남은 것은 조수가 1에서 6 사이의 어떤 값을 마술사에게 전달하는 것입니다. 마술사와 조수는 사전에 미리 아래와 같은 순서로 카드가 커진다는 것을 정해두었습니다.

  A♣ A♦ A♥ A♠ 2♣ 2♦ 2♥ 2♠ . . . Q♣ Q♦ Q♥ Q♠ K♣ K♦ K♥ K♠

  그리고 남은 세 개의 카드를 공개하는 순서가 크기 순서에 따라 아래 숫자를 의미한다는 것도 정해두었죠.

  (작음, 중간, 큼) = 1
  (작음, 큼, 중간) = 2
  (중간, 작음, 큼) = 3
  (중간, 큼, 작음) = 4
  (큼, 작음, 중간) = 5
  (큼, 중간, 작음) = 6

  위의 예에서 조수는 6을 전달해야 하므로, 남은 세 개의 카드를(큼, 중간, 작음) 순서로 공개합니다. 결과적으로, 마술사인 여러분은 아래와 같은 카드를 순서대로 보게 됩니다. 10♥ Q♠ J♦ 9♦

- 마술사는 첫 번째 카드인 10♥로부터 6만큼 시계방향으로 떨어진 3♥가 바로 비밀 카드라는 것을 알 수 있습니다!

이제 여러분은 마음은 읽어내는 알고리즘을 알고 있고, 조수와 마술사의 역할을 대신 해줄 수 있는 두 개의 프로그램을 작성할 준비가 되었습니다.

3-1 조수 역할 코드 작성하기

첫 번째 프로그램은 조수가 다섯 개의 카드를 입력으로 받아 비밀 카드를 고르고, 남은 네 개의 카드를 인코딩한 뒤, 순서에 맞춰서 그것들을 보여줍니다. 조수는 그 결과를 마술사인 여러분에게 보여주고, 여러분에게 비밀 카드가 무엇인지 맞추어보라고 합니다.

```
1. deck = ['A_C','A_D','A_H','A_S','2_C','2_D','2_H','2_S',
           '3_C','3_D','3_H','3_S','4_C','4_D','4_H','4_S',
           '5_C','5_D','5_H','5_S','6_C','6_D','6_H','6_S',
           '7_C','7_D','7_H','7_S','8_C','8_D','8_H','8_S',
           '9_C','9_D','9_H','9_S','10_C','10_D','10_H',
           '10_S', 'J_C','J_D','J_H','J_S','Q_C','Q_D',
           'Q_H','Q_S', 'K_C','K_D','K_H','K_S']
2. def AssistantOrdersCards():
3.     print ('Cards are character strings as shown below.')
4.     print ('Ordering is:', deck)
5.     cards, cind, cardsuits, cnumbers = [], [], [], []
6.     numsuits = [0, 0, 0, 0]
7.     for i in range(5):
8.         print ('Please give card', i+1, end = ' ')
9.         card = input('in above format:')
10.        cards.append(card)
11.        n = deck.index(card)
12.        cind.append(n)
13.        cardsuits.append(n % 4)
14.        cnumbers.append(n // 4)
15.        numsuits[n % 4] += 1
16.        if numsuits[n % 4] > 1:
17.            pairsuit = n % 4
18.    cardh = []
19.    for i in range(5):
20.        if cardsuits[i] == pairsuit:
21.            cardh.append(i)
22.    hidden, other, encode = \
22a.       outputFirstCard(cnumbers, cardh, cards)
23.    remindices = []
24.    for i in range(5):
25.        if i != hidden and i != other:
```

```
26.              remindices.append(cind[i])
27.       sortList(remindices)
28.       outputNext3Cards(encode, remindices)
29.       return
```

1번째 줄의 deck 리스트는 카드의 크기가 작은 것부터 큰 것까지 순서대로 정렬된 상태입니다. 5 – 6번째 줄에서는 변수들을 초기화합니다. 5번째 줄에서, 한 번에 여러 변수들에 값을 할당하는 방법을 볼 수 있습니다. 7 – 17번째 줄에서는 **for** 문을 통해 다섯 개의 카드를 키보드로부터 입력받습니다. 카드들은 deck 변수에 있는 형식으로 정확하게 입력되어야만 프로그램이 잘 동작합니다.

8번째 줄에서 **print** 함수가 'Please give card' 를 출력하고, 몇 개의 카드가 남았는지 알려줍니다. end = ' ' 는 **print** 함수의 마지막에 새로운 줄을 넣는 대신 공란을 한개 넣으라는 뜻입니다. 9번째 줄에서는 'in above format:' 을 출력하면서 사용자로부터 문자열을 입력받아서 card 변수에 입력받은 값을 할당합니다. 그리고 card 변수의 값을 cards 리스트에 추가합니다. 합치면, 8 – 9번째 줄에서 아래와 같은 내용을 출력하게 됩니다.

```
Please give card 1 in above format:
```

그리고 사용자로부터의 입력을 기다립니다. 11번째 줄은 정말 중요한 부분인데, 사용자가 입력한 문자열이 deck 리스트에서 어디에 위치해있는지를 찾습니다. 이 위치값이 중요한 이유는 우리가 어떻게 두 카드를 비교할지를 쉽게 만들어주기 때문입니다. 예를 들어 'A_C' 의 위치값은 0, '3_C' 의 위치값은 8, 'K_S' 의 위치값은 51입니다.

12 – 17번째 줄에서는 조수가 인코딩하는데 필요한 여러가지 데이터를 만들고 있습니다. 다섯 개의 카드의 위치값들은 cind 변수에 저장되고, 기호들은 cardsuits에 저장됩니다. 각 카드의 위치값으로부터 우리는 간단하게 그 카드의 기호가 무엇인지 알 수 있는데, 그 방법은 바로 위치값의 모듈로 4 연산입니다. 클로버(기호 0) 카드들은 모두 위치값이 4의 배수이고, 다이아몬드(기호 1) 카드들은 4의 배수에 1을 더한 위치값들을 가지고 있고, 이런 식으로 나머지 두 기호들도 계산할 수 있습니다. 카드의 숫자를 얻기 위해서는, 즉 A(1)에서 K(13)까지 간단하게 정수 나누기인 // 연산을 통해 위치값 // 4를 계산하면 됩니다. 모든 A 카드는 같은 기호를 가

진 카드들 중 가장 앞에 위치해 있고, 2 카드는 그 다음, 이런 식으로 존재하기 때문입니다. 우리의 알고리즘은 다섯 개의 카드 중 어떤 기호가 한 번 이상 나왔는지 파악해야 합니다. 최소한 1개 이상의 기호가 이렇게 존재할 수 있는데, 만약 2개의 기호가 2개 이상의 카드를 가지고 있다면, 조수는 입력되는 카드 순서에 따라 먼저 2번 발견되는 기호를 선택할 것입니다. 그 기호는 pairsuit 변수에 저장됩니다(15 – 17번째 줄).

18 – 21번째 줄에서는 기호 pairsuit를 가지는 두 개의 카드를 선택합니다. 카드가 세 개 이상일 수도 있고, 그렇다면 cardh 리스트에 모두 들어가겠지만, outputFirstCard 함수에서 cardh 리스트의 앞에 있는 두 개의 값만 사용할 것입니다.

outputFirstCard 함수(22 – 22a번째 줄)에서 두 개의 카드들 중 어떤 것이 비밀 카드가 되고, 어떤 것이 가장 먼저 공개될 카드가 될지 결정합니다. 또한 여기서 남은 세 개의 카드를 통해 어떤 숫자를 전달해야 할지도 판단합니다. 22번째 줄 끝의 \ 을 주의해주시기 바랍니다. 이 기호는 22번째 줄과 22a번째 줄의 내용들은 한 줄로 이루어져 있고, 합쳐서 해석해야 한다고 알려주는 것입니다. 만약 여기에 \ 가 쓰이지 않았다면 오류가 발생할 것입니다. outputFirstCard 함수에 대해서는 조금 더 뒤에 자세히 살펴보겠습니다.

23 – 26번째 줄에서는 입력받은 다섯 개의 카드 중 처음 공개할 카드와 비밀 카드를 제외하고 남은 세 개의 카드를 remindices 리스트에 저장합니다. 당연히 이 리스트의 길이는 3입니다. 그리고 remindices 리스트를 오름차순으로 정렬합니다. 마지막으로, outputNext3Cards 함수에서 인코딩해야 할 숫자를 받아서 세 개의 카드 순서를 조정합니다. encode 변수는 바로 이 숫자를 가지고 있습니다. 이 함수에 대해서도 뒤에 살펴보겠습니다.

29번째 줄에서는 함수의 끝을 의미하는 **return** 절이 있습니다. 지금까지 우리가 보았던 함수들은 **return**을 사용하지 않았었는데, 우리가 함수의 마지막 부분에 관해 조금 무신경했던 것 같습니다. 자세히 살펴보도록 하겠습니다. 사실 29번째 줄은 없어도 괜찮습니다. 함수는 이 줄이 없어도 잘 동작합니다. 만약 여러분이 어떤 값을 결과로 내보내야 한다면, 꼭 **return** 절이 필요합니다. 아래 우리가 보게될 함수들이나 이전 퍼즐에서 풀었던 함수들처럼요.

이제 두 개의 카드들 중 어떤 카드가 비밀 카드가 되는지 결정하는 outputFirstCard 함수를 살펴보겠습니다. 또한 여기서 우리는 두 카드의 거리인 1에서 6의 숫자도 결정해야 합니다. 이 함수는 비밀 카드, 첫 번째 공개될 카드, 그리고 인코딩할 숫자를 출력합니다.

```
 1. def outputFirstCard(ns, oneTwo, cards):
 2.     encode = (ns[oneTwo[0]] - ns[oneTwo[1]]) % 13
 3.     if encode > 0 and encode <= 6:
 4.         hidden = oneTwo[0]
 5.         other = oneTwo[1]
 6.     else:
 7.         hidden = oneTwo[1]
 8.         other = oneTwo[0]
 9.         encode = (ns[oneTwo[1]] - ns[oneTwo[0]]) % 13
10.     print ('First card is:', cards[other])
11.     return hidden, other, encode
```

두 개의 카드의 기호에 관해서는 고민할 필요가 없습니다. 어차피 같을 테니까요. 앞서 보았던 카드 고리를 이용해 코드를 설명해보겠습니다.

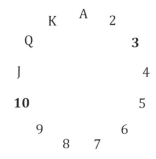

첫 번째 카드는 10♥이고 두 번째 카드는 3♥라고 생각해봅시다. 그러면 2번째 줄에서 (10 - 3) % 13 = 7을 계산합니다. 그러면 encode = 7 이기 때문에, 반대로 3♥를 비밀 카드로 정하고 두 카드 사이의 거리를 (3 - 10) % 13으로 다시 계산해서 인코딩할 숫자를 결정합니다. 시계방향으로 10부터 6만큼 가면 3이 나오게 되는 것을 확인할 수 있습니다. 반대로, 만약 첫 번째 카드가 3♥이고 두 번째 카드가 10♥라면, 2번째 줄에서 (3 - 10) % 13 = 6을 계산하고, 그대로 비밀 카드는 3♥로, 인코딩할 숫자는 6으로 선택합니다.

이제 outputNext3Cards 함수의 내용을 보겠습니다. 인코딩할 거리와 오름차순으로 정렬되어 있는 세 개의 카드를 입력으로 받아서 다음과 같이 동작합니다.

```
 1. def outputNext3Cards(code, ind):
 2.     if code == 1:
 3.         s, t, f = ind[0], ind[1], ind[2]
 4.     elif code == 2:
 5.         s, t, f = ind[0], ind[2], ind[1]
 6.     elif code == 3:
 7.         s, t, f = ind[1], ind[0], ind[2]
 8.     elif code == 4:
 9.         s, t, f = ind[1], ind[2], ind[0]
10.     elif code == 5:
11.         s, t, f = ind[2], ind[0], ind[1]
12.     else:
13.         s, t, f = ind[2], ind[1], ind[0]
14.     print ('Second card is:', deck[s])
15.     print ('Third card is:', deck[t])
16.     print ('Fourth card is:', deck[f])
```

이 함수에서 ind[0] 〈 ind[1] 〈 ind[2] 라고 간주합니다. 그리고 인코딩할 숫자에 따라 그 순서를 적절하게 변경합니다.

마지막으로, 여기 정렬 함수가 있습니다.

```
 1. def sortList(tlist):
 2.     for ind in range(0, len(tlist)-1):
 3.         iSm = ind
 4.         for i in range(ind, len(tlist)):
 5.             if tlist[iSm] > tlist[i]:
 6.                 iSm = i
 7.         tlist[ind], tlist[iSm] = tlist[iSm], tlist[ind]
```

정렬 과정은 퍼즐 2 에서 풀었던 것과 거의 같습니다. 한 가지 다른 점이 바로 5번째 줄인데, 여기서는 리스트 안의 값을 비교하고 있는데 반해, 퍼즐 2에서는 튜플 안의 첫 번째 값을 비교했었습니다. 이 퍼즐에서는 그럴 필요가 없이 리스트 안의 값을 바로 비교할 수 있습니다.

3-2 마술사 역할의 코드 작성하기

지금까지 조수의 역할을 자동화해서 코드로 작성해보았고, 이제는 바꾸어서 마술사의 역할에 대해 코드를 작성해보겠습니다.

이 코드는 네 개의 카드를 받아서 디코딩 알고리즘을 미리 입을 맞춰둔 대로 수행한 뒤 마지막 비밀 카드를 출력하면 됩니다. 여러분의 조수에게 여러분이 바쁠 때 스스로 연습하도록 할 때 유용할 수 있을 것 같습니다. 조수는 다섯 개의 카드를 카드 더미에서 무작위로 선택하고, 그중 하나를 비밀 카드로 정하고 나머지 카드들의 순서를 정합니다. 그리고 조수는 순서에 맞게 카드들을 입력합니다. 이 프로그램은 비밀 카드를 맞춰야 하고, 조수는 자신이 입력한 카드들의 순서가 올바른지를 확인해볼 수 있습니다.

```
 1. def MagicianGuessesCard():
 2.     print ('Cards are character strings as shown below.')
 3.     print ('Ordering is:', deck)
 4.     cards, cind = [], []
 5.     for i in range(4):
 6.         print ('Please give card', i+1, end = ' ')
 7.         card = input('in above format:')
 8.         cards.append(card)
 9.         n = deck.index(card)
10.         cind.append(n)
11.         if i == 0:
12.             suit = n % 4
13.             number = n // 4
14.     if cind[1] < cind[2] and cind[1] < cind[3]:
15.         if cind[2] < cind[3]:
16.             encode = 1
17.         else:
18.             encode = 2
19.     elif ((cind[1] < cind[2] and cind[1] > cind[3])
20.      or (cind[1] > cind[2] and cind[1] < cind[3])):
21.         if cind[2] < cind[3]:
22.             encode = 3
23.         else:
24.             encode = 4
```

```
25.        elif cind[1] > cind[2] and cind[1] > cind[3]:
26.            if cind[2] < cind[3]:
27.                encode = 5
28.            else:
29.                encode = 6
30.        hiddennumber = (number + encode) % 13
31.        index = hiddennumber * 4 + suit
32.        print ('Hidden card is:', deck[index])
```

10번째 줄까지는 조수를 위해 작성했던 코드와 거의 같습니다. 다만 5번째 줄에서 다섯 개의
카드를 받는 것이 아니라 네 개의 카드를 받는 것으로 바뀌었습니다. 11 – 13번째 줄에서는 비
밀 카드의 기호와 첫 번째 공개된 카드의 숫자(1에서 13 사이)를 결정합니다. 프로그램의 나머
지 부분은 첫 번째 공개된 카드와 비밀 카드가 얼마나 떨어져있는지 알아내기 위해 두 번째, 세
번째, 네 번째 공개된 카드의 크기를 비교합니다. 14 – 15번째 줄은 세 개의 카드가 오름차순
으로 순서대로 커지는 경우입니다. 이 경우 encode 값은 명확하게 1일 것입니다. 만약 세 개의
카드 중 첫 번째 카드(전체적으로 보면 네 개의 카드 중 두 번째 공개되는 카드)가 그 중에서
가장 작고 나머지 두 개의 카드가 내림차순으로 있다면 encode의 값은 2입니다(18번째 줄).

19 – 20번째 줄은 세 개의 카드 중 첫 번째 카드가 중간 값인 경우입니다. 이런 경우 encode
의 값은 3 아니면 4입니다. 19번째와 20번째 줄은 같은 구문을 나누어 적은 것에 주의하시기
바랍니다. 왜냐하면 괄호가 모두 닫히지 않았다면 파이썬은 아직 구문이 완성되지 않았다고 여
기기 때문입니다. 자세히 살펴보면 우리는 추가적인 괄호를 사용했습니다. 19번째 줄의 elif 바
로 뒤의 '('에서 20번째 줄의 가장 마지막에 ')'는 정확히 말하자면 불필요합니다. 만약 우리가
추가적인 괄호를 쓰지 않았다면 \ 를 써야 합니다. \ 없이 구문을 완성하기 위해 추가적인 괄호
를 사용한 것입니다. 추가적인 괄호도 쓰지 않았고 \ 도 쓰지 않았다면 파이썬은 문법 오류를
보여줄 것입니다.

30 – 31번째 줄에서는 비밀 카드가 무엇인지 결정합니다. 우리는 이미 비밀 카드의 기호를 알
고 있습니다. 비밀 카드의 숫자를 알아내기 위해 첫 번째 공개된 카드와 얼마나 떨어져있는지
를 나타내는 encode를 사용해 결정합니다. 그러나 비밀 카드의 문자열 값을 얻어내기 위해,
우리는 비밀 카드가 deck 리스트에서 어떤 위치값을 가지는지 결정해야 합니다.

3-3 혼자 놀기의 진수 – 트릭의 달인 되기

만약 당신이 마술사인데, 같이 연습해볼 사람이 없으면 어떻게 할까요? 여기 여러분들이 혼자 노는데 도움을 줄 만한 코드가 있습니다.

```
 1. def ComputerAssistant():
 2.     print ('Cards are character strings as shown below.')
 3.     print ('Ordering is:', deck)
 4.     cards, cind, cardsuits, cnumbers = [], [], [], []
 5.     numsuits = [0, 0, 0, 0]
 6.     number = int(input('Please give random number of' +
                            ' at least 6 digits:'))
 7.     for i in range(5):
 8.         number = number * (i + 1) // (i + 2)
 9.         n = number % 52
10.         cards.append(deck[n])
11.         cind.append(n)
12.         cardsuits.append(n % 4)
13.         cnumbers.append(n // 4)
14.         numsuits[n % 4] += 1
15.         if numsuits[n % 4] > 1:
16.             pairsuit = n % 4
17.     cardh = []
18.     for i in range(5):
19.         if cardsuits[i] == pairsuit:
20.             cardh.append(i)
21.     hidden, other, encode = \
21a.            outputFirstCard(cnumbers, cardh, cards)
22.     remindices = []
23.     for i in range(5):
24.         if i != hidden and i != other:
25.             remindices.append(cind[i])
26.     sortList(remindices)
27.     outputNext3Cards(encode, remindices)
28.     guess = input('What is the hidden card?')
29.     if guess == cards[hidden]:
20.         print ('You are a Mind Reader Extraordinaire!')
31.     else:
32.         print ('Sorry, not impressed!')
```

이 프로그램은 주어진 여섯 자리 숫자에 기반해서 다섯 개의 카드를 "무작위"로 생성합니다. 입력으로 주어지는 여섯 자리 숫자를 뒤섞어서 예측하기 힘든 다섯 개의 카드를 만들어냅니다. 여러분은 이 숫자를 일종의 무작위를 만들어 내기 위한 설정값으로 생각할 수 있습니다. 이 프로그램은 우리가 작성한 이전의 프로그램들과 동일하게 동작합니다. 한 개의 카드를 비밀 카드로 만들고 남은 네 개의 카드를 알맞은 순서로 정렬합니다. 그리고 난 뒤, 마술사의 추측을 받아서 마술사에게 추측이 맞는지 알려줍니다. 이런 식으로, 젊은 마술사는 혼자 놀면서 이 트릭의 달인이 될 수 있을 것입니다. 잘 연습하기 위해, 매번 다른 여섯자리의 숫자 혹은 그 이상의 숫자를 입력해야 합니다.

6 – 9번째 줄이 AssistantOrdersCards 함수와 비교했을 때 가장 큰 차이입니다. 6번째 줄이 어떻게 시작하는지 확인해보면, **input**은 **print**와 비슷한 역할을 하지만, **input**은 입력값을 한 개만 받을 수 있기 때문에 우리는 두 문자열 사이에 + 를 써야 합니다.

마술사는 큰 수를 넣고, 이 값을 number 변수에 저장합니다. 우리는 number 변수값으로부터 총 다섯 개의 "무작위" 위치값을 추출하려고 합니다. 이를 위해 8번째 줄에서 number로부터 "무작위" 숫자를 추출하기 위해 한 가지 연산을 합니다. 사실 파이썬에서 제공하는 무작위 숫자 출력 라이브러리를 사용할 수도 있지만, 여기서 우리의 목적은 단순히 마술사가 number 변수값으로부터 쉽게 예측하지 못할 숫자들만 만들면 됩니다. 마술사는 이제 공개된 네 개의 카드들을 보고 비밀 카드를 발견해내야 합니다. 우리의 프로그램이 마술사를 더욱 더 열심히 연습하도록 동기부여를 했습니다!

28 – 32번째 줄은 마술사의 추측을 입력으로 받아서 그 결과가 옳은지 아닌지를 출력합니다.

3-4 데이터 인코딩

이 퍼즐은 인코딩과 정보 통신에 관한 내용을 다루었습니다. 여러분은 다른 사람이 바로 옆에 있더라도 친구들과 비밀스럽게 의사소통을 하고 싶습니다. 예를 들어 저녁 식사를 친구와 먹을 수 있는지 없는지를 아주 짧은 말에 담아서 친구에게 보내고 싶습니다. 만약 여러분이 "야, 혜원아, 뭐해?" 또는 "야, 뭐해, 혜원아?" 라고 말하면, 친구 혜원이는 당신이 저녁을 먹을 수 있는지 없는지 알 수 있습니다. 왜냐하면 여러분과 친구 혜원이는 미리 약속을 해두었기 때문입니다. 예를 들어, "뭐해" 가 "혜원아" 보다 먼저 온다면 가능하고, 반대는 불가능하다는 식으로 정해놓을 수 있습니다.

이 카드 트릭에서, 우리는 1에서 6 사이의 숫자를 전달할 수 있었습니다. 세 개의 카드로 여섯 가지 경우의 수를 표현할 수 있기 때문에 어렵지 않았습니다. 좀 더 일반적으로, 만약 우리가 n 개의 카드를 가지고 있다면, 이를 정렬할 수 있는 방법은 n!개가 있습니다. n!은 "n 팩토리얼" 이라고 읽고, 이 값은 $n * (n - 1) * (n - 2) * .. * 1$ 과 같습니다. 즉, 송신자와 수신자가 미리 각 카드의 순서에 해당하는 숫자를 미리 정해서 교환해두었다면, 우리는 1부터 n!까지의 숫자를 전달할 수 있게 됩니다. 만약 다른 사람이 이 내용을 도청하더라도, 카드들의 순서에 해당하는 숫자를 모르기 때문에 이 카드의 조합이 무엇을 의미하는지 알 수 없습니다.

이 퍼즐의 경우에 대해 생각해보면, 여러분과 여러분의 조수는 공개하는 카드들의 순서의 의미를 다르게 정할 수도 있고, 또는 모든 카드의 순서에 따라 비밀 카드를 찾아낼 수 있도록 할 수도 있습니다. 만약 관람객들 중 누군가가 이 트릭이 어떻게 동작하는지 알고 있다고 해도 비밀 카드를 정확히 맞출 수 없을 것입니다. 이 트릭을 아는 어떤 관람객이 공연 중에 마술사인 당신보다 먼저 비밀 카드를 추측하고 크게 소리지른다고 해도, 여러분이 새로운 카드들의 순서를 정의해놨다면 조수는 비밀 카드를 바로 모두에게 내보이면서 그 관람객이 틀렸다는 것을 보여주어서 민망하게 만들어 줄 수도 있을 것입니다. 눈치 빠르게 트릭을 살피는 관람객들이 있으니, 여러분은 자주 카드들의 순서의 의미를 변경해주는 것이 좋겠습니다.

3-5 네 개 카드의 트릭

여러분은 혹시 네 개의 카드로 비슷한 트릭을 생각해볼 수 있을까요? 즉, 조수는 네 명의 관람객들에게 각자 카드를 임의로 뽑으라고 한 뒤, 한 개의 카드를 숨겨서 비밀 카드로 정하고 어떻게든 남은 세 개의 카드로 비밀 카드의 내용을 마술사에게 전달해야 합니다. 우리가 했던 것처럼, 조수는 어떤 카드를 비밀 카드로 정할지 선택해야 합니다.

이건 조금 어려워 보입니다. 왜냐하면 다섯 개 카드의 트릭과는 다르게, 네 개의 카드는 각각 카드 기호가 다를 수 있기 때문입니다. 이 말은, 조수는 비밀 카드의 숫자뿐만 아니라 기호까지도 남은 세 개의 카드를 통해 전달해야 하기 때문입니다.

조수가 여러분들에게 정보를 전달하는 방법은 여러가지가 있을 수 있습니다. 조수는 카드를 어떤 순서를 정해서 공개하면서, 공개된 카드를 앞으로 두는지 뒤집어 두는지에 따라 다른 정보를 줄 수 있습니다. 여기서 흥미로운 점은, 조수는 비밀 카드의 정보를 전달하기 위해 얼마나 많은 종류의 정보를 전달할 수 있어야 하는가 하는 점입니다.

아래와 같은 카드의 고리를 봅시다. 우리가 이전에 봤던 고리와 비슷하지만, 여기에는 모든 쉰두장의 카드가 표시되어 있습니다. 순서는 deck 변수에서 봤던 순서와 동일합니다. 네 개의 카드는 이 고리 안에서 임의로 네 곳의 다른 위치에 존재할 것입니다.

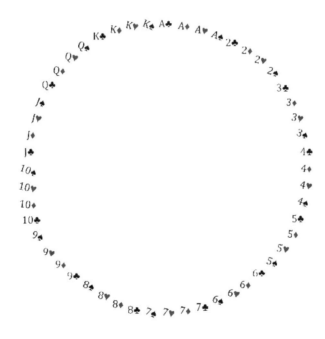

최악의 경우에 가장 거리가 가까운 두 카드의 거리는 몇일까요? 최악의 경우, 네 장의 카드가 고르게 퍼져있는 것입니다. 예를 들면 Q♣, 2♦, 5♥, 8♠이 됩니다. 이 경우 각 카드마다의 거리는 13이 됩니다. 즉, 선택되는 네 개의 카드의 종류와 관계없이, 조수는 언제나 최대 13만큼 떨어져있는 두 장의 카드는 가질 수 있습니다. 우리가 했던 다섯 개 카드의 트릭과 비슷하게, 첫 번째 공개되는 카드는 비밀 카드를 13 안에 갈 수 있는 어떤 카드로 선택합시다.

이제 조수가 1에서 13 사이의 어떤 숫자를 마술사에게 전달할 수 있는 방법을 생각해봅시다. 한 가지 방법은, 비밀 카드를 테이블 위에 뒤집어두고 남은 세개의 카드들을 각각 비밀 카드의 왼쪽이나 혹은 오른쪽에 두는 것입니다. 카드가 비밀 카드의 왼쪽인지 오른쪽인지에 대한 정보를 추가해서, 카드마다 1bit의 정보를 보여줄 수 있게 되었습니다. 또한 세 개의 카드를 공개한 뒤 모두 앞으로 둘지 아니면 뒤집어둘지에 따라 전체적으로 1bit의 정보를 더 보여줄 수 있습니다. 이제 여러분은 4bit로부터 0에서 15의 숫자를 표현할 수 있게 되었습니다.* 대부분의 마술이 그러하듯이, 남은 것은 이제 관중의 시선만 잘 돌려서 여러분의 트릭을 멋지게 수행하는 것입니다!

----

* **역자 주_** 세 개의 카드를 각각 왼쪽 또는 오른쪽에 놓을 수 있는데, 예를 들어 첫 번째 카드를 비밀 카드의 왼쪽에 놓으면 0을 의미하고, 오른쪽에 놓으면 1을 의미합니다. 두 번째와 세 번째 카드도 동일하게 생각합니다. 만약 [첫 번째 카드, 비밀 카드, 두 번째 카드, 세 번째 카드]와 같이 카드가 놓여있다면 우리는 $011_{(2)}$를 표현할 수 있는 것입니다. 여기에 세 개의 카드가 모두 앞으로 있다면 맨 뒤에 1을, 모두 뒤집혀 있다면 0을 추가할 수 있을 것입니다. 예를 들어 위의 예시와 함께 세 개의 카드가 모두 뒤집혀 있다면, 최종적으로 우리가 표현하는 숫자는 $0110_{(2)}$일 것입니다.

연습 1 ComputerAssistant 프로그램에는 작은 오류가 하나 있는데, 바로 이 부분을 약간 손봐야 합니다.

```
7.    for i in range(5):
8.        number = number * (i + 1) // (i + 2)
9.        n = number % 52
```

우리는 입력된 숫자를 다섯 개의 "무작위" 카드를 추출하는데 씁니다. 문제는, 위와 같은 방법을 사용할 경우 추출되는 다섯 개의 카드가 서로 다를 것이라는 보장이 없습니다. 사실, 만약 입력값이 888888이라면, 추출되는 다섯 개의 카드는 이런 순서로 나옵니다. ['A_C', 'A_C', '7_H', 'J_D', 'K_S']. 이제 무엇이 문제인지 알아챘을 것입니다. ComputerAssistant 함수에서 추출되는 카드의 중복 여부를 체크하지 않습니다. 이 문제를 수정하기 위해, 다섯 개의 서로 다른 카드들이 생성될 때까지 카드 추출을 계속하도록 프로그램을 수정해보세요.

연습 2 ComputerAssistant를 수정해서, 만약 같은 기호를 가진 카드들이 두 그룹이 있는 경우에는 비밀 카드와 첫 번째 카드 사이에 거리가 더욱 짧은 카드 그룹을 선택하도록 해주세요. 예를 들어 입력된 카드들이 3♥, 8♥, J♣, K♣, 9♦인 경우, 항상 J♣와 K♣가 비밀 카드와 첫 번째 카드가 되도록 알고리즘을 변경해주세요.

연습 3 마술사들은 자신들의 취향에 따라 카드의 순서를 다르게 생각합니다. 우리는 이 퍼즐에서 카드의 기호를 카드의 순서에 영향을 미치는 우선순위로서 생각했지만, 어떤 마술사들은 반대로 아래처럼 숫자가 더 우선순위가 있다고 생각합니다.

```
deck = ['A_C','2_C','3_C','4_C','5_C','6_C','7_C','8_C',
        '9_C','10_C','J_C','Q_C','K_C','A_D','2_D','3_D',
        '4_D','5_D','6_D','7_D','8_D','9_D','10_D','J_D',
        'Q_D','K_D','A_H','2_H','3_H','4_H','5_H','6_H',
        '7_H','8_H','9_H','10_H','J_H','Q_H','K_H','A_S',
        '2_S','3_S','4_S','5_S','6_S','7_S','8_S','9_S',
        '10_S','J_S','Q_S','K_S']
```

ComputerAssistant를 숫자 취향의 마술사들에게 맞게 변경해주세요. 주의할 점은 주어진 카드의 위치값으로부터 카드의 기호와 숫자를 계산하는 부분을 변경해야 합니다. 물론, 조수가 공개하는 카드들의 순서도 위에 맞게 변해야 합니다. 나머지 부분들도 이 연습에 맞게 변경해보세요.

퍼즐 연습 4 네 개 카드의 트릭을 연습할 수 있는 프로그램인 ComputerAssistant4Cards를 작성해보세요. 위에서 언급한 인코딩 전략을 사용해봅시다. (1) 각 카드들이 비밀 카드의 왼쪽에 있는지, 오른쪽에 있는지 (2) 세 개의 카드가 앞으로 있는지, 뒤집어져 있는지를 정해야 합니다. 또는 여러분만의 인코딩 기법을 만들어볼 수도 있습니다. 여러분의 인코딩 기법을 고안해냈다면, 입력될 수 있는 모든 카드들의 조합에 대해 잘 동작해서 올바른 결과를 보여주는지 확인해보세요.

퍼즐 04_
여왕님들,
떨어지세요

*세상이 "포기해, 안될거야." 라고 할 때, 희망은 "한 번만 다시 해보자."
라고 속삭입니다.*

작자 미상

이번 퍼즐에 쓰이는 프로그래밍 구조 및 알고리즘:

- **while** 반복문
- **continue** 구문
- 함수 입력변수 기본값
- 반복문을 통한 완전 탐색
- 충돌 감지

8-퀸 문제는 체스판에서 여덟 개의 퀸을 위치시키는데, 어떤 퀸도 다른 퀸을 공격할 수 없는 곳에 놓는 것입니다. 그렇다면 아래 세 가지 조건을 만족해야 합니다.

1. 어떤 두 개의 퀸도 같은 열에 있지 않습니다.

2. 어떤 두 개의 퀸도 같은 행에 있지 않습니다.

3. 어떤 퀸도 같은 대각선에 있지 않습니다.

어떻게 퀸을 놓으면 될지 함께 생각해보겠습니다. 아래 체스판을 봅시다.

막상 64칸의 체스판을 보니 어떻게 해야 할지 막막합니다. 여덟 개의 퀸이 많아서 생각해보기 어렵다면, 좀 더 간단한 5-퀸 문제로 생각해봅시다.

8-퀸 문제의 답은 아래와 같습니다. 이 답만 있는 것은 아닙니다.

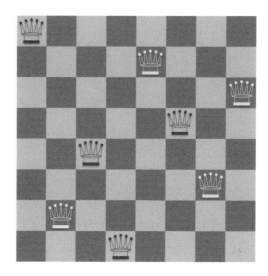

이건 5-퀸 문제의 답입니다.

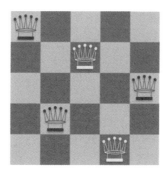

어떻게 해야 위와 같은 답을 찾을 수 있을까요? 우선 문제를 단순하게 바꿔보겠습니다. 다음과 같이 가장 작은 상태인 2 × 2 체스판에서 고민해봅시다. 두 개의 퀸을 서로 공격하지 못하게 놓을 수 있나요? 답은 '불가능하다'입니다. 왜냐하면 2 × 2 체스판에서 어떤 위치에라도 퀸을 한 개 놓으면, 모든 사각형이 공격당할 수 있는 위치가 되기 때문입니다.

3 × 3 체스판은 어떤가요? 한 번 시도해보겠습니다.

첫 번째 위치(왼쪽 그림)에서, 퀸이 다른 사각형 지역 여섯 곳을 공격할 수 있고 한 곳을 차지하고 있습니다. 그래서 첫 번째 퀸으로 인해 총 일곱 곳이 다음 퀸을 놓을 수 없는 곳이 됩니다. 남은 곳은 두 곳이 되겠죠. 두 번째 퀸을 남은 곳에 위치시키면, 더 이상 가능한 곳이 없습니다. 물론 첫 번째 퀸을 다른 지역에 놓을 수는 있지만 도움이 되지는 않습니다. 첫 번째 퀸은 어디에 위치하든지 상관없이, 일곱 곳을 차지하고 두 곳을 남기기 때문입니다. 3 × 3 체스판에서 이 외에 다른 답은 없습니다.

4-1 체계적인 탐색

그럼 4 × 4 체스판은 어떨까요? 좀 더 체계적인 탐색 방법을 찾아서 문제를 풀어볼까요? 열마다 퀸을 하나씩 위치시키고, 만약 놓을 수 없는 위치라면 퀸을 이동시키겠습니다. 항상 시작은 왼쪽 그림처럼 첫 번째 퀸을 왼쪽 위 구석에 먼저 위치시키겠습니다. 다음 두 번째 퀸을 놓을 수 있는 자리는 딱 두 곳입니다. 그 중 한 곳을 선택해서 오른쪽 그림처럼 놓겠습니다. 다음은 놓을 곳이 없습니다! 세 번째 열에 남는 자리가 없습니다.

여기서 눈여겨 볼 것은, 세 번째 퀸을 세 번째 열에 놓으려고 할 때 우리는 첫 번째와 두 번째 놓았던 퀸들과 충돌하는지만 체크하면 됩니다. 이 상황에서 다시 첫 번째 퀸과 두 번째 퀸이 서로 충돌하는지 확인해볼 필요가 없습니다. 왜냐하면 두 번째 퀸은 이미 첫 번째 퀸과 충돌하지 않는 위치에 두었기 때문입니다. 당연한 이야기같지만, 충돌 감지 부분의 코드를 볼 때 이해하고 있어야 할 중요한 내용입니다.

여기서 막혔다고 우리가 포기해야 할까요? 아닙니다, 왜냐하면 두 번째 퀸을 다른 위치에 놓아 볼 수 있기 때문입니다. 해봅시다.

  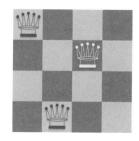

조금 더 갔지만, 마지막인 네 번째 열에서 다시 막혔습니다. 아직 끝나지 않았습니다. 우리는 첫 번째 퀸을 위쪽에만 놓아봤었고, 이 퀸을 다른 곳에 놓아볼 수 있습니다(첫 번째 퀸을 놓을 수 있는 위치는 네 곳이나 있습니다). 다시 해봅시다.

  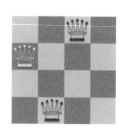 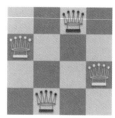

성공입니다! 4-퀸 문제의 답을 찾았습니다.

8-퀸 문제를 풀기 위해 이 방법을 일반적인 사람이 수행한다면 엄청나게 오랜 시간이 걸릴 것입니다. 그러나 무식하게 모든 경우를 찾아보는 완전 탐색 전략은 언제나 잘 동작합니다. 그리고 컴퓨터는 수억의 연산을 사람보다 빠르게 순식간에 해낼 수 있습니다. 이 전략을 코드로 작성해서 프로그램을 실행시킬 수 있다면, 수 초 만에 결과를 볼 수 있을 것입니다.

8-퀸 문제의 코드를 작성하기 위해 처음으로 해야 할 일은 데이터 구조를 결정하는 것입니다. 체스판을 어떻게 표현해야 하고 퀸의 위치를 어떻게 저장해야 할까요?

4-2 2차원 리스트/배열 체스판

퍼즐 1에서 우리는 이미 caps라는 변수를 1차원 리스트/배열로 만들어서 사용했었습니다. 체스판은 2차원의 격자판이기 때문에, 직관적으로 이것을 표현하는 것은 2차원 배열입니다.

```
B = [[0, 0, 1, 0],
     [1, 0, 0, 0],
     [0, 0, 0, 1],
     [0, 1, 0, 0]]
```

체스판을 보듯이 이 배열도 동일하게 이해할 수 있습니다. 0은 빈 곳이고 1은 퀸이 위치한 곳입니다. B는 일차원 배열의 배열입니다. B[0] 는 첫 번째 행, B[1] 은 두 번째 행, 이런 식으로 나갑니다. 그래서 B[0][0] = 0, B[0][1] = 0, B[0][2] = 1, B[0][3] = 0 가 됩니다. 좀 더 나가서, B[2][3] = 1 입니다. 이 값은 세 번째 행의 마지막 1을 가리킵니다. 위의 B 변수는 우리가 이전에 풀었던 4-퀸 문제의 답을 표시한 것입니다.

충돌이 있는지 검사하기 위해, i가 주어졌을 때 j가 변하는 상태에서 B[i][j] 의 값들 중 오직 한 개만 1이어야 합니다. 마찬가지로 j가 주어졌을 때 i가 변하는 상황에서 B[i][j] 의 값들 중 오직 한 개만 1이어야 합니다. 또 우리는 대각선 방향도 확인해야 합니다. 예를 들어 B[0][0] = 1 이고 B[1][1] = 1 이라면, 퀸을 잘못 놓은 것입니다.

아래는 주어진 4 × 4 체스판이 이 규칙들을 만족하는지 확인하는 코드입니다. 주의할 점은 이 코드는 체스판에 몇 개의 퀸이 있는지 검사하지 않습니다. 그래서 비어있는 체스판을 입력시키면 모든 규칙이 만족한다고 생각합니다. 하지만 두 개의 퀸이 있는 체스판이 입력되면, 서로 충돌을 하는지 확실하게 검사합니다. 기억하세요. 우리는 반복적으로 새로 추가된 퀸이 이전에 놓은 퀸들과 충돌하는지만 검사합니다.

```
1.  def noConflicts(board, current, qindex, n):
2.      for j in range(current):
3.          if board[qindex][j] == 1:
4.              return False
5.      k = 1
6.      while qindex - k >= 0 and current - k >= 0:
7.          if board[qindex - k][current - k] == 1:
8.              return False
9.          k += 1
10.     k = 1
11.     while qindex + k < n and current - k >= 0:
12.         if board[qindex + k][current - k] == 1:
13.             return False
14.         k += 1
15.     return True
```

N × N 체스판이 주어졌을 때, N개의 퀸을 전부 위치시킨 체스판을 설정 완료된 체스판이라고 하고, N개보다 적은 퀸을 위치시킨 체스판의 경우에는 부분 설정된 체스판이라고 부르겠습니다. 설정 완료된 체스판들 중 충돌 감지에 대한 세 가지 규칙을 모두 만족시키는 경우가 바로 문제의 답이 됩니다.

noConflicts(board, current, qindex, n) 함수는 부분 설정된 체스판에서 행과 대각선에 충돌이 있는지 확인합니다. qIndex 입력변수는 current 열에 있는 퀸의 행의 위치값입니다. 이 함수는 한 개의 행에 한 개의 퀸만 있다고 간주합니다. 아래 FourQueens 함수의 반복 탐색에서 한 행에 한 개의 퀸만 있는 것을 보장하고, 실제 그렇게 동작합니다.

current 변수의 값은 체스판의 크기보다 작습니다. 그리고 current 이후의 열들은 모두 비어 있습니다. 이 코드는 current 번째의 열에 있는 퀸이 이전 열들에 놓인 퀸들과 충돌하는지 아닌지 검사합니다. 우리는 이전에 직접 손으로 했던 퀸을 새로 놓고 이전 퀸들과 충돌하는지 확인하는 작업을 이제 반복문을 통해 쉽게 할 수 있게 되었습니다. 우리가 원하는 것입니다. 예를 들어 current = 3으로 noConflicts 함수를 호출했을 때, board[0][0] 와 board[0][1]이 모두 1(처음 두 개의 퀸이 같은 행에 위치한 상태)이거나, board[0][0] 과 board[1][1] 이 모두 1(처음 두 개의 퀸이 대각선에 위치한 상태)인 것을 검사하지 않습니다. 이미 이전에 놓여있는 퀸들에 대해서는 이런 작업을 할 필요가 없는데, 우리는 매번 퀸을 위치시킬 때마다 noConflict 함수를 반복적으로 수행시켜서 이런 효과가 자동으로 나도록 하기 때문입니다.

2 – 4번째 줄은 qIndex 행에 이미 다른 퀸이 놓여있지 않은지 검사합니다. 5 – 9번째 줄과 10 – 14번째 줄은 두 가지 형태의 대각선 충돌을 검사합니다. 5 – 9번째 줄은 qindex와 current의 값을 하나씩 줄여가면서 체스판 벽에 닿을 때까지 ↗ 충돌을 검사합니다. 10 – 14 번째 줄은 qindex는 하나씩 줄이고 current의 값을 하나씩 늘려가면서 체스판 벽에 닿을 때까지 ↘ 충돌을 검사합니다. 체스판에서 current 열 오른쪽에 있는 열들은 비어있다고 간주하기 때문에 current를 늘려서 확인할 필요는 없습니다.

이제 우리는 퀸을 놓으면서 충돌 감지를 위해 호출할 함수를 모두 작성했습니다.

```
1.  def FourQueens(n=4):
2.      board = [[0,0,0,0], [0,0,0,0],
                 [0,0,0,0], [0,0,0,0]]
3.      for i in range(n):
4.          board[i][0] = 1
5.          for j in range(n):
6.              board[j][1] = 1
7.              if noConflicts(board, 1, j, n):
8.                  for k in range(n):
9.                      board[k][2] = 1
10.                     if noConflicts(board, 2, k, n):
11.                         for m in range(n):
12.                             board[m][3] = 1
13.                             if noConflicts(board, 3, m, n):
14.                                 print (board)
15.                             board[m][3] = 0
16.                     board[k][2] = 0
17.              board[j][1] = 0
18.          board[i][0] = 0
19.      return
```

다행히도 4번째와 18번째, 6번째와 17번째, 9번째와 16번째, 그리고 12번째와 15번째 줄에서, 우리는 정확하게 각 열에 하나의 퀸만 놓여진다는 것을 보장할 수 있습니다. FourQueens 함수에서 항상 지켜지도록 보장합니다. 처음에는 체스판 board 변수가 비어있고, 각 열 별로 퀸을 위치시켰다가 제거하는 동작을 수행합니다. 그래서 우리는 noConflicts 함수가 새로 놓은 퀸과 이전에 위치시켰던 퀸들 사이에 같은 열에서 충돌이 일어나는 경우를 검사하지 않는 것이고, 행과 대각선에 대해서만 충돌을 검사하는 이유입니다.

4번째 줄에서 체스판에 첫 번째 퀸을 놓습니다. 첫 번째 퀸이기 때문에 충돌에 관해서는 신경 쓸 필요가 없기 때문에 여기에서는 noConflicts 함수를 호출하지 않아도 됩니다. 두 번째와 그 이후에 놓는 퀸들에 대해서는 충돌을 항상 확인해야 합니다.

우리는 noConflicts 함수를 일반적인 n에 대해서 만들었지만, FourQueens 함수는 n = 4 인 문제이기 때문에, 함수의 입력변수 n이 4를 기본값으로 가지도록 설정했습니다. 이렇게 하면 FourQueens 함수에서 나오는 모든 n을 4로 쉽게 대체할 수 있습니다. 앞서 말했듯이 noConflicts 함수는 임의의 n에 관해서 항상 동작하도록 만들었지만, FourQueens 함수는 그 이름에서 알 수 있듯이 그렇지 않습니다.

FourQueens 함수를 실행시키면, 아래와 같은 결과를 얻게 됩니다.

```
[[0, 0, 1, 0],
 [1, 0, 0, 0],
 [0, 0, 0, 1],
 [0, 1, 0, 0]]
[[0, 1, 0, 0],
 [0, 0, 0, 1],
 [1, 0, 0, 0],
 [0, 0, 1, 0]]
```

위에서부터 아래로 체스판의 각 행을 나타냅니다. 코드의 결과로 두 개의 답이 나오는데, 처음에 나오는 4개의 행이 우리가 처음에 손으로 직접 풀어서 찾았던 답입니다. 우리는 한 개의 답을 찾고서 멈췄지만, 만약 계속 진행했었다면 위와 같이 두 개의 답을 찾았을 것입니다.

이제 EightQueens의 코드를 만들어봅시다. 간단하게 FourQueens 함수에 반복문을 더하면 됩니다(네 번 중첩된 반복문으로는 못합니다!). 코드를 짜기 전에 조금 더 나은 데이터 구조를 사용해 설정 완료된 체스판과 부분 설정된 체스판을 표현해보겠습니다. 그리고 충돌에 관한 세 가지 규칙도 조금 더 쉽게 만들어보겠습니다.

4-3 1차원 리스트/배열의 체스판

2차원 리스트로 체스판을 표현하는 것은 매우 직관적이고, 또 우리의 목적을 명확하게 이룰 수 있습니다. 사실 우리는 각 열(또는 행, 아무 것이나)에 한 개의 퀸을 놓는 방법을 찾고 있기 때문에, 1차원 배열을 사용하면서 리스트의 각 위치는 각 열을 나타내는 것으로 하고, 위치값은 각 열에 어떤 행에 퀸이 있는지를 표시하도록 해봅시다. 크기 4인 배열을 생각해봅시다.

a, b, c, d 값은 −1 에서 3까지의 값을 가질 수 있습니다. 여기서 −1 은 해당하는 열에는 퀸이 없다는 뜻이고, 0은 열의 첫 번째 행에 퀸이 있다는 뜻이고, 3은 열의 마지막 행에 퀸이 있다는 뜻입니다. 아래 예시를 보면 좀 더 명확하게 이해할 수 있을 것입니다.

위 데이터는 4 × 4 체스판에서 세 개의 퀸만 있는 부분 설정된 체스판인데, 이 데이터 구조를 사용해서 이러한 부분 설정된 체스판을 표시할 수 있습니다. 이것은 중요한데, 이전 알고리즘 처럼 빈 체스판으로부터 답을 만들어내야 하기 때문입니다. 물론, 우리의 알고리즘에서 왼쪽 부터 오른쪽으로 퀸을 채워나가는 방법을 사용할 것입니다. 다른 방향부터 채워나갈 수도 있고 위에서 아래로 채워나갈 수도 있지만, 우리는 임의적으로 왼쪽부터 오른쪽으로 채워나가는 것으로 선택했습니다.

먼저 새로운 데이터 구조에 맞게 충돌에 확인하는 세 가지 규칙을 코드로 작성해봅시다. 첫 번째 규칙은 공짜이고, 특별하게 해줄 것이 없습니다. 왜냐하면 리스트의 각 위치마다 −1 에서 n − 1 사이의 값을 저장하기 때문입니다. 1차원 표현은 간결하고, 또 한 가지 규칙을 무시할 수 있게 해줍니다. 두 번째 규칙은 한 행에 두 개 이상의 퀸이 있을 수 없다는 것입니다. 여기서는 리스트에서 −1 이 아닌 다른 값들이 딱 한 번만 나오면 됩니다(아래 3 − 4번째 줄). 세 번째 규칙은 조금 계산을 더 해야 합니다(아래 5 − 6번째 줄).

```
1.  def noConflicts(board, current):
2.      for i in range(current):
3.          if (board[i] == board[current]):
4.              return False
5.          if (current - i == abs(board[current] - board[i])):
6.              return False
7.      return True
```

3 − 4번째 줄은 각 행별로 충돌이 없는지 확인합니다. 여기서 board[current] 는 −1 이 아니라고 간주합니다. 왜냐하면 EightQueens 함수에서 noConflicts 함수를 호출할 때 퀸을 반드시 위치시킨 뒤에 호출하기 때문입니다. 만약 이 값이 이전의 어떤 컬럼과 같다면, 우리는 유효하지 않은 체스판을 만든 것입니다.

5번째 줄은 대각선 충돌을 확인합니다. 어째서인지 매우 간단합니다. 5번째 줄에 **abs**는 무엇일까요? 아래 예시를 통해 두 가지의 대각선 방향 ↘ 와 ↗의 특징을 확인해봅시다.

현재 current = 4 이고, 네 번째 행에 퀸을 놓으려고 합니다. board[1] = 6 이고 board[4] = 3 이므로, i = 1 이라면 5번째 줄의 대각선 충돌 확인은 실패합니다.

{current = 4} - {i = 1} == abs({board[current] = 3} - {board[i] = 6})

이전 알고리즘에서 작성했던 대각선 충돌 확인 코드와 이것을 비교해보시기 바랍니다.*

다음은 우리의 새롭고 간결한 알고리즘을 적용한 EightQueens 함수입니다.

```
1.  def EightQueens(n=8):
2.      board = [-1] * n
3.      for i in range(n):
4.          board[0] = i
5.          for j in range(n):
6.              board[1] = j
7.              if not noConflicts(board, 1):
8.                  continue
9.              for k in range(n):
10.                 board[2] = k
11.                 if not noConflicts(board, 2):
12.                     continue
13.                 for l in range(n):
14.                     board[3] = l
15.                     if not noConflicts(board, 3):
16.                         continue
17.                     for m in range(n):
18.                         board[4] = m
19.                         if not noConflicts(board, 4):
20.                             continue
21.                         for o in range(n):
22.                             board[5] = o
23.                             if not noConflicts(board, 5):
24.                                 continue
25.                             for p in range(n):
26.                                 board[6] = p
```

----

* **역자 주_** 좌표평면에서 두 점 (a, b) 와 (c, d) 가 대각선 방향에 위치해있다면, x 축의 변화량과 y 축의 변화량의 절대값은 항상 같습니다. 이 특징을 이용해서 대각선 충돌 코드를 작성한 것입니다. 5번째 줄에서 current 는 항상 i 보다 크기 때문에 current − i 는 양수이고, 여기에 맞추기 위해 board[current] − board[i] 에 절대값 함수 **abs**를 씌웠습니다.

```
27.                          if not noConflicts(board, 6):
28.                              continue
29.                          for q in range(n):
30.                              board[7] = q
31.                              if noConflicts(board, 7):
32.                                  print (board)
33.    return
```

현재 계산 중인 열에 음수가 아닌 숫자를 넣는 방식으로 퀸을 위치시킵니다. 이전 알고리즘에서 했던 위치를 다시 0으로 초기화하는 작업을 할 필요가 없습니다. 왜냐하면 이제 숫자를 바꾸는 것만으로 기존의 위치는 버리고 새로운 위치를 할당하는 작업을 동시에 하기 때문입니다. 즉, 만약 board[0] = 1 인데 board[0] = 2 로 바꾸었다면, 퀸을 1에서 2로 이동시킨 것이 됩니다. 다시 말하지만, 간결한 표현은 코드를 작성하고 이해하는데 큰 도움이 됩니다.

퀸을 놓을 때마다 이전에 놓았던 퀸들과의 충돌을 확인해야 한다는 것을 잊지 마시기 바랍니다. 그래서 매번 퀸을 놓을 때마다 noConflicts 함수를 호출합니다. 코드가 너무 많이 들여쓰여지는 것을 피하기 위해 **continue** 문을 사용하였습니다. 만약 충돌이 발견되면, 즉 **if** 문의 결과가 **False**라면 다음 반복을 진행해서 그 아래 있는 문장을 수행하지 않도록 했습니다.

```
5.         for j in range(n):
6.             board[1] = j
7.             if not noConflicts(board, 1):
8.                 continue
9.             for k in range(n):
```

위의 7번째 줄에서 noConflicts 함수의 결과로 False 가 나오면 다시 6번째 줄로 돌아가서 j의 값을 증가시킵니다. 이렇게 해서 불필요한 9번째 줄과 그 아래 나오는 구문들이 수행되지 않도록 하였습니다. 이 방법은 9번째 줄의 **for** 문이 7번째 줄의(**not**을 사용하지 않은) **if** 문으로 감싸지지 않도록 합니다. FourQueens 함수에서는 이렇게 하지 않았었습니다.

EightQueens 함수를 수행하면, 아래와 같은 결과가 나옵니다. 예시를 봅시다.

```
[0, 4, 7, 5, 2, 6, 1, 3]
[0, 5, 7, 2, 6, 3, 1, 4]
[0, 6, 3, 5, 7, 1, 4, 2]
[0, 6, 4, 7, 1, 3, 5, 2]
```

마지막 것이 우리가 퍼즐 문제를 처음 설명했을 때 보았던 답입니다. 만약 회전시키거나 좌우를 뒤집은 답들을 한 개의 답으로 간주한다면, 총 열두 종류의 답이 있습니다.

만약 32번째 줄의 **print** (board) 를 아래에 **return**을 넣는다면, 첫 번째 답을 찾고 바로 종료됩니다.

```
29.                              for q in range(n):
30.                                  board[7] = q
31.                                  if noConflicts(board, 7):
32.                                      print (board)
33.                                      return
34.      return
```

8-퀸 문제의 반복적인 코드는 이 책에서 가장 못생긴 코드입니다! 만약 여러분이 15-퀸 문제를 풀고 싶다면 작성해야 할 코드를 생각해보세요. 다행히도, 우리는 퍼즐 10에서 알아볼 재귀함수를 통해 좀 더 우아하게 임의의 N에 대한 N-퀸 문제를 풀 수 있습니다.

4-4 완전 탐색

우리가 풀었던 N-퀸 문제의 핵심 알고리즘은 반복적으로 모든 경우를 나열하는 것입니다. 우리는 모든 열을, 각 열 별로 모든 행을 순회했습니다. 우리가 모든 답을 찾았다고 확신하기 위해서 우리는 모든 경우의 수를 소진해야 합니다. 만약 퀸을 특정 열과 행에 놓는 것을 확인하지 않고 넘어갔다면, 어쩌면 답을 찾지 못했을 수도 있습니다. 열과 행에 번호를 붙여 모두 퀸을 놓아보면서, 우리는 완전히 모든 경우를 탐색했습니다.

또 다른 알고리즘은 반복적인 탐색 중 사용했던 충돌 감지입니다. 예를 들어 4-퀸 문제에서, 우리는 각 열 별로 하나의 퀸을 놓아보면서 충돌에 관해 검사했었습니다. 이것은 다음 코드를 통해 나타납니다.

```
1.  for i in range(n):
2.      board[i][0] = 1
3.      for j in range(n):
4.          board[j][1] = 1
5.          for k in range(n):
6.              board[k][2] = 1
7.              for m in range(n):
8.                  board[m][3] = 1
9.                  if noConflictsFull(board, n):
10.                     print (board)
11.                 board[m][3] = 0
12.             board[k][2] = 0
13.         board[j][1] = 0
14.     board[i][0] = 0
15. return
```

이 코드는 우리가 작성했던 코드보다 성능과 복잡성 면에서 좋은 것이 없습니다. 성능 면에서 좋지 않은 이유는, 예를 들어 우리는 네 개의 퀸을 같은 행에 놓는 설정도 할 수 있습니다. 복잡성 면에서 좋지 않은 이유는, 가장 최근에 놓인 퀸의 증가분에 대해서만 계산하는 noConflicts 함수보다 더욱 복잡한 noConflictsFull 함수(9번째 줄)로 검사하기 때문입니다. noConflictsFull 함수에서 우리는 각 행마다 한 개의 퀸이 위치해 있는지, 퀸들이 두 가지 종류의 대각선 방향에 있지 않는지를 확인해야 합니다. 설정 완료된 체스판에 대해 불필요한 반복적인 작업이 많이 수행되고, 거의 4^4만큼 noConflictsFull 함수를 호출합니다.

여기서 noConflictsFull 함수를 실제 작성하지는 않겠습니다. 다만 여러분에게 이런 비효율적인 위의 코드를 보여주는 이유는 여러분이 FourQueens 함수가 얼마나 간결한지에 대해 감사한 마음을 가지도록 하기 위해서입니다.

연습 1 EightQueens 코드를 수정해서 추가적인 입력변수를 받을 수 있도록 해주세요. 이 입력변수에 들어가는 값은 여러분이 답을 몇 개까지 찾길 원하는지를 나타내는 숫자입니다. 그 다음에 입력된 값만큼 답을 출력시키면 됩니다. 주의할 점은, 기본값을 가지는 입력변수는 반드시 기본값을 가지지 않는 입력변수 뒤에 위치해야 합니다. 그래서 새로운 입력변수는 반드시 첫 번째 입력변수가 되어야 하고, 그 뒤에 기본값을 가지는 입력변수 n=8이 와야 합니다.

퍼즐 연습 2 EightQueens 코드를 수정해서 이미 퀸을 놓은 위치값들을 받아서 답을 찾을 수 있도록 해주세요. 여러분은 1차원 리스트 location을 입력변수로 사용해서 어떤 열에 어떤 위치에 퀸을 놓았는지 표시하고 이를 입력값으로 받을 수 있습니다. 예를 들어, location = [-1, 4, -1, -1, -1, -1, -1, 0] 이라면, 두 개의 퀸을 두 번째와 여덟 번째 열에 이미 놓은 것입니다. 여러분의 코드는 입력된 location을 반영하여 [2, 4, 1, 7, 5, 3, 6, 0]으로 답이 나와야 합니다.

연습 3 continue 구문을 사용해 FourQueens 의 들여쓰기 정도를 줄여보세요. 물론 정답은 문제없이 출력해내야 합니다. 이건 여러분들이 생각하는 것보다 조금 까다롭습니다!

퍼즐 05_
제발 유리 구슬이
깨지길

깨진 그릇에 미안하다고 말해도, 다시 원래대로 돌아오지 않습니다.

Mary Robertson

이번 퍼즐에 쓰이는 프로그래밍 구조 및 알고리즘:

- **break** 구문
- 진수 표현

여러분에게 유리 구슬의 강도 계수를 측정하는 업무가 할당되었습니다. 2015년에 완공된 128 층으로 이루어져 있는 유명한 상하이 타워에서, 여러분은 어느 정도의 높이에서 유리 구슬을 떨어뜨려도 깨지지 않고 튕기는지 찾아야 합니다. 여러분이 이 중요한 실험을 할 동안, 주변 지역은 사람이 통행하지 못하도록 통제되어 있으니 걱정하지 않아도 됩니다.

여러분은 상하이 타워에서 유리 구슬을 떨어뜨렸을 때 깨지지 않는 가장 높은 층을 찾아서 사장님에게 보고해야 합니다. 즉, 여러분이 f층이라고 보고했다면, 구슬을 f층에서 떨어뜨리면 깨지지 않고, f+1층에서 떨어뜨리면 깨진다는 뜻입니다 (또는 f+1층이라고 보고해도 됩니다). 여러분의 성과급은 보고하는 층에 달려있는데, 만약 f층으로 보고했는데 여기서 공이 깨진다면 성과급은 없을뿐더러 벌금을 물어내야 합니다. 이 상황만은 반드시 피해야 합니다.

한 번 구슬이 깨지면 그 구슬은 다시 사용할 수 없습니다. 깨지지 않는다면 다시 사용할 수 있습니다. 구슬의 속도만이 구슬을 깨지는 것을 결정하는 유일한 인자입니다. 이 속도는 각 층에 비례하게 빨라집니다. 만약 x층에서 떨어뜨렸는데 깨지지 않았다면 x보다 낮은 층에서 구슬은 절대 깨지지 않습니다. 비슷하게, 만약 y층에서 떨어뜨렸는데 깨졌다면 y보다 높은 층에서 떨어뜨릴 경우 항상 구슬은 깨집니다.

슬프게도 여러분은 엘레베이터를 이용할 수는 없습니다. 왜냐하면 여러분들이 반짝이는 구체를 들고 엘레베이터에 타면 다른 승객들을 불안하게 만들 수도 있기 때문입니다. 계단으로 올라가는 일은 매우 힘들기 때문에 여러분은 구슬을 떨어뜨리는 횟수를 최소화시키고 싶습니다.

물론, 가장 중요한 것은 여러분에게 주어지는 구슬의 갯수입니다. 여러분이 딱 한 개의 구슬만 가지고 있다고 해봅시다. 이 경우 실험할 수 있는 자유란 사실 없습니다. 여러분이 43층에서 구슬을 떨어뜨렸는데 부서졌다면, 42층이라고 보고할 수 있을까요? 아닙니다. 왜냐하면 그 42층에서 떨어졌을 때 부서질 수도 있고, 41층에서 그럴 수도 있고, 심하면 1층에서 그럴 수도 있기 때문입니다. 이 경우 여러분은 벌금을 낼 수 없기 때문에 1층이라고 보고해야 하는데, 그렇다면 성과급은 포기해야 합니다. 한 개의 구슬로는 여러분은 1층에서 시작할 수 밖에 없습니다. 만약 구슬이 깨진다면 0층으로 보고해야 하고, 아니면 2층으로 올라가서 다시 실험합니다. 이런 식으로 128층까지 가야 합니다. 만일 128층에서 깨지지 않았다면, 여러분은 행복하게 128층이라고 보고하면 됩니다. f층에서 구슬이 깨졌다면, 여러분은 f번 구슬을 떨어뜨려봐야 합니다. 실험 횟수는 1층에서 128층까지 1번씩 해서, 총 128번까지 될 수 있습니다.

만약 두 개의 구슬이 있다면 어떨까요? 128층에서 구슬을 떨어뜨렸다고 해봅시다. 깨지지 않았다면, 실험은 끝났고 128층이라고 보고하고 부자가 되어볼 수도 있습니다. 그러나 만약 깨졌다면 하나의 구슬만 남게 되고, 여러분이 아는 것은 128층에서는 확실히 구슬이 깨진다는 것입니다. 벌금을 내지 않고 성과급을 최대화하기 위해, 여러분은 두 번째 구슬로 1층부터 시작해서 조금 전에 했던 것처럼 위로 한 층씩 올라가서 최대 127층까지 실험해봐야 합니다. 최악의 경우에 실험 횟수는 1번에 더해서 1층부터 127층까지 총 128번 해야 합니다. 구슬을 한 개 가지고 있을 때와 비교해봤을 때 나아진게 없습니다.

여러분의 직관이 128층짜리 건물이라면 구간 [1, 128]의 중간 지점에서 떨어뜨려야 하지 않을까라고 말할 겁니다. 64층에서 구슬을 떨어뜨렸다고 가정해봅시다. 항상 다음과 같이 두 가지 경우가 있습니다.

1. 구슬이 깨집니다. 이 말은 1층에서 63층까지 [1, 63] 구간에 대해 다시 확인해야 합니다. 남은 구슬은 한 개입니다.

2. 구슬이 깨지지 않습니다. 이 말은 65층에서 128층까지 [65, 128] 구간에 대해 다시 확인해야 합니다. 남은 구슬은 두 개입니다.

최악의 경우 실험 횟수는 64인데, 첫 번째 경우 여러분은 1층부터 다시 시작해서 올라가야 하기 때문입니다. 128번보다 2배나 좋습니다.

두 개의 구슬을 가졌을 때, 최악의 경우인 64번의 실험 횟수보다 여러분은 더 잘해볼 수 있습니다. 성과급을 포기할 수 없지 않습니까? 또한 벌금은 절대 안됩니다.

두 개의 구슬만 있을 때 21번보다 적게 실험하면서 성과급을 최대화하고 벌금을 피할 수 있는 더 좋은 방법을 생각할 수 있을까요? 또 만약 더 많은 구슬이 있을 때라면, 또는 상하이 타워가 갑자기 높이(층 수)가 두 배가 되면 어떨까요?

5-1 두 개의 구슬을 가지고 효율적으로 탐색하기

우리는 64번 실험하는 것보다 더 잘할 수 있습니다. 우리가 두 개의 구슬만 가지고 64층에서 시작했는데, 만약 첫 번째 구슬이 깨진다면, 어쩔 수 없이 우리는 1층부터 시작해서 63층까지 구슬을 떨어뜨려봐야 합니다. 만약 20층에서 시작하면 어떨까요? 첫 번째 구슬이 깨진다면, 우리는 두 번째 구슬로 좀 더 적은 구간 [1, 19]만 확인하면 됩니다. 만약 깨지지 않는다면, 좀 더 넓은 구간 [21, 128]을 확인해야 하지만, 두 개의 구슬이 남아있게 됩니다. 다음 40층으로 가서 첫 번째 구슬(첫 번째 구슬로 하는 두 번째 실험)을 떨어뜨려봅시다. 만약 첫 번째 구슬이 여기서 깨진다면, 우리는 [21, 39]만 확인하면 됩니다. 이 상황에서 최악의 경우는 이미 20층과 40층에서 떨어뜨린 2번의 실험, 그리고 두 번째 구슬로 최대 19번 실험할 수 있기 때문에 총 21번이 됩니다. 60층에서 계속 비슷한 방식으로 이어집니다. 20, 40, 60, 80층 그리고 그 이후로 계속 같은 방식으로 실험이 이어지고, 최악의 경우 우리는 당연하게 30번보다 적은 횟수가 될 것입니다.

여기서 우리의 목적은 단순히 128층 문제를 푸는 것이 아닙니다. n층 건물에서 두 개의 구슬이 있을 때, 좀 더 일반적인 알고리즘이 있을까요? func라는 이름의 함수를 만들고, func(n)을 실행하면 최악의 경우에 몇 번이나 실험해봐야 하는지 출력되도록 할 수 있을까요? 그리고 이 알고리즘을 128층 문제에 대입시켜서 풀어보겠습니다.

핵심은 층을 얼마나 잘 분배하느냐입니다. 첫 번째 공을 k, $2k$, $3k$, $\cdots$, $(n/k-1)k$, $(n/k)k$ 층에서 떨어뜨리는 전략을 세워봅시다. 만약 첫 번째 구슬이 마지막 층 이전까지는 깨지지 않았는데 마지막 층에서 깨졌다고 생각해봅시다. 이 경우, 우리는 첫 번째 구슬로 n/k번 실험하였고, 구간 $[(n/k-1)k+1, (n/k)k-1]$에 대해 다시 확인해봐야 합니다. 두 번째 공으로는 최악의 경우 $k-1$번 실험하게 됩니다. 총 최악의 경우에는 $n/k+k-1$번 떨어뜨려보게 됩니다.

그러므로, 우리는 $n/k+k$를 최소화시키는 k를 선택해야 합니다. k가 $\sqrt{n}$일 경우, 최소값을 만들어낼 수 있습니다(가끔은 고등학교 때 배운 수학이 도움이 됩니다).*

---

* **역자 주_** 산술기하 부등식을 통해 도출된 결과입니다. 임의의 음수가 아닌 실수에 대해 $\frac{(a+b)}{2} \geq \sqrt{(ab)}$ 를 만족하고, 최소값인 $\sqrt{ab}$ 가 나오는 조건은 $a = b$ 일 때 입니다. 자세한 내용은 아래 링크를 참조하시기 바랍니다.
• https://ko.wikipedia.org/wiki/산술-기하_평균_부등식

최악의 경우 실험 횟수는 $2\sqrt{n}-1$이 됩니다. 우리의 128층 문제에서, $\sqrt{128}=11$ 이므로, 첫 번째 공을 11층에서 떨어뜨리는게 좋습니다. 최악의 경우 21번 실험하게 됩니다. 우리는 제곱근 결과를 버림으로 계산했는데, 물론 올림으로 계산할 수도 있습니다.

21번이 우리가 할 수 있는 최선의 방법일까요? 우리는 구슬을 떨어뜨리는 층이 고르게 분포되어 있다고 가정했습니다. k, $2k$, $3k$, 이런 방식으로 층을 높여갔습니다. 사실 층 배분을 좀 더 신중히 생각하고 고르지 않게 분배한다면 우리는 21번보다 실험 횟수를 더 줄일 수 있습니다. 이 방법은 뒤에 이야기하도록 하고, 지금은 좀 더 일반적인 d ($\geq$ 1)개의 구슬과 n층이 있을 때 일반적인 공식을 만들어내는데 집중해보겠습니다. 우리가 방금 전에 한 개, 그리고 두 개의 구슬로 했던 것과 비슷한 전략을 사용해봅시다. 당연하지만, 구슬의 개수 d가 커질수록 실험 횟수는 줄어들게 될 것입니다.

5-2 d개의 구슬을 가지고 효율적으로 탐색하기

우리에게 한 개의 구슬이 있을 때, 즉 $d=1$이라면, 첫 번째 층부터 위로 올라가면서 하나하나 실험해보는 것 외에 다른 방법은 없습니다. 두 개의 구슬이 있을 때는, $\sqrt{n}$ (또는 $n^{1/2}$) 층에서 시작하도록 결정했었습니다. 그렇다면, d개의 구슬이 있다면 $n^{1/d}$층에서 시작하면 될까요? 구슬이 깨지면 어떻게 될까요?

우선 r진수 숫자의 표현 방법에 대해 생각해봅시다. $r=2$일 때는 2진수, $r=3$일 때는 3진수라고 부릅니다. n층과 구슬 d개가 주어졌을 때, $r^d \rangle n$인 r을 선택합니다. 만약 $n=128$이고 $d=2$ 라면, 우리는 $r=12$로 정합니다(제곱근하여 나온 값을 올림한 결과입니다). 만약 $d=3$이라면, $r=6$으로 정합니다. 왜냐하면 $5^3 \langle 128$이고 $6^3 \rangle 128$이기 때문입니다. 다음 예제에서 확인하게 될 $d=4$인 경우, $n=128$일 때 $r=4$가 됩니다.

우리는 자릿수가 d인 r진수의 숫자를 표현하고자 합니다. 우리가 고른 $r=4$, $d=4$ 예제의 경우, 가장 작은 수는 0000_4(십진수 숫자 0)이고, 가장 큰 수는 3333_4(십진수 숫자 255)입니다. 4진수 표현법을 다시 한번 상기시키자면, 12334는 $1\times4^3 +2\times4^2 +3\times4^1 +3\times4^0$으로 계산하여 십진수 숫자 111과 같습니다.

우리는 첫 번째 구슬을 1000_4층(64층)에서 떨어뜨립니다. 만약 깨지지 않았다면, 우리는 2000_4층(128층)으로 이동해서 다시 구슬을 떨어뜨립니다. 아직 깨지지 않았다면, 실험이 끝납니다. 만약 깨진다면, 남은 세 개의 구슬을 들고 구간 $[1001_4, 1333_4]$ (십진수로는 $[65, 127]$)에 대해 다시 실험을 시작합니다. 첫 번째 단계에서 구슬이 깨지지 않았던 가장 높은 층부터 시작하는 두 번째 단계가 시작됩니다.

두 번째 단계에서 두 번째 구슬로 실험을 시작하는데, 이번 실험의 층은 r진수 숫자의 두 번째 자릿수와 관련이 있습니다. 첫 번째 단계에서 구슬이 2000_4층에서 깨졌고, 1000_4층에서는 깨지지 않았다고 가정해봅시다. 두 번째 단계에서, 우리의 첫 번째 낙하 실험은 1100_4층에서 할 것입니다. 십진수로 구간 $[65, 127]$ 중간 어딘가에 있는 80층입니다. 두 번째 단계에서, 우리는 r진수 숫자의 두 번째 자릿수를 더해나가면서 해당 층에서 구슬이 깨지지 않는지를 확인할 것입니다. 순서대로 1100_4, 1200_4, 1300_4, 이런 식으로 진행될 것입니다. 전에 했던 것처럼, 우리는 세 번째 단계에서 두 번째 단계에서 공이 깨지지 않았던 가장 높은 층부터 시작합니다. 예제를 보기 위해, 그 층이 1200_4층이라고 가정합시다. 이 말은 1300_4층에서는 구슬이 깨졌다는 뜻입니다. 그 결과, 세 번째 단계에서 우리는 $[1201_4, 1233_4]$ 에서 구슬을 떨어뜨려봐야 합니다. 십진수로 $[97, 111]$ 에 해당합니다.

세 번째 단계에서, 세 번째 구슬을 1210_4층에서 떨어뜨립니다. 우리는 방금 두 번째 단계를 통해 발견된 층에서 세 번째 자릿수를 늘렸습니다. 1210_4층 뒤에 1220_4층이 오고, 그 뒤에 1230_4층이 옵니다. 여기서 또 1230_4층에서 떨어뜨렸을 때, 구슬이 깨졌다고 해봅시다. 이 말은 네 번째 단계는 1220_4층에서 시작한다는 뜻입니다. 확인해야 하는 구간은 $[1221_4, 1223_4]$ 이고, 십진수로 $[105, 107]$ 에 해당합니다.

네 번째이자 마지막 단계에서, 우리는 네 번째 구슬을 마지막 자릿수를 하나씩 늘리면서 1221_4, 1222_4, 1223_4층에서 떨어뜨려봅니다. 만약 모든 층에서 구슬이 깨지지 않는다면, 우리는 1233_4층을 보고하면 됩니다. 만약 구슬이 어떤 층에선가 깨졌다면, 우리는 깨진 층보다 한 층 아래를 보고하면 됩니다. 예를 들어 1223_4층에서 깨졌다면, 1222_4층으로 보고하는 것입니다.

우리가 실험해야 할 최대 횟수는 어떻게 될까요? 각 단계에서, 우리는 구슬을 최대 $r-1$ 번 떨어뜨립니다. 그리고 최대 d단계까지 있으므로, 최대 실험 횟수는 $d \times (r-1)$ 이 됩니다. 우리의 예제에서, $r=4$, $d=4$ 이므로, 네 개의 구슬으로 128층을 최대 12번만 떨어뜨리면 알아낼 수 있다는 것입니다! 사실, 우리는 $n=255$ 일 때도 최대 12번만에 알아낼 수 있습니다.

우리는 위 알고리즘을 적용한 사용자와 상호작용할 수 있는 프로그램이 필요합니다. 이 프로그램은 정확히 임의의 n과 d에 대해 우리가 정확히 몇 층에서 구슬을 떨어뜨리면 좋을지 알려주고, 그렇다면 우리는 효율적으로 주어진 구슬의 강도 계수를 측정할 수 있습니다. 이 프로그램은 입력값 n과 d를 받아서, 우리에게 첫 번째 구슬을 어느 층에서 떨어뜨릴지 말해줍니다. 그리고 깨졌는지 깨지지 않았는지, 우리가 입력하는 실험 결과에 따라 프로그램은 구슬을 떨어뜨릴 다음 층을 말해주거나 혹은 강도 계수를 알려줍니다. 이 프로그램은 강도 계수가 확인되었을 때만 종료되며, 총 몇 번의 실험을 진행했었는지 같이 알려줍니다.

여기 프로그램의 코드가 있습니다.

```
1.  def howHardIsTheCrystal(n, d):
2.      r = 1
3.      while (r**d <= n):
4.          r = r + 1
5.      print('Radix chosen is', r)
6.      numDrops = 0
7.      floorNoBreak = [0] * d
8.      for i in range(d):
9.          for j in range(r-1):
10.             floorNoBreak[i] += 1
11.             Floor = convertToDecimal(r, d, floorNoBreak)
12.             if Floor > n:
13.                 floorNoBreak[i] -= 1
14.                 break
15.             print ('Drop ball', i+1, 'from Floor', Floor)
16.             yes = input('Did the ball break (yes/no)?:')
17.             numDrops += 1
18.             if yes == 'yes':
19.                 floorNoBreak[i] -= 1
20.                 break
21.      hardness = convertToDecimal(r, d, floorNoBreak)
22.      return hardness, numDrops
```

2 – 5번째 줄에서 우리가 사용할 진수 r을 결정합니다. 우리는 층 표현을 위해 0부터 r−1 까지 변할 수 있는 숫자들의 리스트를 사용할 것입니다. 7번째 줄에서 모두 0으로 초기화되어있는 길이 d의 리스트인 floorNoBreak를 정의하고, 위치값이 0번인 왼쪽부터 가장 큰 자릿수

를 표현합니다. 8번째 줄은 d단계들에 해당하는 바깥쪽 **for** 문을 시작하고, 9번째 줄에서 안쪽 **for** 문을 통해 현재 단계에서 구슬을 떨어뜨리는 실험을 시작합니다.

10번째 줄에서 현재 단계에 해당하는 floorNoBreak 리스트의 한 위치값을 1씩 증가시킵니다. 이전에 결정한 r과 d로부터, r**d 는 n보다 훨씬 커질 수 있기 때문에, 우리는 n보다 큰 층에서 구슬을 떨어뜨리지 않도록 확인해야 합니다. 11 – 14번째 줄에 이 부분이 구현되어 있습니다. 만약 구슬을 떨어뜨릴 층을 계산한 결과가 n보다 크다면, 우리는 현재 단계를 마치고 즉시 다음 단계로 이동합니다. 이것이 14번째 줄에서 **break**가 하는 역할입니다. **break**는 현재 수행되는 반복문을 즉시 마치고, 반복문의 다음에 있는 명령을 수행하게 됩니다. 위 코드의 경우, 8번째 있는 바깥쪽 **for** 문의 다음 반복이 수행되게 되는데, 왜냐하면 안쪽 **for** 문을 바로 마치고 나가게 되기 때문입니다. 각 **break** 문은 **break** 문을 포함하는 가장 안쪽의 반복문만 종료된다는 것에 주의하시기 바랍니다. 그보다 바깥쪽 반복문은 계속 수행됩니다. 11번째 줄에서는 나중에 함께 볼 단순한 함수 하나가 실행되는데, r진수의 수를 십진수로 변경하는 함수입니다. 만약 우리가 다음 단계로 이동한다면, 우리는 이전 단계에서 구슬을 떨어뜨렸을 때 깨지지 않은 가장 높은 층에 관한 정보인 floorNoBreak가 필요합니다. 그래서 13번째 줄에서 안쪽 for 문을 나가기 전에 floorNoBreak의 값을 하나 줄여줍니다.

15 – 16번째 줄에서 사용자에게 특정 층에서 구슬을 떨어뜨렸다는 것을 알려주고, 사용자로부터 깨졌는지 깨지지 않았는지의 실험 결과를 입력받습니다. 만약 구슬이 깨지지 않았다면, 우리는 계속 반복문을 수행합니다. 만약 구슬이 깨졌다면, 우리는 floorNoBreak에 현재 단계에서 구슬이 깨지지 않은 가장 높은 층을 저장하기 위해 1을 빼서 저장합니다. 그리고 20번째 줄의 break 문을 사용해 현재 단계를 종료하고 다음 단계로 이동합니다.

우리가 모든 단계를 마무리했을 때, 21번째 줄에서 floorNoBreak를 사용해 강도 계수를 측정합니다.

아래 convertToDecimal 함수는 진수 r, 총 자릿수 d, 그리고 리스트로 표현된 숫자를 받아 그에 해당하는 십진수 값을 출력합니다.

```
1.  def convertToDecimal(r, d, rep):
2.      number = 0
3.      for i in range(d-1):
4.          number = (number + rep[i]) * r
```

```
5.      number += rep[d-1]
6.      return number
```

우리가 풀었던 128층 문제(구슬 4개)를 풀기 위해 다음과 같이 프로그램을 실행시켜보겠습니다.

```
howHardIsTheCrystal(128, 4)
```

기울어진 글자가 사용자의 입력 yes/no를 나타내고, 예상했던 대로 동작하는지 확인해봅시다.

```
Radix chosen is 4
Drop ball 1 from Floor 64
Did the ball break (yes/no)?:no
Drop ball 1 from Floor 128
Did the ball break (yes/no)?:yes
Drop ball 2 from Floor 80
Did the ball break (yes/no)?:no
Drop ball 2 from Floor 96
Did the ball break (yes/no)?:no
Drop ball 2 from Floor 112
Did the ball break (yes/no)?:yes
Drop ball 3 from Floor 100
Did the ball break (yes/no)?:no
Drop ball 3 from Floor 104
Did the ball break (yes/no)?:no
Drop ball 3 from Floor 108
Did the ball break (yes/no)?:yes
Drop ball 4 from Floor 105
Did the ball break (yes/no)?:no
Drop ball 4 from Floor 106
Did the ball break (yes/no)?:no
Drop ball 4 from Floor 107
Did the ball break (yes/no)?:yes
```

프로그램은 강도 계수는 106, 그리고 11번 실험했다고 정상적으로 출력합니다.

5-3 두 개의 구슬로 실험 횟수 줄이기

우리의 알고리즘은 구슬을 고르게 분포된 층에서 떨어뜨립니다. k, $2k$, $3k$, 이런 식으로 떨어뜨릴 층을 결정합니다. 이 가정으로 인해 우리가 무엇을 놓치고 있는지 생각해보겠습니다. n=100일 때, 두 개의 구슬이 있고 강도 계수가 65라면, 우리의 알고리즘은 첫 번째 단계에서 구슬을 11, 22, 33, 44, 55, 그리고 66층에서 떨어뜨려봅니다. 만약 첫 번째 구슬이 66층에서 떨어뜨렸을 때 깨진다면, 두 번째 구슬은 56층부터 57, 58, 이런 식으로 65층까지 떨어뜨려봅니다. 구슬이 65층에서도 깨지지 않았다면, 강도 계수를 65로 보고합니다. 총 16번 실험을 해야만 알 수 있습니다. 만약 강도 계수가 98이었다면, 우리의 알고리즘으로 19번 실험해봐야 합니다.

이 예시는 위에서 작성한 알고리즘이 d=2일 때 우리가 생각했었던 방식과 완벽하게 들어맞지는 않습니다. 100의 제곱근은 10인데, 왜 우리의 알고리즘은 k=11 로 선택했을까요? 만약 우리가 지수 r을 10으로 선택했다면, 2자리로는 99층까지만 표현할 수 있고, 100층은 표현할 수 없기 때문입니다. 그래서 우리의 알고리즘은 11이라는 지수를 선택했습니다.

사실 10이든 11이든 최적화된 전략은 아닙니다. 최적화된 전략은 구슬을 떨어뜨릴 층을 선택할 때 고르게 분포하지 않는 경우도 전부 생각해서 채택해야 합니다. 층을 조심스레 고민해서 고르게 분포하지 않게 한다면 100층 빌딩에서 최대 14번의 실험 안에 답을 찾을 수 있도록 할 수 있습니다. 아래와 같은 방식으로 동작하는 새로운 알고리즘을 생각해보겠습니다. 첫 번째 실험에서, 만약 k층에서 구슬이 깨졌다면, 우리는 최대 $k-1$번을 두 번째 구슬로 실험해보면서 구슬이 깨지는 위치를 찾아야 합니다. 만약 k층에서 구슬이 깨지지 않았다면, 우리는 그 다음 $k+(k-1)$층에서 구슬을 떨어뜨려봅니다. 왜냐하면, 만약 구슬이 깨진다면, 우리는 구슬이 깨진 최저층을 찾기 위해 다시 $k-2$번 실험을 해야 합니다. 그래서 총 첫 번째 구슬로 2번, 두 번째 구슬로 $k-2$번 실험을 하므로 총 k번 실험을 합니다.

이런 식으로 진행한다면, 우리는 k와 빌딩의 층수인 n을 다음과 같이 연관시킬 수 있습니다.

$$n \leq k + (k-1) + (k-2) + (k-3) + \cdots + 2 + 1$$

즉, $n <= k(k+1)/2$ 입니다. $n=100$일 때, $k=14$입니다. 우리는 구슬을 14, 27, 39, 50, 60, 69, 77, 84, 90, 95, 99 그리고 100층에서 떨어뜨려야 합니다. 예를 들어 첫 번째 구슬이 11번째 실험인 99층에서 깨졌다면, 최악의 경우 두 번째 구슬을 96, 97, 98층에서 떨어뜨립니다.

연습 1 howHardIsTheCrystal(128, 6) 을 실행시키면, 여러분은 아래와 같은 결과를 보게 됩니다.

```
Radix chosen is 3
Drop ball 2 from Floor 81
```

첫 번째 떨어뜨리는 구슬이 구슬 1이 아니라 구슬 2입니다. 무슨 일이 일어났을까요? $2^6 < 128$ 이기 때문에, r=3이 선택됐습니다. 그런데 $3^6 > 128$일뿐만 아니라, $3^5 = 243$으로, 빌딩의 층수인 128보다 큽니다. 그래서 우리의 알고리즘은 첫 번째 구슬을 그냥 지나가버린 것이고, 첫 번째 숫자는 항상 0이 되어버립니다. 코드를 수정해서 불필요한 구슬을 제거하고 사용자에게 실제 사용되는 구슬의 수를 알려주도록 해야 합니다. 수정된 프로그램은 어떤 입력값이 주어져도 구슬 1부터 사용해야 합니다.

연습 2 코드를 수정해서 실험을 진행하는 동안 깨진 모든 구슬의 개수를 함께 출력하도록 해주세요.

연습 3 코드를 수정해서 현재 단계에서 실험을 고려하고 있는 층의 구간을 함께 화면에 표시하도록 해주세요. 처음에 이 구간은 [0, n] 입니다. 이 구간은 구슬을 떨어뜨릴수록 계속 줄어들게 됩니다. 여러분의 코드는 사용자가 실험 결과를 입력할 때마다 새로 계산해서 표시해야 합니다. 강도 계수에 해당하는 마지막 구간은 한 층만 가리키게 됩니다.

퍼즐 06_
가짜를 찾아라

갈림길에 서있다면, 어떤 것이든 우선 가보세요.

Yogi Berra

이번 퍼즐에 쓰이는 프로그래밍 구조 및 알고리즘:

- 리스트 자르기
- 조건 분석
- 분할 정복

저울을 한 번 사용해서 가짜 동전을 찾아내는 것에 관한 퍼즐은 매우 많습니다. 여기 그런 문제들 중 하나가 있습니다. 아홉 개의 겉모습이 동일한 동전들 중 가짜 한 개를 찾아내는 것입니다. 여러분은 가짜 동전이 나머지보다 무겁다는 것을 알고 있습니다. 여러분의 목표는 저울질의 수를 최소화하는 것입니다.

모든 동전들은 겉보기에는 동일하고, 가짜 동전만 다른 것보다 살짝 무겁습니다. 그래서 만약 여러분이 다른 개수의 동전을 저울의 양쪽에 올려놓으면, 저울은 절대 양쪽이 같다고 말하지 않을 것입니다(저울은 오른쪽과 같이 생겼습니다).

얼마나 많은 저울질을 해야 할까요?

주어진 아홉 개의 동전들 중 여덟 개는 동일하고 한 개만 조금 무겁기 때문에, 우리는 임의의 동전 한 개를 골라서 다른 여덟 개와 비교해보는 방법을 생각할 수 있습니다. 이 방법은 여덟 번의 저울질 안에 가짜 동전을 찾을 수 있는 확실한 방법입니다.

그러나, 다수의 동전을 한 번에 저울에 올려서 비교한다면 더 좋은 방법을 찾아낼 수 있습니다. 위에서 생각했던 한 번의 저울질로 한 개의 동전을 제거하는 것보다 한 번의 저울질로 많은 동전을 제거하는 것이 훨씬 좋습니다. 우리가 이제 사용할 전략은 분할 정복의 범주에 속하는데, 이 퍼즐뿐만 아니라 다른 문제들에서도 자주 사용되는 기법입니다.

6-1 분할 정복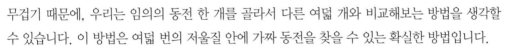

아홉 개 중 네 개를 고르고, 고른 네 개를 두 그룹으로 나눕니다. 두 동전 그룹을 저울질했을 때, 결과는 세 가지 중 하나입니다.

> **경우 1.** 두 그룹의 무게가 동일한 경우. 즉, 네 개의 동전 모두 가짜는 없고, 남은 다섯 개의 동전들 중 가짜가 있습니다.
>
> **경우 2.** 첫 번째 그룹이 무거운 경우. 첫 번째 그룹의 동전들 중 한 개가 가짜입니다. 첫 번째 그룹의 동전 두 개를 서로 저울질한다면 가짜 동전을 찾아낼 수 있습니다.
>
> **경우 3.** 두 번째 그룹이 무거운 경우. 위의 경우 2 와 동일한 상황입니다.

경우 2와 경우 3의 경우, 우리는 가짜 동전을 두 번의 저울질로 찾을 수 있습니다.

경우 1의 경우, 첫 번째 저울질 이후 우리는 다섯 개의 동전이 남았습니다. 그리고 다섯 개 중 한 개는 가짜입니다. 다섯 개 중 임의의 네 개를 골라서 이 과정을 다시 수행합니다. 두 번째 저울질의 결과는 첫 번째 저울질의 결과처럼 세 가지 경우로 나뉘게 됩니다. 우리는 이러한 결과들을 경우 1.1, 경우 1.2, 경우 1.3으로 불러보겠습니다. 앞의 1은 첫 번째 저울질의 결과가 결과 1이었다는 뜻이고, 뒤의 .1, .2, .3은 두 번째 저울질의 결과를 의미합니다.

두 번째 저울질에서, 만약 두 그룹의 무게가 같다면 경우 1.1이고 가짜 동전은 의심할 여지없이 우리가 고르지 않은 남은 동전 하나입니다. 우리는 두 번의 저울질만으로 동전을 찾았습니다.

경우 1.2일 때는 첫 번째 그룹이 무거운 경우입니다. 두 번째 저울질 이후, 우리는 아무것도 찾아내지 못했습니다. 우리는 첫 번째 그룹의 두 개의 동전을 비교해야 하며, 세 번째 저울질을 통해 가짜 동전을 찾아낼 수 있습니다. 경우 1.3도 이것과 동일한 작업을 수행해야 합니다. 최악의 경우 세 번의 저울질을 통해 찾아낼 수 있지만, 처음 생각했던 여덟 번의 저울질보다는 훨씬 낫습니다. 그런데, 이게 가장 최적일까요?

만약 우리가 아홉 개의 동전들 중 세 개를 한 그룹으로 정하고 두 그룹을 임의로 고른다고 가정해봅시다. 그리고 저울질을 해봅시다. 이전과 같이, 저울질의 경우는 세 가지 중 하나입니다.

경우 1. 두 그룹의 무게가 동일한 경우. 즉, 여섯 개의 동전 모두 가짜는 없고, 남은 세 개의 동전들 중 가짜가 있습니다.

경우 2. 첫 번째 그룹이 무거운 경우. 첫 번째 그룹의 동전들 중 한 개가 가짜입니다.

경우 3. 두 번째 그룹이 무거운 경우. 위의 경우 2와 동일한 상황입니다.

이 분할 정복 전략은 훨씬 더 대칭적입니다. 세 개의 모든 경우에서 가짜를 가지고 있는 한 그룹을 찾아낼 수 있습니다. 한 번의 저울질만으로 아홉 개에서 세 개만 고민하면 되도록 동전의 숫자를 줄일 수 있습니다. 만약 우리가 세 개의 동전을 한 개씩 세 개의 그룹으로 나눠서 동일한 작업을 반복한다면, 두 번째 저울질에서 우리는 가짜 동전을 찾을 수 있습니다.

우리가 가지고 있는 아홉 개의 동전에 번호를 붙여서 0번부터 8번까지 있고, 4번이 가짜라고 해봅시다. 우리는 0, 1, 2와 3, 4, 5를 비교해보고, 그리고 3, 4, 5가 무겁다는걸 알아냅니다. 이것이 위의 경우 3입니다. 그리고 3과 4를 비교해서 4가 더 무겁다는 알아낼 것이고, 그것이 바로 가짜입니다.

만약 여러분이 아홉 개보다 더 많은 동전이 있다면 어떻게 할까요? 예를 들어 스물 일곱 개의 동전들이 있고, 그 중 하나가 조금 더 무거운 가짜라고 생각해봅시다. 아홉 개의 동전을 골라 세 그룹으로 나눕니다. 위의 전략을 그대로 따라서, 가장 무거운 한 그룹을 찾습니다. 이 한 그룹이 가짜 동전을 가지고 있고, 우리는 두 번의 저울질로 찾을 수 있습니다. 즉, 스물 일곱 개의 동전들 중 가짜를 찾는 것은 아홉 개에 비해 한 번의 저울질이 더 필요합니다. 여러분이 보듯이 분할 정복 전략은 굉장히 강력하고, 우리는 다음 퍼즐을 포함해 여러 퍼즐을 풀기 위해 다시 여기로 돌아와서 분할 정복을 살펴볼 것입니다.

자, 이제 가짜 동전 찾기 문제를 위한 프로그램을 작성해보겠습니다. 물리적인 세계의 특정 문제를 컴퓨터 프로그램이라는 가상 세계로 옮기는 과정에서, 우리는 우리가 할 수 있는 무언가를 하지 못하는 척 해야 합니다. 뒤에 자세히 이야기하겠습니다.

주어진 동전들에 대해, 우리는 두 그룹을 비교해서 어느 한 쪽이 무거운지 아니면 같은지를 확인합니다. 아래 함수가 저울질에 해당합니다.

```
1.  def compare(groupA, groupB):
2.      if sum(groupA) > sum(groupB):
3.          result = 'left'
4.      elif sum(groupB) > sum(groupA):
5.          result = 'right'
6.      elif sum(groupB) == sum(groupA):
7.          result = 'equal'
8.      return result
```

함수 **sum**은 단순하게 입력값의 원소들을 모두 더해서 그 합을 돌려줍니다. 함수 compare는 왼쪽이 무거운지 오른쪽이 무거운지 또는 같은지를 알려줍니다. 6번째 줄에서 **elif**를 사용했는데, 사실 **else**만 사용해도 충분합니다. 만약 **if**(2번째 줄)와 첫 번째 **elif**(4번째 줄)가 모두 사실이 아니라면, 두 그룹의 무게는 동일합니다. 우리는 6번째 줄에서 **elif**를 사용해 명시적으로 이 경우가 두 그룹의 무게가 동일할 때라는 것을 표현했습니다.

주어진 동전 리스트에 대해 우리는 세 개의 길이가 같은 그룹으로 나눌 수 있습니다. 우리는 아래 함수의 입력으로 들어오는 동전 리스트의 길이가 항상 3^n이라고 가정하겠습니다.

```python
1.  def splitCoins(coinsList):
2.      length = len(coinsList)
3.      group1 = coinsList[0:length//3]
4.      group2 = coinsList[length//3:length//3*2]
5.      group3 = coinsList[length//3*2:length]
6.      return group1, group2, group3
```

3 – 5번째 줄에서 리스트를 세 개의 그룹으로 나누는데, 파이썬의 정수 나눗셈과 리스트 나누기 연산을 사용합니다. 연산자 //는 정수 나눗셈인데, 나눗셈의 몫만 결과로 출력됩니다. 예를 들어 1//3 = 0, 7//3 = 2, 9//3 =3, 11//3 = 3 입니다. 만약 우리가 b = a[0:3] 이라고 적으면, 리스트 a에서 첫 세 개의 원소가 복사되어 리스트 B가 되고, 그 길이는 3이 된다는 것을 떠올려봅시다(우리는 리스트 a의 길이가 최소한 3이라고 간주합니다). 3 – 5번째 줄에서, coinsList 리스트를 같은 길이를 가진 세 개의 그룹으로 나누고, 첫 번째 그룹을 group1 리스트에, 두 번째 그룹을 group2 리스트에, 마지막 그룹을 group3 리스트에 복사합니다. 4번째 줄이 가장 복잡합니다. 만약 length가 9라면, length//3 = 3, length//3*2 = 3*2 = 6 입니다. 왜냐하면 //연산자가 * 연산자보다 우선순위가 높기 때문입니다.

6번째 줄에서 여기서 구한 모든 그룹들을 출력합니다.

아래 나오는 함수는 2번째 줄에서 저울질을 한 번 한 뒤, 어떤 그룹이 가짜 동전을 가지고 있는지를 결과로 출력합니다. 이 함수는 가짜 동전이 다른 동전들보다 무겁고 나머지는 전부 같다고 간주하였습니다.

```python
1.  def findFakeGroup(group1, group2, group3):
2.      result1and2 = compare(group1, group2)
3.      if result1and2 == 'left':
4.          fakeGroup = group1
5.      elif result1and2 == 'right':
6.          fakeGroup = group2
7.      elif result1and2 == 'equal':
8.          fakeGroup = group3
9.      return fakeGroup
```

만약 왼쪽이 무겁다면(3번째 줄), 첫 번째 그룹이 가짜 동전을 가지고 있습니다(알고리즘의 경우 2). 오른쪽이 무겁다면(5번째 줄), 두 번째 그룹이 가짜 동전을 가지고 있습니다(경우 3). 만약 양쪽이 같다면(7번째 줄), 가짜 동전은 세 번째 그룹에 속해있습니다(경우 1). 7번째 줄에서 우리는 다시 **elif**를 사용했지만 **else**로도 충분합니다.

이제 지금까지 알아보았던 분할 정복 알고리즘을 사용해서, 3^n개의 동전들의 무게가 담긴 coinsList 입력값으로부터 가짜 동전을 찾아내는 함수를 작성해보겠습니다.

```
 1. def CoinComparison(coinsList):
 2.     counter = 0
 3.     currList = coinsList
 4.     while len(currList) > 1:
 5.         group1, group2, group3 = splitCoins(currList)
 6.         currList = findFakeGroup(group1, group2, group3)
 7.         counter += 1
 8.     fake = currList[0]
 9.     print ('The fake coin is coin',
                coinsList.index(fake) + 1,
                'in the original list')
10.     print ('Number of weighings:', counter)
```

2번째 줄에서 저울질을 몇 번이나 수행했는지를 세는 count 변수를 초기화합니다. 3번째 줄에서는 단순히 coinsList를 가리키는 새로운 참조 변수를 생성합니다. 이 변수는 현재 고려중인 동전들의 리스트를 가리키는 용도로 계속 사용됩니다. 4 - 7번째 줄은 분할 정복 전략에 해당하는 코드로서, coinsList를 각 반복마다 1/3씩 줄여나갑니다. currList의 길이가 1일 때, 우리는 가짜 동전을 찾아냅니다. 이 알고리즘은 조금 전에 설명한 것을 그대로 수행하고 있습니다. splitCoins를 세 개의 그룹으로 나누고, group1과 group2를 비교해서 가짜 동전이 포함된 그룹을 결정합니다.

8번째 줄에서 우리는 **while** 문을 탈출하는데, **len**(currList)가 1이라는 것을 의미합니다(항상 currList의 길이가 3^n이라고 간주하기 때문입니다). 그리고 나서 coinsList의 가짜 동전의 위치를 출력하고 counter 변수에 저장된 저울질의 횟수를 출력합니다.

coinsList에 다음과 같은 동전들의 무게가 저장되어 있다고 생각해봅시다.

```
coinsList = [10, 10, 10, 10, 10, 10, 11, 10, 10,
             10, 10, 10, 10, 10, 10, 10, 10,
             10, 10, 10, 10, 10, 10, 10, 10, 10]
```

그리고 우리가 만든 함수를 다음과 같이 실행하면

```
CoinComparison(coinsList)
```

이런 결과를 얻게 됩니다.

```
The fake coin is coin 7 in the original list
Number of weighings: 3
```

어떻게 가짜 동전이 찾아진 것일까요? 첫 번째 저울질에서 findFakeGroup 함수를 호출해서 우리는 coinsList의 첫 번째 줄에 있는 아홉 개의 동전을 group1로, 두 번째 줄을 group2로 넣어서 무게를 비교합니다. 그 결과는 'left'가 나오게 될 것이고, 그러므로 group1이 가짜 동전이 포함된 그룹으로 선택됩니다. 그 다음 저울질에서 coinsList의 첫 세 개의 동전과 그 다음 세 개의 동전을 비교합니다. 그 결과는 같음으로 나오게 되므로, findFakeGroup은 마지막 세 개의 동전을 가지고 있는 group3를 출력합니다. 마지막 저울질에서 가짜 동전과 진짜 동전을 비교하게 되므로 'left'가 결과로 나오게 되고, 여기서 우리는 가짜 동전을 찾을 수 있습니다.

우리는 coinsList의 각 원소들을 볼 수 있고, 사실은 그저 리스트 안에 있는 값들을 쭉 살펴보면서 무게들을 일일이 비교해서 가짜 동전을 찾아낼 수 있습니다. 그러나 최악의 경우 다른 값을 가진 원소를 찾기 위해 리스트 안의 모든 동전들의 값을 비교해야 합니다. 분할 정복 알고리즘은 비교의 횟수를 최소화하기 위해 고안되었습니다. 왜냐하면 우리는 이 퍼즐에서 저울을 사용해 무게를 비교하는 것이 매우 값비싼 연산이라고 간주하기 때문입니다. 예를 들어, coinsList는 매우 멀리 떨어진 컴퓨터에 저장되어 있기 때문에 여기에 접근하는 것이 많은 비용이 드는 경우를 생각할 수 있습니다. 멀리 떨어진 컴퓨터에서 할 수 있는 일은 여러분이 지적하는 동전들의 무게를 비교해서 어느 쪽이 무거운지만 알려줄 수 있습니다. 여러분의 컴퓨터와 멀리 떨어져 있는 컴퓨터 사이의 정보 전달이 비싸기 때문에, 정보의 양을 최소로 하고 싶기 때문입니다.

만약 우리가 가짜 동전이 가벼운지 무거운지 모른다면 어떻게 해야 할까요? 우리는 findFakeGroup 함수를 수정해서 findFakeGroupAndType 함수를 작성할 필요가 있습니다. 아래는 result1and2 == 'left' 일 경우, 즉 group1이 group2보다 무거운 경우, 여러분이 수정해야 할 코드입니다. 다른 경우도 비슷한 방식으로 수정해야 합니다.

```
1.  if result1and2 == 'left':
2.      result1and3 = compare(group1, group3)
3.      if result1and3 == 'left':
4.          fakeGroup = group1
5.          type = 'heavier'
6.      elif result1and3 == 'equal':
7.          fakeGroup = group2
8.          type = 'lighter'
```

group1이 group2보다 무거운 경우, 우리는 2번째 줄처럼 group1과 group3를 비교합니다. 만약 group1이 group3보다 무겁다면, group1에 가짜 동전을 가지고 있는 것이 명확하고, 가짜 동전은 다른 동전들보다 무겁습니다. 만약 group1이 group3과 무게가 같다면(6번째 줄), group2가 가짜 동전을 가지고 있고, 가짜 동전은 다른 동전들보다 가볍습니다. 만약 가짜 동전이 정확히 한 개만 있는 경우, 그것이 가볍든지 무겁든지 상관없이, result1and3 = 'right' 는 나올 수 없습니다. 왜냐하면 이 말은 group1이 group2보다 무겁고, group3이 group1보다 무겁다는 것인데, 한 개의 가짜 동전만으로 발생할 수 없는 모순적인 상황이기 때문입니다. 한 개의 가짜 동전으로는 반드시 세 그룹 중 두 그룹의 무게는 같아야 하고 한 그룹의 무게만 다를 수 있습니다.

다행히도 여러분은 이 추가작업을 처음 부분에 한 번만 해주면 됩니다. 처음 세 그룹에 대해, 두 번의 저울질을 통해 가짜 동전이 가벼운지 무거운지 파악할 수 있기 때문입니다. 나머지는 이전과 동일하게 진행하면 됩니다. 물론 가짜 동전이 가벼운 경우라면, findFakeGroup 함수를 통해 다른 그룹을 출력해야 합니다. 우리가 작성했던 findFakeGroup 함수는 가짜 동전이 무겁다고 가정하고 작성했기 때문입니다.

그러므로, 여러분이 3^n개의 동전을 가지고 있고 그 중 한 개가 가짜라면, 무겁든지 가볍든지 어떤 것인지 몰라도 n+1번의 저울질로 가짜 동전을 찾아낼 수 있습니다. 여기에 살을 좀 붙인 문제를 이 퍼즐의 연습문제에서 만날 수 있습니다.

6-3   3진수 표기법

이 퍼즐에서 십진수가 아닌 방식의 표현 방법은 매우 도움이 됩니다. 가짜 동전 문제를 푸는데 다른 진수 표기법이 왜 필요한지 물어보는 것이 당연합니다. 이제 설명해보겠습니다. 여러분은 3^n개의 동전을 가지고 있습니다. 우리는 3진수 표기법을 사용하고, 이 동전들에게 0부터 3^n-1의 번호를 삼진수로 변환하여 부여합니다. 만약 n=4라면, 첫 번째 동전은 0000으로 표시되고, 마지막 동전은 2222로 표시됩니다. 첫 번째 저울질에서, 우리는 간단하게 동전 번호의 첫 숫자가 0으로 시작하면 첫 번째 그룹, 1로 시작하면 두 번째 그룹, 2로 시작하면 세 번째 그룹으로 분리합니다. 각 그룹은 아홉 개의 동전이 있습니다. 두 번째 그룹에 가짜 동전이 있다고 가정합시다. 두 번째 저울질에서, 우리는 처음 두 숫자가 20인 동전들을 첫 번째 그룹, 21을 두 번째 그룹, 22를 세 번째 그룹으로 분리합니다. 네 번의 저울질로 우리는 네 자리 모두 결정할 수 있고, 예를 들어 2122처럼 그 숫자에 해당하는 동전이 가짜 동전인 것을 뜻합니다.

6-4   그 외 유명한 저울질 퍼즐

여러분은 열두 개의 겉모습이 동일한 동전을 가지고 있지만, 한 개는 가짜이고, 다른 동전들과 무게가 다릅니다. 무게가 무거울지 가벼울지는 모릅니다. 여러분은 최대 세 번의 저울질로 가짜 동전을 찾아낼 수 있을까요? 이 문제는 동전이 더 많기 때문에 아홉 개의 동전 퍼즐보다 조금 더 어렵습니다. 우리의 알고리즘은 아홉 개의 동전에서 세 번의 저울질로 찾아낼 수 있습니다. 여러분은 비교할 동전의 수를 다르게 해야 하고 어떤 동전들에 대해 반복적으로 저울질을 해야 할 것입니다.

연습문제

연습 1 우리가 작성한 코드는 한 동전이 다른 것보다 무겁다고 가정했습니다. 만약 주어진 모든 동전의 무게가 같다면, 이 코드는 동전 1이 가짜라고 합니다. 가짜가 없다고 출력할 수 있도록 코드를 수정하세요.

퍼즐 연습 2 가짜 동전이 무겁다는 가정 없이, 가짜 동전을 찾을 수 있는 CoinComparison General 함수를 작성해보세요. findFakeGroupAndType에서 result1and2의 다른 두 가지 경우도 구현해야 하고, 첫 번째로 그룹들의 무게를 비교할 때는 findFakeGroupAndType 함수를 호출하고, 그 다음부터는 findFakeGroupHeavier 또는 findFakeGroupLighter 함수를 호출해야 합니다. 주어진 함수 findFakeGroup은 가짜 동전이 무겁다고 가정했기 때문에, 여러분은 가짜 동전이 가벼울 때는 그에 알맞는 그룹이 출력될 수 있도록 하는 findFakeGroupLighter 함수를 작성해야 합니다. findFakeGroupHeavier와 findFakeGroupLighter는 내용이 거의 비슷한 자매 함수가 될 것입니다. 여러분의 코드는 가짜 동전이 없는 경우도 처리할 수 있도록 해야 합니다.

퍼즐 연습 3 이제는 다른 동전들과 똑같이 생겼지만 무거운 가짜 동전이 두 개가 있다고 생각하겠습니다. 가짜 동전들 중 한 개를 찾을 수 있도록 CoinComparison 함수를 수정해보세요. 둘 중 어떤 것을 찾든지 상관없습니다. 주의할 점은, 이제 두 그룹의 무게를 비교할 때 만약 각 그룹에 가짜 동전이 각각 들어있다면, 저울은 두 그룹의 무게가 같다고 말할 것입니다. 저울질에 포함되지 않았던 세 번째 그룹에 가짜 동전이 있다고 고르면, 여러분은 가짜 동전을 놓쳐버리게 됩니다. 여러분의 수정한 코드에서 저울질의 횟수를 잘 계산하는 것도 잊지 말아주세요.

퍼즐 07_
제곱근 구하기

*나무의 뿌리의 모양이 "i" 같이 생겼다면, 이 나무를 존재하지 않는 잡동사니로 만들 수 있을까요?**

작자 미상

이번 퍼즐에 쓰이는 프로그래밍 구조 및 알고리즘:

• 부동소수점 숫자와 계산

• 연속 구간의 이분 검색

• 이산 구간의 이분 검색

----

* **역자 주_** 원문은 If the tree's root is in the shape of an "i," then would that make this tree an imaginary lumber? 입니다. root 는 제곱근 또는 뿌리라는 뜻이 있습니다. imaginary number는 허수이고, 위에서 비슷한 단어인 imaginary lumber를 사용했습니다. 허수의 표현은 i를 사용하기 때문에, 이 모든 내용을 빗대어 표현한 문구입니다.

여러분은 어떤 숫자의 제곱근의 값을 구해달라는 요청을 받았습니다. 어떤 학생들은 나눗셈을 통해 제곱근을 구하는 방법*을 배웠을 것입니다. 우리의 접근 방법은 이 방법과는 전혀 연관이 없습니다.

7-1 반복적 검색

만약 여러분이 숫자 n이 완전제곱수라는 것을 안다면, 여러분은 1부터 시작해서 수를 제곱해 보면서 제곱수가 n보다 작다면 하나씩 키워서 다음은 2, 다음은 3, 이런 식으로 진행할 수 있습니다. 이렇게 해서 $a^2 = n$인 n의 제곱근 a를 찾았다면, 여기서 멈춥니다. 이 추측과 확인 과정은 상당히 잘 동작하고, 특히 현대의 컴퓨터들의 빠른 연산속도를 생각하면 더더욱 그렇습니다. 곧 뒤에서 알아보겠지만 여기에는 한계가 있습니다. 우선은 이 추측과 확인 과정을 코드로 작성해봅시다.

```
1.  def findSquareRoot(x):
2.      if x < 0:
3.          print ('Sorry, no imaginary numbers!')
4.          return
5.      ans = 0
6.      while ans**2 < x:
7.          ans = ans + 1
8.      if ans**2 != x:
9.          print (x, 'is not a perfect square')
10.         print ('Square root of ' + str(x) +
                    ' is close to ' + str(ans - 1))
11.     else:
12.         print ('Square root of ' + str(x) +
                    ' is ' + str(ans))
```

---

* **역자 주_** 나눗셈으로 제곱근을 구하는 방법은 한글로는 '개평법'이라고 부릅니다. 한국의 교과 과정 중에는 이 방법을 가르치지 않아서 생소한 방법인데, 간단한 내용을 아래 사이트에서 참고할 수 있습니다.
https://namu.wiki/w/제곱근#s-4.2

1번째 줄에서는 한 개의 입력변수 x를 갖는 함수를 정의합니다. 2 – 4번째 줄에서는 시작하기 전에 x >= 0 인지 확인합니다. 가장 중요한 코드는 5 – 7번째 줄의 **while** 문입니다. 추측값인 ans를 0으로 초기화하고 ans를 제곱한 뒤 x보다 작은지 확인합니다. 이미 알아채셨겠지만, ******는 뒤에 있는 숫자를 지수로 올리는 제곱 연산자입니다. 7번째 줄에서 **while** 문의 내부로 들어가고, 여기서 ans를 증가시킵니다(ans에 1을 더합니다). ans**2 >= x가 되면, **while** 문을 나가서 8번째 줄로 이동합니다.

만약 ans의 제곱이 정확히 x와 같다면, 우리는 완전제곱수 x의 제곱근을 찾은 것입니다. 그렇지 않다면, 우리는 (ans − 1)**2 < x < ans**2 를 만족하는 ans를 찾은 것입니다. 왜 이런 등식이 나오게 됐을까요? 우리가 **while** 문의 내부인 7번째 줄을 마지막으로 실행할 때, ans를 증가시키기 전에 ans의 제곱의 값은 x보다 작습니다. 그렇지 않다면 우리는 반복문의 내부로 들어가지 못하기 때문입니다. ans를 증가시킨 뒤, 반복문의 조건은 더이상 **True**가 아니고, 반복문을 나가서 8번째 줄을 실행하게 됩니다.

findSquareRoot(65536)을 실행하면, 다음과 같이 출력됩니다.

```
Square root of 65536 is 256
```

findSquareRoot(65535) 을 실행하면, 다음과 같이 출력됩니다.

```
65535 is not a perfect square
Square root of 65535 is close to 255
```

65535의 진짜 제곱근에 255보다 더 가까운 값을 얻고 싶다고 합시다. 실제 제곱근의 값은, 소수점 부분 몇 개만 보면 255.998046868 입니다. 즉, 255보다는 256에 가깝습니다. 어쩌면 여러분은 간단히 10번째 줄에서 str(ans − 1)를 str(ans)를 바꾸고 256을 출력하면 되지 않냐고 생각할 수도 있습니다. 하지만 findSquareRoot(65026) 의 경우, ans − 1 = 255 인데, 실제 제곱근의 값이 255에 더 가깝기 때문에 255를 출력하는 것이 더 낫습니다.

우리는 5 – 8번째 줄의 **while** 문을 수정해서 1보다 조금씩 커지게 해보겠습니다. 다음 코드는 사용자가 추측값을 얼마나 커지게 할지, 제곱의 값이 실제와 얼마나 가까워야할지를 결정할 수 있습니다.

```
1.  def findSquareRootWithinError(x, epsilon, increment):
2.      if x < 0:
3.          print ('Sorry, no imaginary numbers!')
4.          return
5.      numGuesses = 0
6.      ans = 0.0
7.      while x - ans**2 > epsilon:
8.          ans += increment
9.          numGuesses += 1
10.     print ('numGuesses =', numGuesses)
11.     if abs(x - ans**2) > epsilon:
12.         print ('Failed on square root of', x)
13.     else:
14.         print (ans, 'is close to square root of', x)
```

첫 번째 만든 코드로부터 조금 수정하였습니다. 우리는 x와 추측값인 ans의 제곱의 차이가 epsilon보다 작거나 같다면 멈출 것입니다. 그래서 7번째 줄의 **while** 문에서 다른 입장 조건을 사용했습니다. ans의 값을 increment 만큼씩 증가시키고, 이 값은 함수의 입력값으로 받습니다. 또한 추측의 횟수를 계산하기 위해 **while** 문 안에 numGuesses도 1씩 증가시킵니다. 이것으로 성능 분석을 편하게 할 수 있게 되었습니다.

11번째 줄의 **abs**가 마지막으로 살펴볼 부분입니다. **abs**는 입력값의 절대값을 출력합니다. 우리는 ans의 제곱이 x보다 epsilon 만큼 크거나 혹은 작은 값을 원하지 않습니다. 어떻게 제곱이 더 커질 수 있을까요? 마지막으로 **while** 문에 들어갔을 때, ans**2는 확실히 x보다 작습니다. 그러나 한 번 increment 만큼 값을 증가시키고 난 뒤, ans**2는 x보다 커졌을 것이지만, x로부터 epsilon보다 더 많이 멀어졌을 수도 있습니다. 우리가 increment 값을 어느 정도 큰 값을 선택했기 때문에, 아래와 같은 현상이 발생할 수 있습니다.

몇몇 다른 입력값들에 대해 실행하면, 다음과 같이 출력됩니다.

```
>>> findSquareRootWithinError(65535, .01, .001)
numGuesses = 255999
Failed on square root of 65535
>>> findSquareRootWithinError(65535, .01, .0001)
numGuesses = 2559981
```

```
Failed on square root of 65535
>>> findSquareRootWithinError(65535, .01, .00001)
numGuesses = 25599803
255.99803007005775 is close to square root of 65535
```

모든 실행에서 epsilon은 .01로 설정되었습니다. 처음 몇 번의 실행은 실패했는데, 그 이유는 **while** 문에서 정답의 범위를 건너뛰어버리기 때문입니다. **while** 조건이 **True**인 반복문의 마지막 실행에서, $x - ans_0**2$ 는 epsilon보다 크지만, ans_0는 **while** 문의 조건을 실행해서 **True**로 결정된 시점의 ans의 값을 나타냅니다. 반복문의 내부에서, ans 변수는 increment 만큼 증가하게 됩니다. 이 시점에서,

```
x - (ans₀ + increment)**2 < - epsilon
```

또는

```
(ans₀ + increment)**2 - x > epsilon
```

이 계산되고, **while** 문의 조건은 실패합니다. 우리가 충분히 작은 increment 값을 선택한다면, 더 세밀한 단위로 ans을 증가시키면서 답을 찾아볼 수 있고, 결국 epsilon보다 작은 차이를 가지는 제곱의 값을 찾을 수 있습니다.

바로 여기에서 이 프로그램의 실행시간이 증가하게되는 단점이 있습니다. 추측 횟수가 실행시간을 나타내는 지표로서 볼 수 있는데, 성공적으로 값을 찾아내는데 2500만 번이나 넘는 추측이 필요합니다.

$x \geq 1$ 이라고 가정합시다. 처음 제곱근을 찾기 위해 검색할 수의 범위는 [0, x] 입니다. 여기서, 우리는 이 범위를 increment의 크기만큼 잘라서 다수의 슬롯을 만듭니다. 우리가 검색해야 할 슬롯의 개수는 x/increment입니다. 제곱근의 값이 특정 슬롯 안에 포함되어 있다고 가정하고 해당 슬롯의 값을 계산해보고, 만약 아니면 다음 슬롯으로 가고, 또 다음으로 가고, 이런 식으로 반복합니다. increment의 크기가 작아질수록 실행시간이 길어지게 됩니다.

한 가지 주의할 점은, 두 부동소수점 숫자들이 같은지 확인할 때 여러분이 생각하는 방식으로 동작하지 않을 수 있습니다! 예를 들어, Python 3.5와 IDLE를 사용하는 대부분의 컴퓨터에

서, 0.1 + 0.2 는 0.30000000000000004 를 생성합니다. 그 결과, 다음과 같이 예상하지 못한 등호 연산이 나올 수 있습니다.

```
>>> x = 0.1 + 0.2
>>> x == 0.3
False
```

우리의 코드에서 우리는 부동소수점 숫자들이 정확하게 같은지 계산하는 부분이 없기 때문에, 우리는 위와 같은 동작을 피할 수 있습니다. 일반적으로 부동소수점 숫자들의 연산이 필요할 때 꼭 기억하고 지켜야 할 규칙입니다.

우리는 가짜 동전 찾기 퍼즐에서 사용했던 것과 비슷한 개념을 사용해서 이 퍼즐의 실행시간을 극적으로 향상시킬 수 있습니다. 비록 조금 다르고 알아채기 어려운 형식이기는 하지만, 우리가 3^n개의 동전에서 n번의 저울질로 가짜 동전을 찾을 수 있도록 했던 분할 정복 알고리즘을 여기에 적용할 수 있습니다.

어떻게 하면 실행시간을 향상시킬 수 있을까요?

7-2 구간 이분 탐색

새로운 알고리즘의 핵심을 찾아봅시다. 만약 우리가 특정한 추측을 했고, 그것을 a라고 정하면, a**2 〉 x 인 것을 알고 있을 때, a보다 큰 수에 대해서는 계산해볼 필요가 없습니다. 비슷하게, 우리의 특정한 추측 A가 있고, a**2 〈 x 라면, 우리는 a보다 작은 값에 대해서는 계산해볼 필요가 없습니다. 순서대로 슬롯별로 계산하는 대신, 검색해야 할 범위 [0, x] 를 줄여보는 것은 어떨까요? 위에서 설명한 두 가지의 경우, 우리는 범위를 [0, a] 와 [a, x] 로 줄일 수 있습니다.

검색해야 할 범위를 줄이는 개념이 익숙하다면, 그 이유는 바로 여러분이 퍼즐 5 유리 구슬, 퍼즐 6 가짜 동전 문제들에서 보았던 것과 비슷하기 때문입니다.

우리는 어떤 값을 추측해야 좋을까요? 0과 x 사이의 중간값을 선택하는 것이 괜찮아 보입니다.

그 다음에도 비슷하게, 우리가 [0, a] 또는 [a, x] 의 범위가 있을 때, 좌우 양쪽 값의 중간값을 새로운 추측으로 선택하는 것입니다. 이를 구현한 이분 탐색 코드는 아래와 같습니다.

```
1. def bisectionSearchForSquareRoot(x, epsilon):
2.     if x < 0:
3.         print ('Sorry, imaginary numbers are out of scope!')
4.         return
5.     numGuesses = 0
6.     low = 0.0
7.     high = x
8.     ans = (high + low)/2.0
9.     while abs(ans**2 - x) >= epsilon:
10.        if ans**2 < x:
11.            low = ans
12.        else:
13.            high = ans
14.        ans = (high + low)/2.0
15.        numGuesses += 1
16.    print ('numGuesses =', numGuesses)
17.    print (ans, 'is close to square root of', x)
```

9 – 14번째 줄이 이분 탐색에 해당합니다. 첫 구간은 [low, high] 이고, 우리는 그 중간값인 ans을 선택합니다. 제곱근의 위치에 따라 우리는 새로운 구간을 [low, ans] 또는 [ans, high] 로 정합니다. 그 다음에는 새로운 구간의 중간값을 선택해서 계속 동일한 방식으로 진행합니다.

위 코드를 x = 65535, epsilon = 0.01 로 다음과 같이 실행해보면,

```
bisectionSearchForSquareRoot(65535, .01)
```

아래와 같은 결과가 나옵니다.

```
numGuesses = 24
255.99804684519768 is close to square root of 65535
```

24번의 추측(while 문의 반복 횟수)으로, 이전 코드에서 2,500만 번만에 얻은 결과와 소수점 4자리까지 같은 결과를 얻을 수 있습니다. 두 결과는 65535의 epsilon = .01 내의 결과로서 모두 올바른 값입니다. 이 결과는 굉장한 성능 향상을 보여주고 있습니다. 그리고 이 방법은 3^n의 동전들 중 한 개의 가짜 동전을 n번의 저울질로 찾아내는 것을 연상시킵니다. 우리는 각 추측마다 검색 범위를 반으로 줄이기 때문에, 24번의 추측 후에 검색 범위가 처음 범위 [0, 65535]의 $1/2^{24}$만큼 줄어들게 됩니다. 그리고 $65535/2^{24}$는 .01보다 작게 되어서, 24번의 분할 후 우리는 .01보다 작은 슬롯을 만나게 됩니다!

어떻게 우리의 추측으로 구간이 줄어드는 것일까요? 처음에 구간은 [0.0, 65535.0]이고, 첫 추측값은 (0.0 + 65535.0)/2 = 32767.5가 됩니다. 명확하게 이 값은 너무 크기 때문에, 구간은 [0.0, 32767.5]로 줄어듭니다. 구간은 계속해서 줄어들고 우리는 구간 [0.0, 511.9921875], 추측값은 255.99609375를 만나게 됩니다. 이 추측값은 너무 작기 때문에 구간은 [255.99609375, 511.9921875]가 됩니다. 이 구간의 추측값은 383.994140625이고 너무 큽니다. 몇 번의 반복 이후에 추측값은 255.99804684519768까지 내려가고, 우리의 에러 범위 안에 속하게 되어서 반복이 종료됩니다.

7-3 이산 이분 탐색

이분 탐색은 제곱과 제곱근 함수의 단조성으로 인해 잘 동작합니다. 즉, 어떤 숫자가 x > y ≥ 0 이면, 항상 x^2 > y^2를 만족합니다. 그렇기 때문에, 만약 추측값 a가 a**2 > x이면, 우리는 a 보다 큰 값에 대해서는 살펴볼 필요가 없습니다. 퍼즐 5 유리 구슬 문제에서, 우리는 동일한 내용을 가정한 뒤에 해결했었습니다. 우리가 구슬을 f층에서 떨어뜨렸을 때 깨진다면, 그 보다 높은 어떤 층에서 떨어뜨리더라도 똑같이 깨진다고 가정했었습니다. 마찬가지로 f층에서 구슬이 깨지지 않는다면, 그보다 낮은 어떤 층에서 떨어뜨려도 구슬은 깨지지 않는다고 했습니다.

연속된 값들로 이루어진 구간에 대한 이분 탐색은 우리가 이제 살펴볼 연속되지 않은 값들의 이분 탐색과 직접적으로 연관되어 있습니다.

우리가 숫자들로 이루어진 리스트를 가지고 있고, 이 리스트 안에 특정 숫자가 있는지 없는지 알고 싶습니다. 이렇게 코딩한다면, 우리는 myList 리스트 안에 member 값을 포함하고 있는지 알 수 있습니다.

```
member in myList
```

어떻게 동작하는 것일까요? 한 가지 방법은 아래 코드처럼 myList 안에 있는 값들을 순서대로 살펴보고, member와 같은지 확인하는 것입니다.

```
1.  NOTFOUND = -1
2.  Ls = [2, 3, 5, 7, 11, 13, 17, 19, 23, 29, 31, 37, 41, 43, 47,
          53, 59, 61, 67, 71, 73, 79, 83, 89, 97]
3.  def lsearch(L, value):
4.      for i in range(len(L)):
5.          if L[i] == value:
6.              return i
7.      return NOTFOUND
```

lsearch (Ls, 13) 을 수행하면 5가 출력되는데, Ls [5] = 17 이기 때문입니다. 파이썬에서 리스트의 위치값은 항상 0부터 시작한다는 것을 기억해주시기 바랍니다.

lsearch (Ls, 26) 을 실행하면 우리는 NOTFOUND를 받게 됩니다. 최악의 경우, 리스트 L에 숫자가 없는 경우, 우리는 **len** (L) 개의 원소들을 살펴봐야 합니다. 위의 코드처럼 **for**문에서 i를 증가시키는 것은 findSquareRootWithinError 함수에서 반복적 탐색을 하기 위해 increment만큼 값을 증가시키는 것과 비슷합니다.

우리는 좀 더 잘할 수 있습니다. 좀 더 적은 원소들만 살펴보고 어떤 숫자가 리스트에 있는지 없는지를 알아낼 수 있습니다. 만약 위의 예제처럼 리스트가 정렬되어 있다면 우리는 더더욱 잘할 수 있습니다.

정렬은 우리에게 단조성을 부여하기 때문에, 우리는 이분 탐색을 활용할 수 있습니다. 우리는 위의 예제에 제시된 Ls 리스트를 사용해서, 이분 탐색 알고리즘이 어떻게 동작할지 함수의 입력변수 L로 표현해서 살펴보겠습니다.

1. 우리는 26을 리스트에서 찾으려고 합니다. 먼저 리스트의 중간값인 L[12]인 41을 찾습니다. 41 〉 26 이기 때문에, 우리는 리스트에서 41 뒤에 나오는 값들은 26이 될 수 없는 것을 알 수 있습니다. 리스

트 L에서, 11 또는 그 이전의 위치에 찾는 값이 있습니다.

2. 다음으로 L[5]를 보면 13입니다. 13 < 26 이기 때문에, 우리는 L[6] 과 L[11] 사이의 값들을 찾아보아야 합니다.

3. L[8]을 보면 23입니다. 23 < 26 이기 때문에, 우리는 L[9] 와 L[11] 사이의 값들을 살펴봐야 합니다.

4. L[10]은 31입니다. 31 > 26 이기 때문에, 10 보다 앞에 위치하는 값들을 살펴봐야 합니다.

5. 마지막으로 남은 L[9]를 보면, 값은 29입니다. 즉, 우리가 찾는 값은 리스트에 없기 때문에 NOTFOUND를 출력해야 합니다.

26이 리스트 L 안에 없다는 것을 결정하기 위해 L[i]에 해당하는 25개 원소를 모두 살펴보는 대신 5개의 원소만 살펴보면 됩니다. 일반적인 리스트 L에 대해, 어떤 숫자가 리스트에 있는지 없는지 결정하기 위해 우리는 최악의 경우라도 $\log_2 \text{len}(L)$ 만큼만 살펴보면 됩니다. $\text{len}(L) = 25$ 의 경우는, 다음으로 큰 2의 지수를 선택해야 하므로 여기서는 32를 선택하면, $\log_2 32 = 5$ 입니다.

이번에는 리스트 Ls에서 29를 찾아보겠습니다. 리스트의 이름은 함수의 입력변수로 쓰인 L 로 똑같이 하겠습니다.

1. 중간값인 L[12]를 보면 41입니다. 41 > 29 입니다.

2. L[5]는 17입니다. 17 < 29 입니다.

3. L[8]은 23입니다. 23 < 29 입니다.

4. L[10] 은 31입니다. 31 > 29 입니다.

5. L[9]는 29이고, 위치값 9를 출력합니다(만약 L[9]의 값이 29가 아니라 28이었다면, 우리는 NOTFOUND를 출력해야 합니다. 왜냐하면 우리는 계속 후보들을 좁혀와서 마지막으로 9만 남았기 때문입니다).

여기 정렬된 리스트에 대한 이분 탐색 코드가 있습니다.

```
1. def bsearch(L, value):
2.     lo, hi = 0, len(L) - 1
3.     while lo <= hi:
4.         mid = (lo + hi) // 2
5.         if L[mid] < value:
6.             lo = mid + 1
```

```
7.              elif value < L[mid]:
8.                  hi = mid - 1
9.              else:
10.                 return mid
11.     return NOTFOUND
```

사실 구간 이분 탐색의 코드와 매우 비슷합니다. 검색 구간이 처음에는 전체 리스트(2번째 줄)이고, 시작과 끝 위치값이 lo, hi로 표현됩니다. **while** 문은 3번째 줄에서 시작되는데, 구간에 최소 한 개 이상의 원소가 있다면 탐색이 계속됩니다. 만약 L[mid] 값이 우리가 찾는 값이라면, 우리는 그대로 출력하면 됩니다. lo와 hi가 같은 값일 때, 즉 구간 내에 남은 원소가 한 개일 경우 마지막 반복을 수행합니다. 값을 찾게 되거나 또는 lo가 hi 보다 커지게 됩니다.

마지막으로, 정수 나눗셈이 쓰인 mid = (lo + hi)//2 에 주의하기 바랍니다. 여기서 남는 소수점 부분은 잘려나갑니다. 그래서 lo = 7이고 hi = 8인 경우, 우리는 mid = 7을 얻게 됩니다. 앞서 봤던 두 가지 예시 모두 bsearch 함수에서도 잘 수행됩니다.

7-4   삼분 탐색?

이분 탐색의 의미는 한 번의 비교 연산을 통해 탐색 구간을 나누는 것입니다. 구간 [0, n-1]이 주어졌을 때 L[n//2] 의 값을 살펴보고, 그 다음 [0, n//2-1] 을 볼지 [n//2+1, n-1] 을 볼지 결정합니다. 우리는 두 점을 선택해서 비교해볼 수도 있습니다. 예를 들어 L[n//3] 과 L[2n//3] 을 선택하고 두 번의 비교 연산을 통해 탐색 구간을 1/3으로 줄일 수 있습니다. 최악의 경우 이분 탐색의 비교 연산 횟수는 $\log_2 n$이고, 삼분 탐색은 $2 \log_3 n$으로 더 큽니다. 삼분 검색은 가짜 동전 문제(퍼즐 6)에서는 유용했는데, 그 이유는 한 번의 저울질(비교 연산)을 통해 원래 구간을 1/3로 줄일 수 있었기 때문입니다.

연습문제

연습 1 우리가 앞서 작성한 bisectionSearchForSquareRoot 함수에서 x = 0.25 또는 x < 1 − epsilon인 어떠한 수를 고르더라도 실행에 실패합니다. 정확히 말하면 프로그램이 끝나지 않습니다. 이 원인을 파악하고 수정해주세요.

> **힌트:** 0.25 의 제곱근이 무엇인지 생각해보고, 프로그램이 탐색하는 범위에 대해 고민해보기 바랍니다.

연습 2 bsearch 함수를 수정해서 구간의 길이에 따라 반복적 순차 탐색을 수행될 수도 있도록 하는 입력변수를 받을 수 있게 해주세요. 현재 함수는 마지막 원소를 찾을 때까지 이분 검색을 계속하고 있습니다. 하지만, 분할을 하지 않을 때 더 빠를 수도 있습니다. 만약 [lo, hi] 구간에서 lo와 hi가 충분히 가깝다면, 순차적으로 검색하는 것이 더 빠릅니다. 수정된 함수에서는 hi − lo 가 주어진 입력변수의 값보다 작을 경우에는 순차 탐색을 할 것입니다.

연습 3 이분 탐색 프로그램을 수정해서 주어진 오차범위(예를 들어 0.01) 내에서 $x^3 + x^2 - 11$의 해를 찾는 프로그램을 작성해보세요. 여러분은 [−10, 10] 과 같이 x 축을 교차하는 구간을 먼저 결정해야 합니다.

퍼즐 08_
누가 저녁 파티에
오지 않게 될까?

내 친구와 나는 예전에 우리가 싸웠었는지 싸우지 않았었는지에 대해
두 시간동안 싸우고 있다.

작자 미상

이번 퍼즐에 쓰이는 프로그래밍 구조 및 알고리즘:

- 리스트 합치기

- 완전 탐색과 인코딩 조합

여러분은 많은 친구들이 있고, 또 친구들과 놀기도 좋아합니다. 아쉽게도 여러분의 모든 친구들이 서로 친한 것은 아닙니다. 사실은 일부는 누군가를 너무 싫어하기도 합니다. 여러분이 저녁 파티를 열었을 때, 괜한 싸움이 생기지 않기를 바랍니다. 그래서 여러분은 서로 주먹다짐을 하거나, 심한 말싸움을 할 수도 있는 친구들을 초대해서 파티를 망치지 않게 하려고 합니다. 그러나 기쁨은 나누면 두 배라고 했듯이, 최대한 많은 친구들을 초대하고 싶습니다.

여러분이 해야 할 일에 대한 아이디어를 얻기 위해, 여러분의 친구 관계를 그래프로 표시해보겠습니다. 그래프의 각 꼭짓점은 여러분의 친구들 중 하나입니다. 또한 그래프 안에는 두 꼭짓점을 연결하는 변이 있습니다. 만약 Alice가 Bob을 싫어한다면, Alice 꼭짓점과 Bob 꼭짓점 사이에 변을 그립니다. 주의할 점은, Bob은 남몰래 Alice를 좋아할 수도 있고 아니면 서로 싫어할 수도 있다는 것입니다. 어쨌든지간에, 여러분은 Alice와 Bob을 함께 집으로 초대하지는 않을 것입니다. Alice와 Bob 꼭짓점들 사이의 변은 둘 중 하나가 다른 하나를 싫어하거나, 혹은 서로 싫어하는 것을 의미합니다.

여러분의 친구 관계를 아래처럼 표현해보겠습니다.

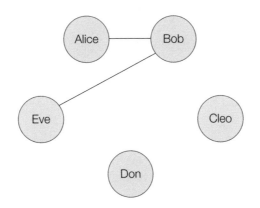

초대할 친구들의 총 수는 다섯입니다. 하지만, 위의 그래프에서 서로 싫어하는 관계를 표현하는 두 개의 변이 있이 있습니다. 여러분은 Alice와 Bob을 함께 초대할 수 없고, 또 Bob과 Eve를 함께 초대할 수 없습니다. 위의 싫어하는 관계는 다른 싫어하는 관계들과 서로 연관성이 없습니다. 위의 그래프에서 Alice가 Bob을 싫어하고 Bob은 Eve를 싫어하지만, Alice는 Eve와 같이 있어도 좋고, Eve도 Alice와 같이 있어도 좋습니다. 만약 Eve가 Alice를 싫어한다면, 또는 그 반대라면, Eve와 Alice 사이의 변이 있었을 것입니다. 좋아하고 싫어하는 것은 예측할 수 없는 것입니다. 정말 실제 세상의 일처럼요!

Cleo와 Don은 확실하게 선택됩니다. 왜냐하면 아무도 초대하지 못하도록 방해하는 사람이 없기 때문입니다. 만약 Bob을 초대하면, 여러분은 Alice와 Eve를 초대하지 못하게 됩니다. 만약 Bob을 초대하지 않는다면, 여러분은 네 명의 친구 Cleo, Don, Alice 그리고 Eve를 초대할 수 있습니다. 이 네 명이 여러분의 친구 관계에서 저녁 파티에 가장 많이 초대할 수 있는 경우입니다.

임의의 복잡한 친구 관계가 주어졌을 때(예를 들어 아래처럼), 저녁 파티에 초대할 수 있는 서로 친한 친구들의 최대 숫자가 몇 명인지 찾아낼 수 있는 알고리즘을 생각해낼 수 있을까요?

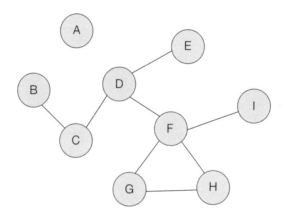

8-1 첫 시도

우리는 우선 탐욕적 접근이라 불리는 방법을 사용해보려고 합니다. 이 퍼즐에 탐욕법을 적용해서 우리는 싫어하는 관계가 가장 적은 친구부터 선택할 것입니다. 즉, 연결된 변의 수가 가장 작은 꼭짓점을 선택합니다. 한 친구가 선택되면, 선택된 친구와 싫어하는 관계에 있는 다른 친구들을 전부 후보에서 제거합니다. 이런 방식으로 모든 친구들이 선택되거나 혹은 제거될 때까지 진행합니다.

첫 번째 예시에서, 탐욕법을 적용하면 Cleo와 Don이 우선 선택됩니다. 아무런 연결이 없기 때문입니다. 다른 어떤 친구들도 제거되지 않았습니다. 그리고 우리는 한 개의 연결된 변을 가지는 Alice 혹은 Eve를 선택합니다. Bob은 두 개의 연결된 변이 있기 때문에 우선 대상이 아닙니다. Alice를 고르든 Eve를 고르든, Bob은 제거됩니다. 선택되지 않은 친구 한 명이 남고, 이제 바로 다시 뽑으면 됩니다. 탐욕법을 적용해 친구를 선택하는 순서를 살펴보면 아래와 같습니다.

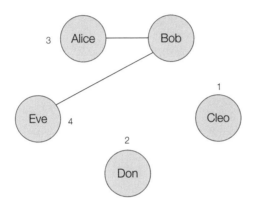

이번에는 아래와 같은 문제가 있습니다. 여러 개의 꼭짓점(친구)이 두 개의 변에 연결되어 있고, 탐욕법을 적용하면 첫 선택은 C가 됩니다.

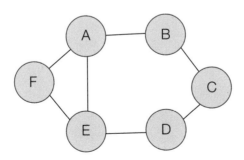

C를 고르면 B와 D는 제거됩니다. 그 후 A, E 또는 F 중에 하나만 선택할 수 있습니다. 왜냐하면 그 중 누구를 택하더라도 나머지 둘이 제거되기 때문입니다. 하지만 사실 최대로 선택할 수

있는 친구는 B, D, F 세 명입니다.

탐욕법은 이 퍼즐에서 완벽한 정답을 보장하지 않습니다. 이 책에서 우리는 탐욕법이 잘 동작하거나 혹은 동작하지 않는 문제들에 대해 다루어볼 것입니다.

8-2 항상 가장 많은 경우 선택하기

완전 탐색을 통해 항상 최선의 결과를 보장하는 방법을 아래 정리했습니다.

1. 싫어하는 관계를 우선은 생각하지 말고, 저녁 파티에 초대할 수 있는 친구들의 가능한 모든 조합을 생성합니다.
2. 각 조합에 싫어하는 관계에 있는 친구들이 같이 들어있는지 확인하고, 그렇다면 해당 조합을 제거합니다.
3. 남아있는 가능한 조합들 중 가장 많은 사람이 포함된 조합을 찾습니다. 이것이 바로 최선의 결과입니다. 여기에는 같은 수의 친구들을 가진 여러 조합이 있을 수 있습니다.

처음 살펴봤던 여러분의 다섯 명의 친구 관계 그래프를 통해 위의 방법을 단계별로 진행해봅시다.

1. n명의 친구들이 주어졌을 때, 우리는 각 친구들을 초대하거나 초대하지 않을 수 있습니다. 각 친구별로 2개의 선택이 있으므로, 총 2^n개의 다른 조합이 존재합니다. 이 조합들 중에 하나는 모든 친구들을 초대하는 경우이고, 하나는 모든 친구들을 초대하지 않는 경우입니다. 여러분의 친구 관계에서, n=5일 때, 32개의 다른 친구 조합이 아래 나열한 것처럼 존재합니다. 간단하게 적기 위해 친구들의 첫 글자를 따서 'Alice' 는 A, 'Bob' 은 B와 같이 표현했습니다.

```
[]
[A] [B] [C] [D] [E]
[A, B] [A, C] [A, D] [A, E] [B, C] [B, D] [B, E] [C, D] [C, E] [D, E]
[A, B, C] [A, B, D] [A, B, E] [A, C, D] [A, C, E] [A, D, E] [B, C, D] [B, C, E]
[B, D, E] [C, D, E]
[A, B, C, D] [A, B, C, E] [A, B, D, E] [A, C, D, E] [B, C, D, E]
[A, B, C, D, E]
```

2. 좋아하지 않는 관계에 있는 친구들은 [A, B] 그리고 [B, E] 입니다. 우리는 A와 B를 동시에 가지고 있
는 어떤 조합도 선택할 수 없고, 마찬가지로 B와 E를 동시에 가지고 있는 조합도 선택할 수 없습니
다. 그 결과로 아래와 같은 조합들만 남게 됩니다.

```
[]
[A] [B] [C] [D] [E]
[A, B] [A, C] [A, D] [A, E] [B, C] [B, D] [B, E] [C, D] [C, E] [D, E]
[A, B, C] [A, B, D] [A, B, E] [A, C, D] [A, C, E] [A, D, E] [B, C, D] [B, C, E]
[B, D, E] [C, D, E]
[A, B, C, D] [A, B, C, E] [A, B, D, E] [A, C, D, E] [B, C, D, E]
[A, B, C, D, E]
```

3. 남겨진 가능한 조합들 중, 다섯 명이 모두 포함된 조합은 없지만, 네 명이 포함된 [A, C, D, E] 가 있
습니다. 그러므로 우리는 이것을 고르고 Alice, Cleo, Don 그리고 Eve를 초대합니다.

위 방법은 탐욕법으로는 정답을 고르는데 실패했던 두 번째 예제에서도 정확하게 최대 인원인
[B, D, F] 를 선택하게 합니다.

이제 우리는 위 알고리즘을 코드로 구현해야 합니다. 체계적으로 모든 조합을 생성해내고, 친
하지 않는 조합을 제거하고, 마지막으로 가장 많은 친구들을 포함하는 조합을 선택합니다. 우
리는 차례대로 각 단계의 코드를 살펴볼 것입니다.

8-3 모든 조합 생성하기

문자열, 꼭짓점 또는 사람들의 집합에서 가능한 모든 조합(혹은 부분조합)을 찾아내는 방법은
여러가지가 있습니다. 우리는 각 조합을 0부터 2^n-1 사이의 숫자로 표현하는 방법을 살펴보려
고 합니다. 먼저, 첫 번째 친구가 조합에 포함되었는지 아닌지는 1bit로 표현해서 0 또는 1로
나타냅니다. 다른 친구들도 동일한 방식으로 조합 내의 존재 여부를 표현합니다. 그 결과, 모두
0인 문자열은 어떤 친구도 조합 내에 포함되어있지 않기 때문에 빈 조합입니다. 만약 모든 친
구들이 조합에 포함되어 있다면, 이 조합은 모두 1인 문자열로 표현합니다. A, B, C, D, E 순
서대로 친구들이 있을 때, 아래는 몇몇 조합이 어떻게 표현되는지에 대한 예시입니다. 조합과

문자열, 문자열을 이진수로 볼 때 십진수에 해당하는 값을 같이 적어놓았습니다.

```
[]                  00000       0
[A, B]              11000       24
[B, C, D]           01110       14
[A, B, C, D, E]     11111       31
```

모든 조합을 생성하기 위해, 우리는 0부터 2^n-1 사이의 숫자들을 순회하면서, 친구들이 들어 있는 리스트의 오른쪽부터 왼쪽으로 진행하며 조합에 포함시킵니다.

```
1.  def Combinations(n, guestList):
2.      allCombL = []
3.      for i in range(2**n):
4.          num = i
5.          cList = []
6.          for j in range(n):
7.              if num % 2 == 1:
8.                  cList = [guestList[n - 1 - j]] + cList
9.              num = num//2
10.         allCombL.append(cList)
11.     return allCombL
```

이 함수는 친구들의 수와 함께 친구들의 리스트를 입력으로 받습니다. 우리의 예제에서 n=5, guestList=['A', 'B', 'C', 'D', 'E'] 가 됩니다. 우리는 0부터 2^n-1까지의 숫자들로 1씩 증가시키면서 2^n 번 반복문을 수행합니다.

i의 값이 주어졌을 때, i의 값을 num에 복사한 뒤, 그 값에 해당하는 n자리의 이진수 문자열을 생성해야 합니다. 복사를 해야 하는 이유는 num의 값을 변경하는 연산을 수행하기 위해서입니다. 복사하지 않았다면 i의 값을 변경해야 하는데, **for** 문에 의해 변경되는 변수를 반복문 안에서 다시 변경하는 것은 예측하지 못한 결과를 나오게 할 수 있기 때문에, 절대 하지 않는 것이 좋습니다. 6번째 줄부터 시작되는 안쪽 **for** 문에 의해 n자리의 이진수 문자열이 생성됩니다. 아래는 숫자 24가 어떻게 위 코드를 통해 이진수 문자열로 변경되는지 보여줍니다. 우리는 나머지 연산을 사용합니다.

```
24 % 2 = 0      24//2 = 12
12 % 2 = 0      12//2 = 6
 6 % 2 = 0       6//2 = 3
 3 % 2 = 1       3//2 = 1
 1 % 2 = 1       1//2 = 0
```

이진수 문자열의 각 자리에 해당하는 수가 생성되는데, 점점 자릿수가 높아지는 순서대로 출력됩니다. 즉, 우리는 아래부터 위로 읽어야 하고, 그 결과는 11000입니다. 이로부터 왜 8번째 줄에서 guestList의 위치값을 n − 1 − j 로 했는지를 이해할 수 있습니다. 가장 큰 자릿수의 수가 guestList의 첫 번째 원소(우리의 예제에서는 A)에 해당하기 때문입니다. 그리고 우리는 cList에서도 guestList에 있는 원소들의 순서대로 저장하고 싶습니다. ['B', 'A'] 로 저장하는 게 아니라 ['A', 'B'] 로 저장하고 싶습니다. 그를 위해 우리는 친구들이 포함된 리스트를 + 연산으로 순서에 맞춰서 합칩니다. guestList[n − 1 − j] 좌우에 씌워져 있는 []를 꼭 확인해주시기 바랍니다. 만약 []를 씌우지 않은채로 문자열과 리스트를 합치려고 한다면, 프로그램을 실행할 때 에러가 발생할 것입니다. 이 순서대로 합치면 방금 구한 guestList의 원소가 cList의 앞에 위치하게 됩니다.

cList는 5번째 줄의 바깥쪽 **for** 문의 시작 부분에서 항상 초기화됩니다. 그리고 다시 채워지고 10번째 줄에서 allCombL에 추가됩니다.

8-4 친하지 않는 조합 제거하기

알고리즘의 두 번째 단계는 각 조합을 살펴보고 서로 싫어하는 친구들이 함께 포함되어 있는지를 확인하는 것입니다. 만약 그런 친구들이 함께 들어있다면, 그 조합은 버려져야 합니다. 아래 코드는 이 과정을 수행합니다.

```
1. def removeBadCombinations(allCombL, dislikePairs):
2.     allGoodCombinations = []
3.     for i in allCombL:
```

```
4.          good = True
5.          for j in dislikePairs:
6.              if j[0] in i and j[1] in i:
7.                  good = False
8.          if good:
9.              allGoodCombinations.append(i)
10.     return allGoodCombinations
```

3번째 줄에서 시작하는 바깥쪽 for 문에서 각 조합을 순회합니다. 그리고 서로 싫어하는 관계에 관해서 순회합니다. 각각의 싫어하는 관계는 리스트로 표현되고, 두 명의 친구를 담고 있습니다. 우리의 예시에서 싫어하는 관계는 ['A', 'B'] 와 ['B', 'E'] 가 있습니다. 어떤 조합에 'A' 와 'B'가 함께 들어있다면, 우리는 이 조합을 버려야 합니다. 6번째 줄에서 이것을 확인합니다. 또한 조합 안에 'B'와 'E'가 함께 있는지도 확인해야 합니다. 만약 우리가 j in i 로 확인한다면, 이 결과는 항상 False가 됩니다. ['A', 'B'] in ['A', 'B', 'C', 'D', 'E'] 는 항상 False가 되는데, 그 이유는 j in i 는 리스트 i 안에 한 개의 원소로서 j가 있는지 아닌지를 확인하기 때문입니다. 리스트 j = ['A', 'B'] 가 ['A', 'B', 'C', 'D', 'E'] 의 원소가 아닙니다. j 리스트의 각각의 원소가 i에 속해있더라도 j가 i의 한 개의 원소는 아닙니다(['A', 'B'] in [['A', 'B'], 'C', 'D', 'E'] 는 True 가 나옵니다).

8-5 최대 조합 고르기

마지막으로, 우리는 저녁에 초대하기 위해 가장 많은 친구들이 포함된 조합을 찾아야 합니다. 초대할 조합을 찾기 전에 2번째부터 3a번째까지 먼저 작성한 두 개의 함수를 실행합니다.

```
1.  def InviteDinner(guestList, dislikePairs):
2.      allCombL = Combinations(len(guestList), guestList)
3.      allGoodCombinations = \
3a.         removeBadCombinations(allCombL, dislikePairs)
4.      invite = []
```

```
5.      for i in allGoodCombinations:
6.          if len(i) > len(invite):
7.              invite = i
8.      print ('Optimum Solution:', invite)
```

4 - 7번째 줄에서 남겨진 좋은 조합들을 순회하면서 가장 많은 친구들이 포함된 조합을 고릅니다. 최대의 수를 가진 조합 중 먼저 찾아진 결과가 출력됩니다. 파이썬에는 리스트를 조작하고 처리하는 많은 내장 함수가 있는데, 이를 이용해 4 - 7번째 줄을 다음과 같이 바꿀 수도 있습니다.

```
4a.     invite = max(allGoodCombinations, key=len)
```

max는 파이썬 내장 함수로서, 입력된 리스트 중 가장 큰 값을 찾아서 출력합니다. 여러분은 key를 지정할 수 있는데, 두 원소를 비교하는데 쓰이는 함수입니다. 우리가 필요한 key는 바로 len 함수입니다.

아래 코드를 실행하면,

```
dislikePairs = [['Alice','Bob'], ['Bob','Eve']]
guestList = ['Alice', 'Bob', 'Cleo', 'Don', 'Eve']
InviteDinner(guestList, dislikePairs)
```

다음과 같이 출력됩니다.

```
Optimum Solution: ['Alice', 'Cleo', 'Don', 'Eve']
```

이 결과는 우리가 이미 손으로도 구해봤던 결과입니다. 이 코드를 작성한 동기는 좀 더 복잡한 문제, 예를 들면 이전에 봤던 아홉 개의 꼭짓점을 가진 그래프와 같은 문제를 풀어보기 위함입니다. 아래 코드를 실행하면,

```
LargeDislikes = [['B', 'C'], ['C', 'D'], ['D', 'E'], ['F', 'G'],
                 ['F', 'H'], ['F', 'I'], ['G', 'H']]
```

```
LargeGuestList = ['A', 'B', 'C', 'D', 'E', 'F', 'G', 'H', 'I']
InviteDinner(LargeGuestList, LargeDislikes)
```

다음과 같이 출력됩니다.

```
Optimum Solution: ['A', 'C', 'E', 'H', 'I']
```

8-6 메모리 사용량 최적화하기

위에서 우리가 작성했던 코드는 n이 친구들의 수일 때 2^n 길이의 리스트를 저장합니다. n이 크다면, 이것은 메모리를 매우 많이 필요로 합니다. 이 문제에 대해서, 우리는 친구들의 조합을 모두 살펴보아야 하고, 살펴보아야 할 조합들의 수가 기하급수적으로 늘어나는 것을 피할 수 없습니다. 하지만 우리는 쉽게 지수단위로 늘어나는 리스트를 메모리에 저장하는 것을 피할 수는 있습니다.

저장을 피하는 방법은 간단합니다. 우리는 이전에 한 것처럼 가능한 모든 조합을 생성합니다. 이 결과를 리스트에 저장하는 것이 아니라, 우리는 이전에 했던 것과 같은 방식으로 즉시 생성된 조합이 좋은지 나쁜지를 판단합니다. 만약 좋다면, 지금까지의 결과로 최선이었던 최대 길이의 조합과 비교하고 필요하다면 최선의 결과를 갱신합니다.

아래 최적화된 코드가 있습니다. 여러분은 모든 내용을 이해할 수 있습니다. 지금까지 봤던 코드들이니까요!

```
1. def InviteDinnerOptimized(guestList, dislikePairs):
2.     n, invite = len(guestList), []
3.     for i in range(2**n):
4.         Combination = []
5.         num = i
6.         for j in range(n):
7.             if (num % 2 == 1):
```

```
 8.                Combination = [guestList[n-1-j]] + Combination
 9.             num = num // 2
10.        good = True
11.        for j in dislikePairs:
12.            if j[0] in Combination and j[1] in Combination:
13.                good = False
14.        if good:
15.            if len(Combination) > len(invite):
16.                invite = Combination
17.    print('Optimum Solution:', invite)
```

6 - 9번째 줄에서 num = i 에 해당하는 조합을 생성합니다. 10 - 13번째 줄에서 이 조합이 좋은지 나쁜지를 결정합니다. 마지막으로, 14 - 16번째 줄에서 만약 현재 조합이 더 많은 친구들을 포함하고 있다면, 지금까지의 최선의 결과를 갱신합니다. 주의할 점은, 우리가 파이썬 내장함수 **max**를 쉽게 최대 길이 조합을 구했던 방법은 위의 최적화된 코드에서는 사용할 수 없습니다. 리스트에 전체 조합을 저장하지 않기 때문입니다.

8-7 알고리즘 활용

우리의 저녁 파티 문제는 최대 독립 집합(Maximum Independent Set, MIS)이라고 불리는 잘 알려진 문제로서, 주어진 그래프의 꼭짓점과 변에서 서로 인접하지 않는 꼭짓점들의 최대 집합을 찾는 것입니다. MIS를 풀어야 하는 몇 가지 상황들이 있습니다. 예를 들어, 프랜차이즈 상점들을 새로운 지역에 내려고 하는데, 두 지점이 서로 경쟁하지 않도록 가까이 있지 않게 하려고 합니다. 상점을 낼 수 있는 위치를 꼭짓점으로 하는 그래프를 만들고, 만약 두 위치가 어느 정도 가까이 있어서 서로 간섭할 수 있다면, 변을 연결합니다. MIS는 이 지역에 같은 상점끼리 경쟁하지 않으면서 가장 많은 지점을 낼 수 있는 방법을 알려줄 수 있습니다.

MIS는 어려운 문제입니다. 최대 집합을 보장하는, 우리가 작성한 코드를 포함해서 현재까지 알려진 모든 알고리즘은 꼭짓점의 수에 지수적으로 비례하는 시간이 소요됩니다. 만약 누군가 이 문제를 꼭짓점의 수에 대해 다항식으로 비례하는 실행 시간을 가지는 효율적인 알고리즘을 발견한다면, 그 사람은 지금까지 아무도 풀지못한 밀레니엄 문제 중 하나를 해결하게 되고, 상금으로 100만 달러를 받게 됩니다.

만약 우리가 절대적인 최대 독립 집합에 관심이 있지 않다면, 우리는 싫어하는 관계가 가장 적은 친구를 반복적으로 선택하는 탐욕법을 통해 몇 번의 그래프 탐색만으로 문제를 빠르게 해결할 수 있습니다.

퍼즐 연습 1 ▶ 일반적으로 모든 사람이 그렇듯이, 여러분도 다른 친구들보다 더 좋아하는 친구들이 있습니다. 여러분의 애정도에 따라 친구들에게 점수를 매겨서, 단순히 친구들의 이름만이 아니라 점수와 함께 아래와 같은 리스트를 만들었습니다.

```
dislikePairs = [['Alice','Bob'], ['Bob','Eve']]
guestList = [('Alice', 2), ('Bob', 6), ('Cleo', 3),
             ('Don', 10), ('Eve', 3)]
```

원래의 코드 또는 최적화된 코드를 수정해서 가장 애정도의 합이 높은 친구들의 조합을 초대하도록 해보세요. 위의 예제에서, 여러분은 Alice와 Eve의 조합보다 Bob을 더 좋아하기 때문에, 애정도를 고려하지 않았을 때와는 다른 결과가 나오게 될 것입니다.

연습 2 ▶ 우리가 작성했던 풀이법의 한 가지 단점은 효율성입니다. 우리는 n명의 친구에 대해 2^n개의 조합을 생성합니다(n=20일 경우, 백만이 넘습니다). 첫 번째 예제에서, 우리는 어느 누구도 싫어하지 않는 두 명의 친구 Cleo와 Don이 있었습니다. 친구 관계 그래프에서 Cleo와 Don에 해당하는 꼭짓점에는 연결된 변이 없었습니다.

Cleo와 Don은 성격이 무난하기 때문에 어느 누가 저녁 파티에와도 잘 어울릴 수 있습니다. 그래서 우리는 Cleo와 Don을 뺀 나머지 세 명으로 친구 리스트를 줄일 수 있고, 그것으로 조합들을 생성하고, 친하지 않은 관계를 포함하는 조합을 제거하고, 최대 친구 리스트를 선택합니다. 그 결과는 다음과 같이 코드를 실행하면,

```
dislikePairs = [['Alice','Bob'], ['Bob','Eve']]
guestList = ['Alice', 'Bob', 'Eve']
InviteDinner(guestList, dislikePairs)
```

우리는 아래와 같은 결과를 얻을 것입니다.

```
Optimum Solution: ['Alice', 'Eve']
```

그리고 마지막에 Cleo와 Don을 결과에 더합니다. 이 방법은 같은 결과를 만들지만, 우리는 2^5개가 아닌 2^3개의 조합만 생성하면 됩니다. 비슷하게, 앞서 봤던 규모가 큰 예제에서 'A'를 뺀 아홉 개 꼭짓점에 대해 먼저 계산한 뒤 나중에 더할 수 있습니다. 왜냐하면 이 꼭짓점은 연결된 변이 없기 때문입니다.

원래의 코드를 수정해서, 또는 앞의 퍼즐 연습 1에서 했던 애정도를 반영하는 여러분들의 코드를 작성해서 이 최적화를 구현해보세요. 즉, 싫어하는 관계를 통해 친구 리스트를 줄이는데, 싫어하는 관계에 아예 들어있지 않은 친구들을 제거해야 합니다. 그리고 마지막에 얻은 초대할 친구 조합에 더하면 됩니다.

퍼즐 연습 3 싫어하는 관계에 있는 한 쌍의 친구들을 초대할 경우에는 테이블의 반대편에 앉혀서 싸움이 일어나지 않도록 조정할 수 있다고 합시다. 대신 여러분이 가운데 앉아있어야만 합니다. 원래의 코드 또는 최적화된 코드를 수정해서 저녁 파티에 초대할 수 있는 최대의 친구의 수 또는 애정도를 계산해보세요. 주의할 점은 서로 싫어하는 관계에 있는 두 쌍의 친구들은 초대해서는 안됩니다. 두 쌍의 친구들 안에 한 명이 공통적으로 있다고 하더라도 안됩니다.

예를 들어, 다음과 같이 주어졌다고 하겠습니다.

```
LargeDislikes = [['B', 'C'], ['C', 'D'], ['D', 'E'],
                 ['F', 'G'], ['F', 'H'], ['F', 'I'],
                 ['G', 'H']]
LargeGuestList = [('A', 2), ('B', 1), ('C', 3),
                  ('D', 2), ('E', 1), ('F', 4),
```

```
                    ('G', 2), ('H', 1), ('I', 3)]
```

여러분이 작성할 코드를 다음과 같이 실행시킨다면,

```
    InviteDinnerFlexible(LargeGuestList, LargeDislikes)
```

아래와 같은 결과가 나와야 합니다.

```
    Optimum Solution: [('A', 2), ('C', 3), ('E', 1),
                       ('F', 4), ('I', 3)]
    Weight is: 13
```

F와 I는 서로 싫어하는 관계이고, 테이블의 양 끝에 앉게 해야 합니다.

퍼즐 09_
영재 발굴단

저는 특별한 재능이 있는 것이 아닙니다.
그저 호기심이 많았을 뿐입니다.

Albert Einstein

이번 퍼즐에 쓰이는 프로그래밍 구조 및 알고리즘:

• 리스트를 통한 2차원 테이블 표현하기

여러분은 "영재 발굴단"이라는 티비 프로그램을 맡아서 진행하게 되었습니다. 그래서 여러분은 프로그램에 출연할 재능있는 아이들을 모집하였고, 그 가운데 옥석을 가리기 위해 오디션을 개최하기로 했습니다. 아이들마다 각자 몇몇 종류의 재능(꽃꽂이, 춤, 스케이트보드 등)을 가지고 있고, 여러분은 오디션을 통해 아이들의 재능을 확인하려고 합니다. 아쉽게도 대다수의 아이들은 여러분의 기대에 미치지는 못했지만, 일부는 여러분을 만족시키기도 했습니다. 자, 이제 오디션을 마치고 여러분은 최소한 한 가지 이상의 재능을 가지고 있는 아이들을 최종 후보로 추려냈습니다.

이 프로그램에서 여러분은 다양한 종류의 재능을 시청자들에게 보여주고 싶어합니다. 매주 꽃꽂이 관련된 재능만 보여준다면 시청률이 좋지는 않을테니까요. 여러분은 지금 최종 후보 리스트와 후보자들이 가지고 있는 재능의 리스트를 가지고 있습니다. 이 리스트를 들고 여러분은 프로듀서에게 가서 최종 결재를 받으려고 했지만, 관심을 끌지 못할만한 재능은 제외하고 비용도 낮추라면서 반려당했습니다. 그래서 여러분은 이 의견을 반영해서 다시 최종 리스트를 만드는 작업에 착수합니다.

비용을 낮추고 시청률을 높이는 최고의 방법은 최소한의 후보를 통해 다양한 재능을 프로그램에서 보여주는 것입니다. 그래서 여러분은 프로그램에서 가장 적은 수의 후보를 통해 모든 종류의 재능을 보여주려고 합니다.

현재 여러분은 아래와 같은 후보 – 재능 테이블을 가지고 있습니다.

후보자 \ 재능	Sing	Dance	Magic	Act	Flex	Code
Aly					✓	✓
Bob		✓	✓			
Cal	✓		✓			
Don	✓	✓				
Eve		✓		✓		✓
Fay				✓		✓

위 테이블에서 여러분은 바로 Aly, Bob, Don, Eve를 최종 후보로 선택할 수 있습니다. 이렇게 4명을 선택하면 모든 재능을 보여줄 수 있습니다. Aly는 Flex와 Code를, Bob은 Dance와 Magic을, Don은 Dance와 Sing을, Eve는 Dance와 Act, Code를 보여줄 수 있습니다. 합쳐서 모두 6가지 재능을 다 보여줄 수 있습니다.

혹시 여러분이 더 적은 수의 후보를 골라서 모든 재능을 보여줄 수 있을까요? 조금 더 일반적으로 말해보면, 주어진 테이블에서 모든 재능(열)을 포함할 수 있도록 최소한의 후보(행)을 어떻게 선택하면 좋을까요? 다른 예시는 아래와 같습니다.

후보자 \ 재능	1	2	3	4	5	6	7	8	9
A				✓	✓		✓		
B	✓	✓						✓	
C		✓		✓		✓			✓
D			✓			✓			✓
E		✓	✓						✓
F							✓	✓	✓
G	✓		✓				✓		

첫 번째 예시에서 사실 여러분은 제가 한 것보다 더 좋은 선택을 할 수 있습니다. Aly, Cal, Eve만 뽑아봅시다. Aly는 Flex와 Code, Cal은 Sing과 Magic, Eve는 Dance와 Act, Code를 보여줄 수 있죠. 모두 합해서 6개의 모든 재능을 포함합니다.

이제 저희는 '퍼즐 8 저녁식사 초대'에서 했던 것과 같은 방법을 사용하려고 합니다. 두 퍼즐은 사실 매우 비슷합니다. 저녁식사 초대에서는 사람의 수를 최대로 뽑으려고 했고, 여기서는 최소로 뽑으려고 하는 것만 다릅니다. 두 퍼즐의 공통점으로서, 모든 가능한 조합을 전부 따져봐야 한다는 것입니다. 이 퍼즐에서는 후보들의 조합을 모두 구하고, 각각의 조합이 모든 재능을 포함하는지 확인하고, 그 조합들 중 가장 작은 것을 골라야 합니다. 다른 공통점으로는 탐욕법은 적용할 수 없다는 것입니다.

두 퍼즐에서 사용할 자료구조는 다릅니다. 이 퍼즐에서는 테이블 정보를 표현해야 하기 때문에 지난 퍼즐에서 사용했던 그래프를 사용할 수는 없습니다. 후보와 재능 테이블은 아래와 같은 자료구조로 표현할 수 있습니다.

```
Talents = ['Sing', 'Dance', 'Magic', 'Act', 'Flex', 'Code']
Candidates = ['Aly', 'Bob', 'Cal', 'Don', 'Eve', 'Fay']
CandidateTalents = [['Flex', 'Code'], ['Dance', 'Magic'],
                    ['Sing', 'Magic'], ['Sing', 'Dance'],
                    ['Dance', 'Act', 'Code'], ['Act', 'Code']]
```

재능 리스트(테이블의 열 정보)와 후보자 리스트(테이블의 행 정보)가 있습니다. 그리고 저희는 리스트를 포함하는 리스트인 CandidateTalents가 있습니다. 바로 이것이 테이블 안의 정보를 표현합니다. 이 안의 리스트 순서는 Candidates 리스트 안의 각 후보자들이 가지고 있는 재능을 표현하는 것이기 때문에 그 순서가 중요합니다. Bob은 Candidates 리스트 안에 2번째에 위치해있고, 그의 재능은 CandidateTalents 리스트의 2번째 값인 Dance와 Magic입니다.

이미 예상하셨겠지만, 두 퍼즐의 코드는 정말 비슷합니다. 이제부터 퍼즐 8에서 최적화시켰던 코드를 기반으로 조금씩 변경해나가면서 이 퀴즈를 풀어보겠습니다.

9-1 조합 하나씩 만들고 테스트하기

아래 코드는 모든 조합을 계산하고, 각 조합이 적합한지 테스트한 뒤, 가장 최소 길이의 조합을 선택합니다.

```
1. def Hire4Show(candList, candTalents, talentList):
2.     n = len(candList)
3.     hire = candList[:]
4.     for i in range(2**n):
5.         Combination = []
6.         num = i
```

```
7.          for j in range(n):
8.              if (num % 2 == 1):
9.                  Combination = [candList[n-1-j]] + Combination
10.             num = num // 2
11.         if Good(Combination, candList, candTalents, talentList):
12.             if len(hire) > len(Combination):
13.                 hire = Combination
14.     print ('Optimum Solution:', hire)
```

4-10번째 줄에서는 num=i 에 해당하는 조합을 생성합니다. 11번째 줄에서는 뒤에서 볼 Good 함수를 사용해서 현재 선택된 조합이 모든 재능을 포함하고 있는지를 확인합니다. 만약 그렇다 면, 지금까지 봤던 조합들 중 가장 좋은 조합과 현재 조합을 비교해보고, 현재 조합이 더 적은 수의 후보를 가지고 있다면 가장 좋은 조합을 갱신합니다(12 – 13번째 줄).

3번째 줄이 퍼즐 8과는 다른 부분입니다. 이전에는 invite = [] 였습니다. 저녁식사 초대 퍼즐 에서 초대할 사람의 수를 최대로 하고 싶었기 때문에, 처음 상태의 가장 좋은 조합인 빈 리스트 를 사용했었습니다. 이 퀴즈에서는 가장 적은 후보를 선택하는 것이 목표이기 때문에, 처음 상 태의 가장 좋은 조합인 모든 후보가 들어있는 리스트로 시작합니다. 이 퍼즐에서 만약 모든 후 보를 선택한다면 모든 재능이 포함된다고 가정할 것입니다. 만약 그렇지 않다면, 단순히 재능 리스트를 재조정해서 이 가정에 맞추면 됩니다.

9-2 재능이 모자란 조합 결정하기

우리는 Hire4Show 함수를 수행해서 주어진 조합이 모든 재능을 만족하는지를 확인합니다. 아 래의 코드에서 보듯이, 우리가 확인해야 할 내용은 퍼즐 8에서 적용했던 것과는 좀 다릅니다.

```
1. def Good(Comb, candList, candTalents, AllTalents):
2.     for tal in AllTalents:
3.         cover = False
4.         for cand in Comb:
5.             candTal = candTalents[candList.index(cand)]
```

```
  6.              if tal in candTal:
  7.                  cover = True
  8.          if not cover:
  9.              return False
 10.      return True
```

2 - 9번째 줄의 **for** 문은 재능 리스트에 있는 각각의 재능을 tal에 담아서 순회합니다. 4번째 줄에서 시작하는 안쪽 **for** 문에서는, 조합의 각 후보자에 대해 candList 안의 후보자의 위치 값을 5번째 줄의 후보자-재능 데이터 구조에서 사용합니다.

우리는 이제 이 후보자의 재능이 2번째 줄에서 시작하는 **for** 문에서 확인하고 있는 재능 tal 을 포함하고 있는지 확인해야 합니다. 6번째 줄에서 이 내용이 수행됩니다. 만약 후보자가 재능 tal을 가지고 있다면, 7번째 줄에서 그것을 기록해둡니다. 그러나 만약 안쪽 **for** 문이 끝날 때까지 재능 tal을 가지고 있는 조합 내의 후보자를 찾지 못했다면, 이 조합은 버려야 합니다. 그러므로 다른 재능에 대해서 확인해보느라 시간낭비하지 말고, 9번째 줄에서 단순하게 바로 **False**를 출력합니다.

만약 어디에서도 **False**가 출력되지 않고 모든 재능을 확인했다면, 조합 내의 후보자들이 모든 재능을 가지고 있는 것을 의미하므로 10번째 줄에서 **True**를 출력합니다.

이 퍼즐의 처음에 들었던 예시를 위 코드로 풀어보겠습니다. 예시 테이블은 아래와 같은 코드로 변경할 수 있습니다.

```
Talents = ['Sing', 'Dance', 'Magic', 'Act', 'Flex', 'Code']
Candidates = ['Aly', 'Bob', 'Cal', 'Don', 'Eve', 'Fay']
CandidateTalents = [['Flex', 'Code'], ['Dance', 'Magic'],
                    ['Sing', 'Magic'], ['Sing', 'Dance'],
                    ['Dance', 'Act', 'Code'], ['Act', 'Code']]
```

다음과 같이 실행시키면,

```
Hire4Show(Candidates, CandidateTalents, Talents)
```

다음과 같이 출력됩니다.

```
              Optimum Solution: ['Aly', 'Cal', 'Eve']
```

정확히 우리가 원하고 예측했던 결과입니다.

만약 다음과 같이 조금 더 큰 두 번째 예시를 실행한다면,

```
    ShowTalent2 = [1, 2, 3, 4, 5, 6, 7, 8, 9]
    CandidateList2 = ['A', 'B', 'C', 'D', 'E', 'F', 'G']
    CandToTalents2 = [[4, 5, 7], [1, 2, 8], [2, 4, 6, 9],
                      [3, 6, 9], [2, 3, 9], [7, 8, 9],
                      [1, 3, 7]]
  Hire4Show(CandidateList2, CandToTalents2, ShowTalent2)
```

다음과 같이 출력됩니다.

```
    Optimum Solution: ['A', 'B', 'D']
```

9-3 알고리즘 활용

이 퍼즐은 일종의 집합 덮개(Set Cover) 문제로서, 수많은 어플리케이션에서 사용됩니다. 예를 들어, 한 자동차 회사가 자신들의 차를 생산하기 위한 모든 부품을 공급받기 위해 가장 적은 수의 업체를 선정해서 회사에서 해야 할 일을 최소화시키고 싶어합니다. 또는 NASA에서 우주로 보내야하는 도구들의 전체 무게를 최소화해서 유지보수 작업에 드는 비용을 줄이고 싶어합니다.

집합 덮개 문제는 어려운 문제입니다. 전체 집합을 포함하는 최소의 후보를 보장하는 모든 알려진 알고리즘은 우리가 작성했던 알고리즘처럼 후보들의 수에 지수적으로 비례하는 시간이 필요합니다. 어떤 의미에서, 집합 덮개 문제는 퍼즐 8의 저녁 파티 퍼즐과 동일합니다.

만약 우리가 무조건 최소의 후보만 선택하는 것에 관심이 없다면, 우리는 탐욕법을 통해 문제를 풀 수 있습니다. 이 방법은 매우 빠릅니다. 즉, 몇 차례의 테이블 탐색만으로 가능합니다. 이 퍼즐에서 탐욕법을 적용하면, 가장 많은 재능을 가진 후보를 먼저 선택합니다. 후보를 선택

하면, 이 후보가 가지고 있는 모든 재능을 테이블에서 제거합니다. 이 방법을 모든 재능이 선택될 때까지 계속합니다.

우리의 두 번째 예제에서 후보자들은 A부터 G까지 있습니다. 먼저 4개의 재능 2, 4, 6, 9를 가지고 있는 C를 선택합니다. 그 결과, 다음과 같이 테이블이 줄어듭니다.

재능 후보자	1	3	5	7	8
A			✓	✓	
B	✓				✓
D		✓			
E		✓			
F				✓	✓
G	✓	✓		✓	

여기서 3개의 재능을 가지고 있는 G를 선택합니다. G를 선택하면, 나머지 후보들은 두 개의 재능을 가지고 있게 됩니다. C와 G를 선택한 뒤, 아래와 같은 테이블을 얻게 됩니다.

재능 후보자	5	8
A	✓	
B		✓
D		
E		
F		✓

재능 5는 후보 A가 가지고 있고, 재능 8은 후보 B, F가 가지고 있습니다. 이렇게 네 후보를 선택할 수 있습니다. 우리는 이 선택이 최적이 아닌 것을 알고 있습니다. 우리의 코드는 세 후보를 결과로 출력해주기 때문입니다.

연습문제

연습 1 우리의 첫 예제에서, Eve는 Fay가 가진 모든 재능을 가지고 있을 뿐만 아니라, 더 가지고 있습니다. 코드를 수정해서 어떤 후보의 재능이 다른 후보에 의해 모두 포함될 수 있을 경우, 이 후보자를 테이블에서 제거하도록 해보세요. 이렇게 하면 가능한 조합을 생성하는 부분이 더욱 효율적으로 수행될 수 있습니다.

연습 2 우리의 첫 예제에서 Aly는 항상 선택되어야만 합니다. 왜냐하면 그녀는 Flex 재능을 가지고 있는 유일한 후보이기 때문입니다. 테이블을 보면 명확히 알 수 있는데, Flex 열에 오직 한 개의 체크 표시만 있기 때문입니다. 비슷한 예시로, 두 번째 예제에서 D는 재능 4를 가지고 있는 유일한 후보이고, F는 재능 7을 가지고 있는 유일한 후보입니다.

우리의 코드를 수정해서 (1) 유일하게 특정 재능을 가지고 있는 후보들을 찾고, (2) 이와 같은 후보들이 가지고 있는 모든 재능을 테이블에서 제거해서 테이블을 줄이고, (3) 줄어든 테이블에 대해 최적의 답을 찾고, (4) 첫 번째 단계에서 여러분이 찾은 후보자를 답에 더하도록 해보세요.

퍼즐 연습 3 여러분은 후보들 중 일부는 재능도 있을 뿐만 아니라 자신감도 가득차서 출연료를 더 줄만한 가치가 있다고 생각합니다. 그래서 여러분은 각 후보자들에게 얼마나 출연료를 주어야 할지 결정했고, 여러분은 최소의 비용으로 모든 재능을 가진 후보자들을 선택하려고 합니다. 코드를 수정해서 모든 재능을 가진 후보자들의 집합을 찾아보세요. 단, 가장 적은 수의 후보자가 아니라 전체 비용을 최소화해야 합니다.

다음과 같이 주어졌다고 하겠습니다.

```
ShowTalentW = [1, 2, 3, 4, 5, 6, 7, 8, 9]
CandidateListW = [('A', 3), ('B', 2), ('C', 1), ('D', 4),
                  ('E', 5), ('F', 2), ('G', 7)]
CandToTalentsW = [[1, 5], [1, 2, 8], [2, 3, 6, 9],
                  [4, 6, 8], [2, 3, 9], [7, 8, 9],
                  [1, 3, 5]]
```

CandidateListW에 있는 2-튜플이 각 후보자들의 출연료에 해당하는 숫자입니다. 최소 비용을 찾는 여러분의 코드는 아래와 같은 결과를 출력해야 합니다.

```
Optimum Solution: [('A', 3), ('C', 1), ('D', 4), ('F', 2)]
Weight is: 10
```

주의할 점은, 여기서 한 후보가 다른 후보의 모든 재능을 포함하는 경우의 최적화는 더이상 유효하지 않습니다. Eve가 Fay보다 더더욱 비쌀 수 있기 때문입니다! 만약 Eve가 Fay와 같은 출연료를 받거나 또는 적게 받는다면, 이럴 때만 이 최적화가 통할 수 있습니다. 그러므로 연습 1에서 사용했던 코드를 사용하려고 한다면 주의해야 합니다.

연습 **4** 연습 2에서 필수로 포함되어야 할 후보들에 대한 최적화를 기억하시나요? 퍼즐 연습 3에서 작성한, 가장 적은 가중치를 갖는 후보 선택을 하는 코드에 이 최적화를 포함시켜보세요.

퍼즐 10_
너무 많은
여왕님들

반복문은 사람이 하는 것이고, 재귀함수는 신의 영역입니다.

작자 미상

이번 퍼즐에 쓰이는 프로그래밍 구조 및 알고리즘:

- 재귀 함수
- 재귀를 통한 완전 탐색

우리가 풀었던 퍼즐 4의 8-퀸 문제에서, 우리는 임의의 N에 대한 N-퀸 문제를 푸는 것으로 관심을 돌려보겠습니다. 즉, N개의 퀸을 N×N 크기의 체스판에 위치시켜야 하고, 두 개의 퀸들이 서로 공격하지 않는 자리여야 합니다.

여기서는 2중 이상의 for 문을 중첩시키는 것을 허용하지 않겠습니다. 여러분이 이런 제약이 너무 가식적이라고 생각할 수도 있지만, 퍼즐 4의 깊이 중첩된 코드는 겉보기에 너무 실망적이고 또한 일반적인 코드도 아닙니다. 여러분은 여러 가지 N에 대한 N-퀸 문제 풀이용 프로그램을 짜려면, 지금은 4-퀸 문제용 코드(4중첩된 반복문)를 작성하고, 5-퀸 문제용 코드(5중첩된 반복문)를 작성하고, 이런 식으로 20-퀸 문제용 코드(20중첩된 반복문!)를 따로 작성해야 했습니다. 그 이후 또 21-퀸 문제용 코드를 만들고 싶다면 어떻게 해야하나요?

일반적인 N-퀸 문제를 위해 우리는 재귀를 사용할 필요가 있습니다. 재귀는 자기 자신으로 정의될 때 나타납니다. 프로그래밍에서 재귀의 가장 일반적인 사용법은 어떤 함수 안에서 다시 자기 자신이 호출되는 경우입니다.

파이썬에서는 어떤 함수가 자기 자신을 호출할 수 있습니다. 만약 어떤 함수가 자기 자신을 호출한다면 이것을 재귀함수라고 부릅니다. 재귀는 함수 A가 함수 B를 호출하고, 또 다시 함수 A를 호출하는 경우도 뜻합니다. 우리는 단순한 재귀의 사용에 집중해서, f가 f를 다시 호출하는 경우를 살펴보겠습니다.

10-1 재귀적인 최대공약수

함수 f가 자기 자신을 호출했을 때 정확히 무슨 일이 일어날까요? 실행의 관점에서 봤을 때, 놀랍게도 함수 f가 그 안에서 함수 g를 호출하는 것과 다를 것이 없습니다. 최대공약수(GCD)를 구하는 것으로서 재귀의 단순한 예를 살펴보겠습니다. 유클리드 알고리즘을 이용해서 우리는 반복적인 작업을 통해 쉽게 구할 수 있습니다. 아래 코드를 보겠습니다.

```
1. def iGcd(m, n):
2.     while n > 0:
```

```
3.        m, n = n, m % n
4.    return m
```

아래는 동일한 기능을 수행하는 재귀적인 코드입니다.

```
1. def rGcd(m, n):
2.    if m % n == 0:
3.        return n
4.    else:
5.        gcd = rGcd(n, m % n)
6.        return gcd
```

위 코드에서 두 가지 중요하게 살펴볼 점이 있습니다.

1. rGcd는 모든 경우에 자기 자신을 호출하지는 않습니다. 여기에는 m % n == 0 일 때의 기저 사례가 있고, 이 경우 rGcd는 n을 출력하고 자기 자신을 호출하지 않습니다. 2 – 3번째 줄에 해당합니다.

2. 5번째 줄에서 rGcd 내부의 rGcd가 호출될 때, 호출되는 rGcd의 입력값은 호출하는 rGcd의 입력값과 다릅니다. 두 번의 재귀적인 호출에서(예를 들어, rGcd가 rGcd를 호출하고, 다시 rGcd를 호출하는 경우), 세 번째 호출의 입력값은 첫 번째의 입력값보다 작습니다.

이 두 가지의 관찰로부터, 우리는 rGcd가 종료될 것이라는 확신을 얻을 수 있습니다. 만약 함수가 자기 자신을 계속 같은 입력값으로 호출한다면, 전역 상태가 수정되지 않았다고 가정했을 때 무한 반복을 마주치게 됩니다. 즉, 끝나지 않는 프로그램이 됩니다. 또한 우리는 기저 사례를 만들지 않으면 마찬가지로 종료되지 않는 프로그램을 생성할 수 있습니다.

아래 rGcd (2002, 1344) 실행으로부터, 다음과 같이 호출된 상태를 확인할 수 있습니다.

```
rGcd(2002, 1344) (5번째 줄 호출)
  → rGcd(1344, 658) (5번째 줄 호출)
    → rGcd(658, 28) (5번째 줄 호출)
      → rGcd (28, 14) (3번째 줄 출력)
    rGcd(658, 28) (6번째 줄 출력)
  rGcd(1344, 658) (6번째 줄 출력)
rGcd(2002, 1344) (6번째 줄 출력)
```

들여쓴 정도가 재귀적인 호출을 나타냅니다.

10-2 재귀적인 피보나치 수열

다른 예제로 돌려서, 유명한 피보나치 수열의 앞 부분을 살펴보겠습니다.

    0 1 1 2 3 5 8 13 21 34 55

수학적인 표현으로, 피보나치 수열 F_n 의 숫자들의 관계는 다음과 같이 표현될 수 있습니다.

$F_n = F_{n-1} + F_{n-2}$

$F_0 = 0, F_1 = 1$

피보나치 수열은 처음부터 재귀적인 정의를 가지고 있고, 이 정의는 아래와 같은 코드로 쉽게 작성할 수 있습니다.

```
1. def rFib(x):
2.     if x == 0:
3.         return 0
4.     elif x == 1:
5.         return 1
6.     else:
7.         y = rFib(x-1) + rFib(x-2)
8.     return y
```

어떻게 이 코드가 수열을 생성해내는지 살펴보겠습니다. 우리는 2 – 3번째 줄과 4 – 5번째 줄에 해당하는 두 개의 기저 사례가 있습니다. 재귀 호출은 7번째 줄에서 실행됩니다. 두 개의 재귀 호출이 다른 입력값으로 실행되는 것에 주의하시기 바랍니다. 게다가 우리가 만든 재귀적인 피보나치 코드로부터 동일한 두 가지의 관찰을 할 수 있습니다.

아래는 rFib(5)의 실행을 표현한 것입니다.

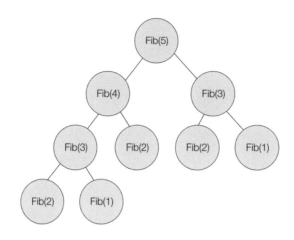

위의 실행을 보면 불필요한 중복된 작업이 수행되는 것을 볼 수 있습니다. 예를 들어, rFib(3)은 두 번이나 실행되었습니다. 물론 각 실행마다 2라는 동일한 결과를 냅니다. rFib(2)는 세 번 실행되었고, 매번 1을 출력합니다.

최소의 계산으로 피보나치 수를 계산하는 효율적인 코드를 만들기 위한 한 가지 방법으로 우리는 아래와 같은 반복적인 알고리즘을 사용할 수 있습니다.

```
1. def iFib(x):
2.     if x < 2:
3.         return x
4.     else:
5.         f, g = 0, 1
6.         for i in range(x-1):
7.             f, g = g, f + g
8.         return g
```

7번째 줄이 다음 수를 계산하는 가장 중요한 부분인데, 이전의 두 수를 더해서 다음 수를 만들고 다음 반복을 위해 수를 갱신합니다. 재귀적인 코드로도 반복적인 코드와 비슷하게 효율적으로 만들 수 있습니다. rFib(i) 호출 시에 그 결과를 테이블에 저장해놓고, 같은 재귀 호출이 일어났을 때 다시 계산하지 말고 저장 결과를 불러와서 출력해줍니다. 메모이제이션이라고 불리는 이 기법은 퍼즐 18의 주제로서, 뒤에 알아볼 것입니다.

이제 N-퀸 문제를 풀기 위한 재귀적인 알고리즘을 코드로 작성해볼 수 있을까요?

한 가지 좋은 소식은 우리는 이전에 8–퀸 문제를 풀면서 작성한 코드를 모두 버릴 필요는 없습니다. 우리는 부분 설정된 체스판이 세 가지 규칙 중에 한 가지라도 위반하는지 확인하는 용도의 함수 noConflicts(board, current)는 그대로 재사용할 수 있습니다. 이 함수는 다음과 같이 변경되었습니다. 이 함수에서 board는 압축된 데이터 구조로서 각 컬럼마다 어떤 위치에 퀸이 있는지가 저장되어 있다고 간주합니다. 상세하게 말하자면 −1은 해당 컬럼에 퀸이 없다는 뜻이고, 0은 첫 번째 행(가장 윗쪽)에 퀸이 있다는 뜻이고, n−1은 가장 아래 행에 퀸이 있다는 뜻입니다.

```
1. def noConflicts(board, current):
2.     for i in range(current):
3.         if (board[i] == board[current]):
4.             return False
5.         if (current - i == abs(board[current] - board[i])):
6.             return False
7.     return True
```

이 함수는 오직 current에 해당하는 열에 새로 놓인 퀸과 current 이전 열에 놓인 퀸들 사이에 충돌이 있는지를 검사합니다. 이전에 놓인 퀸들 사이의 충돌은 체크하지 않습니다. 그렇기 때문에, 우리가 작성한 재귀적인 함수는, EightQueens에서 그랬던 것처럼 noConflicts를 퀸을 놓을 때마다 호출해야 합니다. 마지막으로, current의 값은 체스판의 크기보다 작습니다. current 뒤의 열들은 모두 비어있습니다.

이러한 관찰들은 아래와 같은 재귀 함수를 작성하도록 도와줍니다.

```
1. def rQueens(board, current, size):
2.     if (current == size):
3.         return True
4.     else:
5.         for i in range(size):
6.             board[current] = i
7.             if noConflicts(board, current):
```

```
8.                        found = rQueens(board, current + 1, size)
9.                    if found:
10.                        return True
11.            return False
```

이 재귀적은 탐색은 가면 갈수록 많은 수의 퀸들이 지정된 위치에 있고 앞으로 퀸을 놓아야할 열이 적어집니다. 우선 확인해야 할 것은 재귀 함수의 기저 사례입니다. 재귀적인 호출이 멈추었을 때, 어떤 조건에서 더이상 재귀적인 호출을 하지 않는 것일까요? 2번째 줄은 기저사례를 나타냅니다. current의 값이 체스판을 넘어갈 때입니다(열은 0부터 size − 1 까지 있습니다).

5 − 10번째 줄의 **for** 문에서 current에 해당하는 한 개의 특정한 열에서 행을 바꾸면서 퀸을 계속해서 위치시켜봅니다. 나중에 보겠지만, rQueens 함수를 호출하는 nQueens 함수에서 current = 0 으로 두고 호출할 것입니다. 그렇다면 우리는 **for** 문에 처음 진입했을 때 current = 0 입니다. 퀸을 i번째 행에 위치시키는데, i는 0부터 size − 1 까지 변합니다. i는 current 열에서 어떤 행에 퀸을 위치시키는지 나타내는 값입니다.

첫 번째 놓는 퀸은 명백하게 어떤 충돌도 있을 수가 없습니다. 즉, noConflicts(board, 0) 은 항상 **True**를 출력해야 합니다. noConflicts 함수의 2번째 줄에서 주어진 값에 따라 **range**(0) 만큼, 즉 0번의 반복을 하게 됩니다. 그러나 두 번째 혹은 그 이후에 놓는 퀸들은 충돌을 일으킬 수 있고, 충돌이 일어났다면 함수는 다음 행에 퀸을 놓아보아야 합니다(5번째 줄에서 시작하는 **for** 문의 다음 반복이 수행됩니다). 충돌이 일어나지 않았다면, 우리는 0에서 current 행까지 완벽하게 부분 설정된 체스판을 찾은 것입니다. rQueens 함수는 재귀적으로 current + 1 에 대해 다음 함수를 호출합니다. 만약 재귀적인 호출이 **True**를 출력했다면, 호출한 재귀함수도 마찬가지로 **True**를 출력합니다. 만약 어떤 행에 퀸을 놓아도 **True**를 출력하는 경우가 없다면, 호출한 재귀함수는 **False**를 출력합니다.

2번째와 3번째 줄의 기저 사례 또는 종료 조건으로 돌아가보겠습니다. 만약 current == size 라는 것은, 그 이전에 noConflicts(board, size − 1) 이 **True**라는 뜻입니다. 왜냐하면 우리가 current = j 인 rQueens를 호출하는 경우는 noConflicts(board, j − 1) 이 **True**로 출력될 때이기 때문입니다. 7번째 줄의 **if** 문이 이것을 보장합니다. 만약 noConflicts(board, size − 1) 이 **True**라면, 우리는 답을 찾은 것입니다. 이 답은 board에 저장되어 있습니다. 우리는 board의 각 원소에 어떤 행에서 어떤 열에 놓을지를 계속 기록해두었기 때문입니다.

이제 rQueens를 처음으로 호출하는 nQueens를 살펴보겠습니다. 이런 함수를 "래퍼 (wrapper) 함수"라고 합니다. 우리가 이러한 함수가 필요한 이유는 체스판을 빈 상태로 초기화시켜야 하기 때문입니다. 우리가 rQueens 안에서 체스판을 초기화시킨다면, 계속해서 호출되는 재귀함수들이 계속해서 체스판을 비우게 됩니다(물론 여러가지 방법을 통해 현재 rQueens의 호출이 첫 번째로 된 것인지 아닌지 판단해서 초기화할 수도 있습니다. 하지만 초기화를 가장 깔끔하게 수행하는 방법은 재귀 함수의 외부에서 수행하는 것입니다).

```
1.  def nQueens(N):
2.      board = [-1] * N
3.      rQueens(board, 0, N)
4.      print (board)
```

이 함수는 2번째 줄에서 N개의 원소를 갖는 리스트를 만들어 체스판을 초기화하고, 모든 값들을 −1로 설정합니다. 그리고 3번째 줄에서 재귀 검색 함수인 rQueens를 빈 체스판과 current = 0 으로 호출하고, 마지막으로 4번째 줄에서 체스판을 출력합니다.

여러분은 아래처럼 함수를 실행시키면,

　　　nQueens(4)

아래와 같은 결과를 볼 수 있습니다.

　　　[1, 3, 0, 2]

4-퀸 문제의 답이 발견되었고, 아래와 같은 재귀 호출을 거쳤습니다.

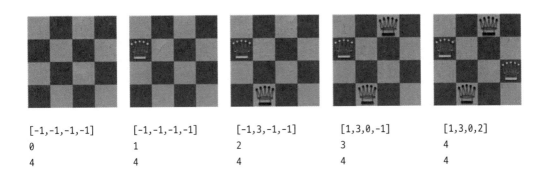

[-1,-1,-1,-1]　　[-1,-1,-1,-1]　　[-1,3,-1,-1]　　[1,3,0,-1]　　[1,3,0,2]
0　　　　　　　1　　　　　　　2　　　　　　　3　　　　　　　4
4　　　　　　　4　　　　　　　4　　　　　　　4　　　　　　　4

rQueens의 입력값인 board, current 그리고 size는 각 체스판 밑에 적어두었습니다. 위 그림에서 각각의 함수 호출은 **True**를 출력합니다. 실패한 호출은 적어두지 않았습니다. 예를 들어, rQueens([-1, -1, -1, -1], 0, 4) 로부터 만들어지는 첫 번째 재귀 호출인 rQueens([0, -1, -1, -1], 1, 4) 는 결국 수많은 재귀 함수 호출을 겪고난 뒤 **False**를 출력합니다.

여러분은 아래처럼 함수를 실행시키면,

    nQueens(20)

아래와 같은 결과를 볼 수 있습니다.

    [0, 2, 4, 1, 3, 12, 14, 11, 17, 19, 16, 8, 15, 18, 7, 9, 6, 13,
    5, 10]

주의할 점은 이 코드의 실행시간은 N에 대해 지수적으로 증가하기 때문에 N >> 20 인 값에 대해 실행시킨다면 매우 오랜 시간이 걸리게 될 것입니다!

10-4 재귀 적용하기

우리는 N-퀸 문제를 통해 재귀적으로 모든 경우의 수를 찾아보는 방법을 사용했습니다. 열거 과정에서 퀸을 위치시키고 즉시 충돌이 있는지 확인합니다. 이것은 성능을 향상시키는데 도움이 됩니다. 우리는 이미 충돌이 발생한 상황에서 더 이상 이후의 상황을 고려하지 않습니다. 이런 상황에서 퀸을 더 놓는 것은 결과적으로 유효하지 않은 답을 만들기 때문입니다.

우리는 퍼즐 8과 9, 저녁 파티와 영재 발굴단 문제에서 각각 손님과 후보자들의 가능한 모든 조합을 열거하는 과정을 거쳤습니다. 각 조합들은 손님 리스트의 부분 조합으로서 각각의 손님들을 선택할지 말지 선택합니다. 저녁 파티 퀴즈에서 만약 Alice와 Bob이 서로 싫어했다면 [Alice, Bob, Eve] 또는 [Alice, Bob, Cleo] 와 같은 조합들을 생성하는 것은 무의미합니다. 이제 우리는 재귀를 이해했으므로 같이 저녁 파티 문제를 좀 더 효율적인 방법으로 풀어보겠습니다.

우리는 재귀적으로 조합을 생성해내고 충돌을 확인해본 뒤 나쁜 조합에서는 더이상 진행하지 않을 것입니다. 우리는 빈 조합에서 시작하고, 현재 추가가 가능한 손님 리스트는 모든 전체 손님 리스트와 같습니다. 재귀적인 전략을 적용하기 위해, 우리는 아래와 같은 두 가지 분기 상황을 고려해야 합니다.

1. 우리는 가능한 손님을 현재 조합에 새로 추가하고, 만약 새로운 조합이 유효하다면 계속 진행합니다.
2. 우리는 가능한 손님 리스트에서 한 명의 손님을 제거하고 현재 조합에는 추가하지 않은채로 진행합니다.

기저 사례는 가능한 손님 리스트가 비었을 때입니다. 재귀 과정에서, 우리는 현재까지 찾은 최적의 답(예를 들어, 가장 많은 손님의 수)을 기록해두어야 합니다.

손님 리스트 [A, B, C] 가 있고, 서로 싫어하는 관계로 [A, B] 가 있다고 가정하겠습니다. 아래에 모든 재귀적인 실행 과정(재귀 트리)이 어떻게 진행될지 그려두었습니다. chosen은 현재 조합에 해당하고(예를 들어 현재까지 선택된 손님들), elts는 선택 가능한 손님들에 해당합니다.

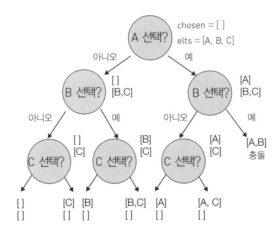

여기서 중요한 점은 충돌은 해당 분기 과정의 종료를 의미한다는 것입니다. 그리고 바닥 부분에서 우리는 기저 사례를 만나게 되고, 가장 많은 손님들에 해당하는 답인 [B, C] 또는 [A, C] 를 찾게 됩니다. 재귀 트리를 어떤 순서로 실행하는지에 따라, 즉 '예'를 먼저 실행하는지 '아니오'를 먼저 실행하는지에 따라, 우리는 둘 중에 하나의 답을 얻게 됩니다.

아래 코드는 위 과정을 구현한 함수 largestSol입니다. 4개의 입력값 chosen, elts, dParis(서로 싫어하는 관계에 해당하는 변수), 그리고 Sol(현재까지 찾은 최고의 답)이 필요합니다.

```
1.  def largestSol(chosen, elts, dPairs, Sol):
2.      if len(elts) == 0:
3.          if Sol == [] or len(chosen) > len(Sol):
4.              Sol = chosen
5.          return Sol
6.      if dinnerCheck(chosen + [elts[0]], dPairs):
7.          Sol = largestSol(chosen + [elts[0]],\
7a.                          elts[1:], dPairs, Sol)
8.      return largestSol(chosen, elts[1:], dPairs, Sol)
```

2번째 줄의 기저사례는 가능한 손님 리스트가 비었을 때입니다. 3번째 줄처럼 만약 Sol이 비었다면, 우리는 첫 번째 답을 찾은 것이고, Sol을 갱신합니다. 만약 Sol이 비어있지 않다면, 우리는 3번째 줄의 두 번째 부분처럼 우리가 더 좋은 답을 찾았는지 확인하고, 만약 그렇다면 더 좋은 답으로 Sol을 갱신합니다. 마지막으로 Sol을 출력합니다.

6 – 7번째 줄에 해당하는 부분이 재귀의 첫 번째 분기 상황입니다. 6번째 줄의 재귀 과정에서, 만약 첫 번째 가능한 손님인 elts[0] 을 chosen에 넣었을 때 충돌이 발생하는지를 검사합니다. 그렇지 않다면, 7 – 7a번째 줄처럼 elts[0]을 chosen에 넣고 리스트 분리를 통해 가능한 손님 리스트에서 제거합니다. 8번째 줄은 재귀의 두 번째 분기 상황입니다. elts[0] 을 chosen에 넣지 않고 재귀를 수행합니다.

dinnerCheck 함수는 퍼즐 8에서 풀었던 것과 비슷합니다.

```
1.  def dinnerCheck(invited, dislikePairs):
2.      good = True
3.      for j in dislikePairs:
4.          if j[0] in invited and j[1] in invited:
5.              good = False
6.      return good
```

우리는 싫어하는 관계를 하나하나 찾아서 그 두 명이 동시에 초대할 리스트에 들어있는지를 확인합니다.

마지막으로, 아래의 InviteDinner 함수는 2번째 줄에서 largestSol을 빈 초대 리스트, 선택 가능한 손님의 의미를 가진 전체 손님 리스트, 서로 싫어하는 관계, 그리고 빈 정답 리스트를 넣어서 호출합니다.

```
1.  def InviteDinner(guestList, dislikePairs):
2.      Sol = largestSol([], guestList, dislikePairs, [])
3.      print("Optimum solution:", Sol, "\n")
```

연습문제

연습 1 nQueens 코드를 수정해서 우리가 찾은 답을 다음과 같이 2차원으로 예쁘게 출력해보세요. 체스판에서 점(.)은 비어있다는 것을 나타내고, Q는 퀸이 있는 것을 나타냅니다. 각 문자 사이에는 한 칸의 공백을 둡니다.

```
Q . . . . . . . . . . . . . . . . .
. . . Q . . . . . . . . . . . . . .
. Q . . . . . . . . . . . . . . . .
. . . . Q . . . . . . . . . . . . .
. . Q . . . . . . . . . . . . . . .
. . . . . . . . . . . . . . . . Q .
. . . . . . . . . . . . . . Q . . .
. . . . . . . . . . . . Q . . . . .
. . . . . . . . . . Q . . . . . . .
. . . . . . . . . . . . Q . . . . .
. . . . . . . . . . . . . . . . . Q
. . . . . . . . Q . . . . . . . . .
. . . . . . Q . . . . . . . . . . .
. . . . . . . . . . . . . . Q . . .
. . . . . . Q . . . . . . . . . . .
. . . . . . . . . Q . . . . . . . .
. . . . . . . . Q . . . . . . . . .
. . . . . . . Q . . . . . . . . . .
. . . . . . . . . Q . . . . . . . .
. . . . . . Q . . . . . . . . . . .
```

퍼즐 연습 2 nQueens 코드를 수정해서 이미 퀸이 몇몇 위치에 놓인 상황에서 정답을 찾아서, 만약 있다면 정답을 출력하도록 해보세요. 여러분은 1차원 리스트 location을 사용해서 특정 열에 음수가 아닌 값이 있다면 그 것을 퀸의 위치로 생각하면 됩니다. 예를 들어, location = [−1, −1, 4, −1, −1, −1, −1, 0, −1, 5] 는 10 × 10 크기의 체스판에 세 번째, 여덟 번째, 열 번째 열에 이미 세 개의 퀸이 이미 놓여져 있는 것을 의미합니다. 여러분의 코드는 아래와 같은 답을 출력해야 하고, 주어진 퀸의 위치는 변경하면 안됩니다.

```
. . . . . . . Q . .
. . . . Q . . . . .
. Q . . . . . . . .
. . . . . . . . Q .
. . Q . . . . . . .
. . . . . . . . . Q
. . . . . . Q . . .
. . . . Q . . . . .
. . . . . Q . . . .
Q . . . . . . . . .
```

연습 3 회문은 앞으로 읽어도, 뒤로 읽어도 같은 단어를 뜻합니다. 예를 들어 "kayak"과 "racecar"같은 단어들이 회문입니다. 리스트 분리를 통해 주어진 문자열이 회문인지 아닌지 판별하는 재귀 함수를 작성해보세요. 여기서 문자의 대소문자는 무시하도록 하겠습니다. 예를 들어 'kayaK'은 회문이라고 출력해야 합니다.

퍼즐 연습 4 '퍼즐 9 영재 발굴단' 문제를 재귀적인 알고리즘을 통해 새로운 코드를 작성해보세요. 여러분은 저녁 파티 퍼즐과 비슷한 구조로 재귀적인 전략을 세울 수 있을 것입니다. 저녁 파티 퍼즐과의 중요한 차이점은 후보자들의 조합이 모든 재능을 포함해야 하면서 가장 적은 수의 후보자를 선택해야 한다는 것입니다. 여러분은 퍼즐 9에서 사용했던, 현재 후보자가 모든 재능을 포함하고 있는지 확인하는 Good 함수를 재사용할 수 있습니다.

퍼즐 11_
정원에 타일을
깔아주세요

우리는 우리의 건물을 만듭니다.
그리고 그 건물들이 다시 우리는 만듭니다.

Winston Churchill

이번 퍼즐에 쓰이는 프로그래밍 구조 및 알고리즘:

- 리스트 컴프리헨션 기초
- 재귀적인 분할 정복 탐색

이번 퍼즐에서는 아래의 타일 문제를 풀어보겠습니다. 우리는 정사각형으로 이루어진 $2^n \times 2^n$ 크기의 정원이 있고 L 모양의 타일을 사용해서 타일을 깔아야 합니다. 각 타일은 세 개의 정사각형이 L 모양으로 다음과 같이 연결되어 있습니다.

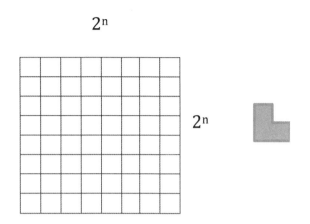

$$2^n$$

이 타일을 사용해서 정원의 경계를 넘거나, 타일을 부셔야 한다거나, 또는 겹치지 않게 타일을 깔 수 있을까요? 답은 불가능합니다. 왜냐하면 $2^n \times 2^n = 2^{2n}$ 은 3으로 나누어지지 않고 오직 2로만 나눌 수 있기 때문입니다. 우리가 학창시절에 배우는 소인수분해를 생각해봅시다. 소인수분해를 통해 1보다 큰 모든 수는 소수이거나 혹은 소수의 곱으로 표현할 수 있습니다. 그리고 소수가 여러 번 곱해져야 한다면, 지수를 통해 표현할 수 있습니다. 2는 소수이기 때문에, 이 이론을 고려했을 때 2^{2n} 은 오직 2의 곱으로만 이루어져 있습니다. 3과 같은 다른 소수들로는 2^{2n} 의 인자가 될 수 없습니다. 그러나, 만약 딱 한 개의 정사각형에만 타일을 깔지 않는다면, $2^{2n} - 1$ 은 3으로 나누어질 수 있습니다. 이것을 증명할 수 있을까요?*

이제 우리는 $2^n \times 2^n$ 크기의 정원에 한 개의 정사각형에만 타일을 깔지 않고 나머지만 전부 타일을 깔 수도 있다는 희망이 생겼습니다. 예를 들어 남은 한 개의 정사각형에는 여러분들이 좋아하는 위인상을 설치한다고 합시다. 우리는 타일을 깔지 않는 한 개의 정사각형을 미설치 지역이라고 부르겠습니다.

---

* **역자주_** $2^{2n} - 1$ 은 언제나 3의 배수입니다. $2^{2n} - 1$ 은 $(2^n - 1) * (2^n + 1)$ 로 인수분해 할 수 있는데, $2^n - 1$, 2^n, $2^n + 1$ 은 연속된 세 개의 수이기 때문에 이 중에 하나는 반드시 3의 배수입니다. 그런데 2^n 은 2의 곱으로만 이루어진 숫자이기 때문에 확실히 3의 배수가 아닙니다. 그러므로 나머지 두 개의 수 중 하나가 반드시 3의 배수가 되고, 그 둘의 곱도 반드시 3의 배수가 됩니다.

임의의 위치를 미설치 지역으로 한 뒤, $2^n \times 2^n$ 크기의 정원에 타일을 전부 설치할 수 있는 알고리즘이 있을까요? 예를 들어, 아래는 $2^3 \times 2^3$ 크기의 정원이고, 미설치 지역은 Δ로 표시해 두었습니다. 미설치 지역이 이 문제를 푸는데 중요한 역할을 할까요?

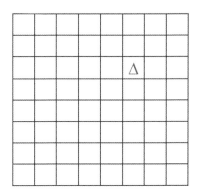

정답은 '예'입니다. 우리는 임의의 위치를 미설치 지역으로 정한 뒤, $2^n \times 2^n$ 크기의 정원에 재귀적 분할 정복을 통해 타일을 깔아보는 코드를 작성해볼 것입니다. 어떻게 재귀적 분할 정복이 동작하는지 이해를 돕기 위해, 우리는 먼저 유명한 정렬 알고리즘인 병합 정렬이 어떻게 동작하는지 이해해볼 것입니다.

11-1 병합 정렬

우리는 분할 정복 기법을 사용하는 병합 정렬을 통해 우아하게 정렬을 수행할 수 있습니다. 어떻게 병합 정렬이 동작하는지 살펴보겠습니다.

다음과 같이 값 또는 변수가 있는 리스트가 있고, 오름차순으로 정렬해야 한다고 가정하겠습니다.

a	b	c	d

크기가 같은 두 개의 부분 리스트로 다음과 같이 나눕니다.

그리고 각 부분 리스트를 재귀적으로 정렬합니다. 재귀의 기저 사례로서, 만약 우리가 크기가 2인 리스트를 만난다면, 단순하게 리스트 안의 두 원소를 비교해서 필요하다면 서로 위치를 바꿉니다. 예를 들어 위에서 a ⟨ b 이고 c ⟩ d 라고 하겠습니다. 우리는 오름차순으로 정렬하고 싶기 때문에, 두 재귀 호출은 다음과 같이 끝나게 만듭니다.

이제 다시 처음 정렬 함수를 호출한 부분으로 돌아갑니다. 우리가 할 일은 두 정렬된 부분 리스트를 하나의 정렬된 리스트로 합치는 것입니다. 여기서 병합 알고리즘을 사용하는데, 단순하게 두 리스트에서 첫 번째 원소들을 반복적으로 비교합니다. 만약 a ⟨ d 이면, 먼저 a를 병합된 리스트(결과 리스트)에 넣고 부분 리스트에서 제거합니다. d는 원래 있던대로 그대로 둡니다. 다음은 b와 d를 비교합니다. d가 더 작은 값이라고 합시다. 병합 과정에서 d를 결과 리스트에 a 다음에 넣습니다. 다음은 b와 c를 비교합니다. c가 더 작다면 c를 결과 리스트에 넣고, 마지막으로 b를 넣습니다. 결과는 아래와 같습니다.

다음은 병합 정렬의 코드입니다.

```
1.  def mergeSort(L):
2.      if len(L) == 2:
3.          if L[0] <= L[1]:
4.              return [L[0], L[1]]
5.          else:
6.              return [L[1], L[0]]
7.      else:
8.          middle = len(L)//2
9.          left = mergeSort(L[:middle])
10.         right = mergeSort(L[middle:])
11.         return merge(left, right)
```

2 – 6번째 줄은 기저사례에 해당합니다. 리스트에 두 개의 원소만 존재한다면 크기를 비교해서 올바른 순서로 위치시킵니다. 만약 리스트가 두 개보다 더 많은 원소들을 가지고 있다면, 우리는 8번째 줄에서 리스트를 나누고, 9 – 10번째 줄에서 각 부분 리스트에 대한 두 개의 재귀 호출을 수행합니다. 우리는 리스트 분할 기법을 사용합니다. L[:middle] 은 리스트 L에서 L[0] 부터 L[middle−1] 까지에 해당하는 부분을 출력하고, L[middle:] 은 L[middle] 부터 L[len(L)−1] 에 해당하는 부분을 출력합니다. 그래서 어떤 원소도 누락되지 않게 합니다. 마지막으로, 11번째 줄에서 merge 함수를 통해 두 개의 정렬된 부분 리스트를 하나로 합치고 결과를 출력합니다.

남은 것은 merge 함수에 대한 코드입니다.

```
1.  def merge(left, right):
2.      result = []
3.      i, j = 0, 0
4.      while i < len(left) and j < len(right):
5.          if left[i] < right[j]:
6.              result.append(left[i])
7.              i += 1
8.          else:
9.              result.append(right[j])
10.             j += 1
11.     while i < len(left):
12.         result.append(left[i])
```

```
13.         i += 1
14.     while j < len(right):
15.         result.append(right[j])
16.         j += 1
17.     return result
```

처음에 정렬된 결과를 담을 빈 리스트를 생성합니다(2번째 줄). merge 함수에 세 개의 **while** 문이 있습니다. 첫 번째는 가장 흥미로운 부분으로서, 두 개의 부분 리스트가 모두 비어있지 않을 때에 해당합니다. 이 경우에 우리는 각 부분 리스트의 작업중인(i와 j에 위치값이 저장되어 있는) 첫 번째 원소를 비교하고, 작은 것을 고르고, 고른 값이 있는 리스트의 현재 위치값을 하나 증가시키고, 결과 리스트에 고른 값을 넣습니다. 첫 번째 **while** 문은 둘 중 한 개의 부분 집합이 비어있게 되었을 때 종료됩니다.

한 개의 부분 집합이 비어있을 때, 우리는 단순하게 비어있지 않은 부분 집합의 남은 원소들을 결과 리스트에 넣어주면 됩니다. 두 번째와 세 번째 **while** 문은 왼쪽 부분 리스트가 비어있지 않을 때와 오른쪽 부분 리스트가 비어있지 않을 때 각각 그에 맞게 동작합니다.

11-2 병합 정렬 실행과 분석

아래와 같은 리스트가 병합 정렬의 입력값으로 주어졌다고 가정합시다.

```
inp = [23, 3, 45, 7, 6, 11, 14, 12]
```

병합 정렬의 실행은 어떻게 이루어질까요? 우선 아래처럼 두 개의 리스트로 분리됩니다.

```
[23, 3, 45, 7]          [6, 11, 14, 12]
```

왼쪽 리스트 먼저 정렬을 하기 때문에, 먼저 왼쪽 리스트가 두 개로 분리됩니다.

```
[23, 3]     [45, 7]     [6, 11, 14, 12]
```

두 개의 원소를 가진 리스트는 오름차순으로 정렬됩니다.

[3, 23]   [7, 45]   [6, 11, 14, 12]

정렬된 두 개의 리스트가 한 개의 정렬된 리스트로 병합됩니다.

[3, 7, 23, 45]   [6, 11, 14, 12]

다음은 오른쪽 리스트가 두 개로 분리됩니다.

[3, 7, 23, 45]   [6, 11]   [14, 12]

오른쪽의 부분 리스트들이 각각 정렬됩니다.

[3, 7, 23, 45]   [6, 11]   [12, 14]

두 개의 원소를 가진 정렬된 부분 리스트가 하나의 정렬된 리스트로 병합됩니다.

[3, 7, 23, 45]   [6, 11, 12, 14]

마지막으로, 네 개의 원소를 가진 두 개의 정렬된 부분 리스트가 하나로 병합됩니다.

[3, 6, 7, 11, 12, 14, 23, 45]

병합 정렬은 우리가 퍼즐 2에서 다루어봤던 선택 정렬보다 훨씬 더 효율적인 알고리즘입니다. 선택 정렬은 2중으로 중첩된 반복문을 사용했고, 그 결과 최악의 경우, 길이가 n인 리스트에 대해서 n^2번 비교와 교환 연산을 수행했습니다. 병합 정렬에서 우리는 단지 각 병합 단계마다 길이가 n인 리스트에 대해 n번의 비교와 교환 연산만을 수행합니다. 가장 상위의 병합 정렬은 n번 연산을 하고, 그 다음 단계의 병합 정렬에서는 길이가 $n/2$인 리스트에 대해 두 번 병합을 수행하기 때문에 n번 연산이 필요합니다. 그 다음 단계의 병합 정렬에서는 길이가 $n/4$인 리스트에 대해 네 번 병합을 수행하기 때문에 또 n번 연산이 필요합니다. 총 단계의 수는 $\log_2 n$이므로, 병합 정렬은 $n \log_2 n$ 번의 연산이 필요합니다.

보다시피, merge에서 우리는 새로운 리스트 result를 만들어서 결과값으로 돌려줍니다. 그렇기 때문에 병합 정렬의 중간 결과를 저장할 공간이 정렬할 리스트의 길이에 비례하게 필요합니다. 선택 정렬에서는 이런 공간은 필요하지 않았습니다. 퍼즐 13에서 이 요구사항에 대해 다시 생각해보겠습니다.

자, 이제 다시 정원 타일 깔기 문제로 돌아가봅시다.

11-3 기저 사례, 2 × 2 정원

n = 1부터 시작하겠습니다. 즉, 한 개의 미설치 지역과 2 × 2 정원이 있는 경우입니다. 미설치 지역은 아래에서 보듯이 Δ 처럼 여러 곳에 놓일 수 있습니다. 아래 네 가지의 경우 모두 우리는 L 모양의 타일을 적절하게 놓아서 정원에 타일을 설치할 수 있습니다.

이 결과는 매우 중요합니다. 왜냐하면 우리가 사용할 재귀적 분할 정복 알고리즘의 기저 사례이기 때문입니다. 그런데 어떻게 우리는 한 개의 미설치 지역과 $2^n \times 2^n$ 정원을 적절하게 분리해서, 동일하지만 규모가 작은 부분 문제들을 만들어낼 수 있을까요? 만약 아래처럼 $2^n \times 2^n$ 정원을 네 개의 $2^{n-1} \times 2^{n-1}$ 로 나눈다면, 하나의 $2^{n-1} \times 2^{n-1}$ 정원에는 미설치 지역이 있겠지만 나머지 세 $2^{n-1} \times 2^{n-1}$ 정원에는 미설치 지역을 둘 수가 없습니다.

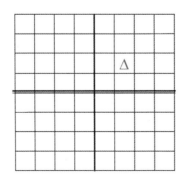

위의 예에서, 우리는 미설치 지역 Δ이 우측 상단에 위치한 것을 알 수 있습니다. 조금 전략적으로 접근해서, 만약 한 개의 타일을 사용해 세 개의 미설치 지역이 없는 사분면에 모두 걸치게 두어서, 마치 미설치 지역이 생긴 것처럼 만들면 어떨까요?

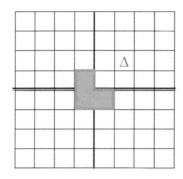

우측 상단의 사분면은 변하지 않았지만, 다른 세 개의 사분면은 정확히 한 개의 정사각형에만 타일이 놓이게 되었습니다. 그 결과로 우리는 다시 네 개의 미설치 지역이 있는 $2^{n-1} \times 2^{n-1}$ 정원을 얻을 수 있습니다. 이제 분리가 잘된 것 같습니다. 주의할 점은 만약 미설치 지역이 좌측 상단에 있었다면, 우리는 한 개의 타일을 반시계 방향으로 90도 회전시켜서 놓으면 다시 이전에 했던 것처럼 동일한 결과를 얻을 수 있습니다. 나머지 두 경우도 동일한 방식으로 만들 수 있습니다.

이런 과정을 한 개의 미설치 지역과 2×2 정원이 나타날 때까지 반복합니다. 그 후에는 이전에 기저 사례로서 봤던 한 개의 타일을 모양에 맞게 놓기만 하면 됩니다. 이제 우리는 개념적으로 해야 할 일을 다 알아냈습니다.

하지만 여러분은 거대한 $2^n \times 2^n$ 정원(과 미설치 지역)이 있고, L 모양의 타일로 채우는 것은 다소 까다로운 작업입니다. 여러분은 공사해줄 업체에게 각 타일들이 정확이 어떻게 놓여야 할지 모두 정해서 알려주어야 합니다. 그래서 우리는 정원에 모든 타일을 어떻게 놓으면 좋을지 알려줄 지도를 생성하는 프로그램을 만들어야 합니다(이 책은 프로그래밍 책입니다. 당연히 알고리즘을 생각해낸 것에서 멈추려고 하지 않겠죠?).

우리는 각 사분면에 번호를 다음과 같이 지정해서 코드를 작성하는데 사용하겠습니다. 정원의 하나하나의 정사각형은 yard[r][c] 로 표현하겠습니다. r은 행 번호, c는 열 번호입니다. 행 번호는 위에서부터 아래로 증가하고, 열 번호는 왼쪽에서부터 오른쪽으로 다음과 같이 증가합니다.

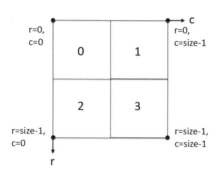

```
1. def recursiveTile(yard, size, originR, originC, rMiss,\
1a.                                 cMiss, nextPiece):
2.     quadMiss = 2 * (rMiss >= size // 2) + (cMiss >= size // 2)
3.     if size == 2:
4.         piecePos = [(0, 0), (0, 1), (1, 0), (1, 1)]
5.         piecePos.pop(quadMiss)
6.         for (r, c) in piecePos:
7.             yard[originR + r][originC + c] = nextPiece
8.         nextPiece = nextPiece + 1
9.         return nextPiece
10.    for quad in range(4):
11.        shiftR = size // 2 * (quad >= 2)
12.        shiftC = size // 2 * (quad % 2 == 1)
13.        if quad == quadMiss:
14.            nextPiece = recursiveTile(yard, size // 2, originR +\
14a.               shiftR, originC + shiftC, rMiss - shiftR,\
14b.               cMiss - shiftC, nextPiece)
15.        else:
16.            newrMiss = (size // 2 - 1) * (quad < 2)
17.            newcMiss = (size // 2 - 1) * (quad % 2 == 0)
18.            nextPiece = recursiveTile(yard, size // 2, originR +\
18a.               shiftR, originC + shiftC, newrMiss, newcMiss,\
```

```
18b.                     nextPiece)
19.      centerPos = [(r + size // 2 - 1, c + size // 2 - 1)
19a.                   for (r, c) in [(0, 0), (0, 1), (1, 0), (1, 1)]]
20.      centerPos.pop(quadMiss)
21.      for (r, c) in centerPos:
22.          yard[originR + r][originC + c] = nextPiece
23.      nextPiece = nextPiece + 1
24.      return nextPiece
```

recursiveTile 함수는 2차원 리스트 yard, 현재 타일을 설치해야 할 정원 또는 사분면의 크기 size, 원점의 행과 열의 번호인 originR과 originC, 그리고 미설치 지역의 원점 기준 상대적 위치인 rMiss와 cMiss를 입력값으로 받습니다. 마지막 입력값인 nextPiece는 타일의 번호로서 공사해줄 업체에게 각 타일의 위치를 읽기 쉽게 출력할 수 있도록 해주는 값입니다. 이제 원점은 (0, 0)이라고 가정해봅시다.

미설치 지역이 어느 사분면에 있는지 알아내기 위해, 2번째 줄처럼 미설치 지역의 위치에 따라서 다음과 같이 계산합니다.

```
quadMiss = 2 * (rMiss >= size // 2) + (cMiss >= size // 2)
```

행은 0부터 size −1 까지 번호를 부여하고, 그 순서는 위에서부터 아래로입니다. 열은 0부터 size −1 까지, 왼쪽에서부터 오른쪽입니다. 예를 들어, rMiss = 0 이고 cMiss = size −1 이라면, 미설치 지역은 우측 상단의 사분면에 있고, quadMiss는 2 * 0 + 1 = 1 로 계산됩니다. size // 2 보다 크거나 같은 rMiss와 cMiss에 대해서는, 우측 하단의 사분면, 즉 사분면 3에 있다고 계산됩니다.

recursiveTile의 3 - 9번째 줄에 기저 사례가 있습니다. 여기서 nextPiece가 어떻게 사용되는지 알 수 있습니다. nextPiece는 타일의 번호로서 우리가 놓은 타일의 위치에 타일의 번호를 적어두는데 사용합니다. 기저사례는 2 × 2 정원에 한 개의 미설치 지역인 quadMiss 가 있는 경우입니다. 우리는 quadMiss에 상관없이 어떤 경우에도 타일을 놓을 수 있다는 것을 알고, 우리는 타일의 번호인 nextPiece를 사용해서 정원 yard를 채워주면 됩니다. 우리는 미설치 지역인 quadMiss에는 타일 번호를 적지 않아야 하기 때문에(정확히는 미설치 지역이거나 이미 다른 타일이 놓여있기 때문에), 튜플의 리스트인 peicePos에서 pop 함수를 사용해서 quadMiss를 제거합니다. 5번째 줄에서처럼, pop 함수는 리스트 내의 원소의 위치값을 입력값으로 받아서 해당 원소를 리스트에서 제거합니다. 각 재귀 호출마다 동일한 데이터인 yard에 타일 번호를 쓰기 때문에, 우리는 7번째 줄처럼 각 호출마다 현재 사분면의 원점에 타일의 상대적 위치를 더해야 합니다. 2 × 2 정원이 타일로 채워지면, 8 - 9번째 줄과 같이 nextPiece를 증가시키고 그 값을 출력합니다.

전체적인 재귀 과정은 다음과 같이 흘러갑니다. quadMiss를 고려해서 10 - 18번째 줄 처럼 네 개의 재귀 호출이 만들어집니다. quadMiss는 정원의 미설치 지역의 위치이고, quadMiss가 위치한 사분면은 이미 미설치 지역을 가지고 있습니다. 하지만 다른 세 개의 사분면에서는 세 개의 사분면에 모두 걸치도록 타일을 하나 설치하므로, 한 쪽 구석에 미설치 지역이 생성됩니다. 19 - 23번째 줄에서 중심에 놓는 타일을 설치하고, 네 개의 재귀 호출이 완료되면 실행됩니다.

다음 재귀 호출의 입력값을 결정하기 위한 계산 부분이 있습니다. 사분면의 크기는 size // 2 이고, nextPiece를 재귀 호출로 넘깁니다. 또한 우리는 각 사분면의 원점을 계산해야 합니다. 11 - 12번째 줄에서 부모의 원점으로부터 각 사분면의 원점까지 얼마나 이동해야 하는지를 계산합니다. 우리가 재귀 호출을 할 때 할당하는 사분면의 번호가 주어졌을 때, 사분면 0과 1의 원점의 행 번호는 부모 사분면의 행 번호와 동일합니다. 그리고 사분면 2와 3의 행 번호는, 11번째 줄에서처럼 부모 사분면의 행 번호에 size // 2 를 더해야 합니다. 12번째 줄에서는 사분면의 열 번호를 계산하는데, 사분면 0과 2의 열 번호는 부모 사분면과 동일한 열 번호를 가지고 있고, 사분면 1과 3의 열 번호는 부모 사분면의 열 번호에 size // 2 만큼 더해야 합니다.

미설치 지역이 존재하는 quadMiss 사분면에 대해 재귀 호출을 수행하기 위해서 우리는 단순히 새로운 rMiss와 cMiss를 계산하면 되는데, 위에서 찾은 원점이 얼마나 이동하는지를 그대로 적용하면 됩니다. 14번째 줄에서 새로운 rMiss와 cMiss를 재귀 호출에서 사용하는 것을 볼 수 있습니다.

다른 세 개의 사분면에서는 rMiss와 cMiss를 다르게 계산해야 합니다. 왜냐하면 미설치 지역이 구석의 한 정사각형이 될 것이고, 부모의 rMiss와 cMiss와는 전혀 무관한 값이 되기 때문입니다. 16 - 17번째 줄에서 이 작업을 수행합니다.

사분면 0에서는 항상 우측 하단 구석의 정사각형이 미설치 지역이 되고, 원점을 기준으로 rMiss는 size // 2 − 1 이 되고, cMiss는 size // 2 − 1 이 됩니다. 다른 사분면에 대해서도 비슷하게 동작합니다.

마지막으로, 19 − 23번째 줄에서, 우리는 정원 한 가운데에 quadMiss 값을 고려해서 타일을 놓습니다. 우리는 쉽게 재귀 호출을 하기 전에 중앙 타일을 놓을 수도 있습니다. 한 가지 달라지게 되는 점은 타일의 위치가 아닌 타일의 번호입니다. 19와 19a번째 줄에서 파이썬의 리스트 컴프리헨션 스타일로 centerPos 리스트를 생성합니다. 자세한 것은 아래 이야기하겠습니다. 이 리스트는 처음에 정원의 한 가운데 있는 네 개의 정사각형을 가지고 있습니다. 이 정사각형들은 각 사분면의 구석에 있는 정삭각형들을 말합니다. 20번째 줄 centerPos에서 quadMiss에 해당하는 사분면의 구석 정사각형을 제거합니다.

이제 recursiveTile을 처음에 어떻게 호출할지 보겠습니다.

```
1.   EMPTYPIECE = -1
2.   def tileMissingYard(n, rMiss, cMiss):
3.       yard = [[EMPTYPIECE for i in range(2**n)]
3a.              for j in range(2**n)]
4.       recursiveTile(yard, 2**n, 0, 0, rMiss, cMiss, 0)
5.       return yard
```

우리는 정원에 비어있는 사각형을 −1로 표시하겠습니다. tileMissingyard 함수는 recursiveTile 함수의 래퍼로서, 원점의 좌표와 nextPiece를 모두 0으로 초기화합니다. 3번째와 3a번째 줄에서, 우리는 정원에 해당하는 각 면이 2**n 크기인 새로운 2차원 리스트를 만듭니다. 우리는 파이썬의 리스트 컴프리헨션 스타일로 초기화하였고, 이 스타일은 2차원 리스트를 채울 때 사용하는 전통적인 중첩된 **for** 반복문 스타일보다 훨씬 간결합니다. 각각의 recursiveTile 안에서 정원을 표현하기 위해 새로운 메모리를 할당하지 않습니다. 이는 중요한 내용입니다. 각 재귀 호출은 입력값으로 들어오는 yard 변수에 서로 다른 부분에 데이터를 쓰고 있습니다.

출력된 nextPiece 값은 최상위 호출에서는 아무 역할이 없기 때문에 무시할만하지만, 그 이후 나오는 재귀 호출에서는 사용되어야 합니다.

리스트 컴프리헨션은 자연스러운 방법으로 리스트를 만들 때 사용할 수 있습니다. 다음과 같이 정의된 리스트 S와 O를 만들고 싶다고 합시다.

```
S = {x³ : x in {0 . . . 9}}
O = {x ¦ x in S and x odd}
```

리스트 컴프리헨션을 사용해서 위의 리스트들을 만드는 코드는 아래와 같습니다.

```
S = [x**3 for x in range(10)]
O = [x for x in S if x % 2 == 1]
```

리스트를 정의하는 [ ] 안의 첫 번째 표현식은 리스트에 넣을 원소에 해당하고, 나머지 부분은 리스트의 원소를 생성하는 부분입니다. 리스트 S에는 0부터 9 사이의 정수들의 세제곱이 들어 가고, 리스트 O에는 리스트 S에 있는 숫자들 중 홀수만 들어갑니다.

이제 조금 더 흥미로운 예제로, 50보다 작은 소수를 계산하는 방법을 살펴보겠습니다. 먼저, 리스트 컴프리헨션으로 합성수(소수가 아닌 수)로 리스트를 만들고, 그 후에 다른 리스트 컴프 리헨션을 사용해서 리스트를 뒤집어서 소수를 찾을 수 있습니다.

```
cp = [j for i in range(2, 8) for j in range(i*2, 50, i)]
primes = [x for x in range(2, 50) if x not in cp]
```

cp는 두 개의 반복문으로 정의되고, 2부터 7 사이의 숫자들의 곱으로 생성되는 모든 수를 가지 고 있습니다. 생성되는 수는 항상 50보다 작습니다. 왜냐하면 $7^2 = 49$ 이기 때문에 7을 선택했 고, 이 수들의 곱으로 나올 수 있는 가장 큰 수는 50보다 작기 때문입니다. 어떤 합성수들은 cp 에서 여러 번 나타날 수도 있습니다. primes는 단순하게 2부터 49까지 순회하면서 cp 리스트 에 존재하지 않는 숫자를 포함합니다.

리스트 컴프리헨션을 통해 굉장히 간결한 코드를 생성할 수 있고, 때로는 간결함으로 인해 이 해하기 어려울 수도 있습니다. 그래서 항상 적당히 사용하는 것이 좋습니다.

11-6 예쁘게 출력하기

예쁘게 출력해야 하는 이유 중 하나는 공사 업체가 잘 이해할 수 있는 지도를 만드는데 있습니다. 그리고 아래 코드는 정확하게 우리가 원하는 대로 출력해줍니다.

```
1.  def printYard(yard):
2.      for i in range(len(yard)):
3.          row = ''
4.          for j in range(len(yard[0])):
5.              if yard[i][j] != EMPTYPIECE:
6.                  row += chr((yard[i][j] % 26) + ord('A'))
7.              else:
8.                  row += ' '
9.          print (row)
```

이 함수는 2차원의 정원을 한 줄에 한 행씩 출력합니다. 놓여진 타일에 해당하는 문자들을 연이어서 하나의 행을 만들고, 그 행을 출력합니다. 정원의 미설치 지역은 8번째 줄에서처럼 공백으로 남겨둡니다. 우리는 타일의 번호를 출력할 수도 있지만, 여기서는 문자 A에서 Z로 변환해서 출력하겠습니다.

chr 함수는 숫자를 받아서 아스키 코드의 숫자에 해당하는 문자를 출력합니다. ord 함수는 chr 함수의 반대입니다. 문자를 받아서 해당하는 아스키 코드의 숫자를 출력합니다. 5번째 줄에서 0번 타일에 A를 할당합니다. 1번 타일은 B를 할당하고, 이런 식으로 진행해서 26번 타일에는 Z를 할당합니다. 만약 정원의 크기가 $2^5 \times 2^5$ 이거나 그보다 더 크다면, 우리는 L 모양의 타일이 26개 이상 필요하기 때문에 어떤 타일들은 같은 문자를 가지게 됩니다(물론, 우리는 유일한 식별자로 타일의 숫자를 출력할 수 있습니다. 숫자를 출력하는데 한 가지 문제점은 한 자리 숫자와 두 자리 숫자를 어떻게 표현할지 생각해야 합니다).

아래 명령을 실행하면,

```
printYard(tileMissingYard(3, 4, 6))
```

다음의 결과를 얻을 수 있습니다.

```
AABBFFGG
AEEBFJJG
CEDDHHJI
CCDUUHII
KKLUPP Q
KOLLPTQQ
MOONRTTS
MMNNRRSS
```

이 정도면 정원에 어떻게 타일을 놓을지 공사업체에 충분히 잘 보여줄 수 있습니다. 여러분은 recursiveTile 함수가 어떤 순서로 타일을 놓았는지도 알 수 있습니다. recursiveTile 함수의 12번째 줄에서 보듯이, 재귀 호출은 0, 1, 2, 3 순서대로 사분면을 처리합니다. 첫 번째 놓이는 타일은 A이고, 좌측 상단의 사분면에 해당합니다. 정 가운데에 있는 타일 U는 마지막에 놓인 타일입니다. 우리는 모든 재귀 호출을 마친 뒤에 가운데 타일을 놓기로 했었기 때문입니다. 만약 우리가 가운데 타일을 재귀 호출 전에 놓았다면, 가운데 타일이 A였을 것입니다.

이제 recursiveTile의 실행시간을 분석해보겠습니다. 이 함수는 넓은 정원에서도 꽤 빠르게 동작합니다. 중요한 점은 바로 매번 재귀 호출이 일어날 때마다 정원의 크기(예를 들어, 정원의 길이 혹은 넓이)가 계속해서 원래의 절반으로 줄어든다는 것입니다. 그래서 $2^n \times 2^n$ 크기의 정원으로 시작한다면, n-1 단계 후에 우리는 기저 사례인 2×2 크기의 정원을 만나게 됩니다. 물론 각 단계에서 우리는 네 개의 재귀 호출을 수행하기 때문에, 총 4^{n-1} 개의 함수에서 2×2 크기의 정원을 처리하게 될 것입니다. 모든 함수에서 처리하는 정사각형의 개수는 정확하게 $2^n \times 2^n$ 로서, 정원에 있는 정사각형의 숫자와 동일합니다. 물론, 한 개의 정사각형에는 타일을 놓지 않습니다.

11-7 다른 종류의 타일 놓기 퍼즐

유명한 타일 놓기 퍼즐로, 다음과 같은 부서진 체스판 채우기 문제가 있습니다. 8×8 크기의 체스판에서 서로 대각선 끝에 위치한 두 개의 정사각형을 제거해서 62개의 정사각형을 남겨둡니다. 여기에 31개의 2×1 크기의 블록을 사용해서 체스판을 모두 채우는 것이 가능할까요?

연습문제

연습 1 여러분에게 L 모양의 타일과 함께 $2^n \times 2^n$ 정원이 주어졌습니다. 여기에는 네 개의 미설치 지역이 있습니다. 이런 정원에 타일을 깔기 위해서는 아래 둘 중 한 가지의 경우여야 합니다.

1. 네 개의 미설치 지역이 각각 다른 사분면에 있을 때
2. 네 개의 미설치 지역 세 개가 한 곳에 모여있어서, 이 세 개의 미설치 지역을 한 개의 L 모양의 타일로 깔 수 있을 때

이제 위의 두 가지 조건을 사용해서 recursiveTile 함수로 정원에 타일을 전부 깔 수 있을지 판단할 수 있는 함수를 작성해보세요. 이 함수는 단순하게 주어진 n과 네 개의 미설치 지역의 좌표를 받아서, **True** 또는 **False**를 출력합니다.

퍼즐 연습 2 여러분에게 아래와 같은 2차원 리스트 T가 주어져있고, 모든 행과 모든 열은 크기 순으로 정렬되어 있습니다. T와 같은 리스트에서 사용할 수 있는 이분 탐색 알고리즘을 고안해서 작성해보세요. 모든 원소는 유일하다고 가정합니다.

```
T = [[ 1,  4,  7, 11, 15],
     [ 2,  5,  8, 12, 19],
     [ 3,  6,  9, 16, 22],
     [10, 13, 14, 17, 24],
     [18, 21, 23, 26, 30]]
```

전략은 이렇습니다. 주어진 값이 i, j 에 위치했다고 가정하고, 만약 주어진 값이 T[i][j] 보다

작다면 무엇을 의미하는지 또는 주어진 값이 T[i][j] 보다 크다면 무엇을 의미하는지 생각해보기 바랍니다. 예를 들어, 만약 우리가 21을 찾으려고 하는데, T[2][2] = 9 라면, 21은 좌측 상단 부분인 T[<=2][<=2] 에 있을 수 없습니다. 왜냐하면 그 안에 모든 값들은 9보다 작기 때문입니다. 그러나, 21은 그 외의 모든 곳에 있을 수 있습니다. 위의 예시에 해당하는 좌측 하단 T[>2][<=2] 에 있을 수도 있고, 우측 상단 T[<=2][>2] 에 있을 수도 있고, 우측 하단 T[>2][>2] 에 있을 수도 있습니다.

여러분의 2차원 이분 탐색은 언제나 사분면 중 하나를 제거해 나갑니다. 그리고 나머지 세 개의 사분면에 대해 재귀 호출을 이어나가야 합니다.

퍼즐 연습 3 ▶ 연습 2에서 찾은 2차원 이분 탐색 알고리즘이 가능한 최고의 알고리즘인지 고민하는 것은 자연스러운 생각입니다. 다시 한 번 T를 보겠습니다.

```
T = [[ 1,  4,  7, 11, 15],
     [ 2,  5,  8, 12, 19],
     [ 3,  6,  9, 16, 22],
     [10, 13, 14, 17, 24],
     [18, 21, 23, 26, 30]]
```

여러분은 T 안에 13이 있는지 확인하려고 합니다. 우리의 전략은 이렇습니다. 우측 상단의 원소로부터 시작해서, 만약 원소가 13보다 작다면 여러분은 첫 번째 행을 통째로 삭제하고 한 칸 아래로 내려갈 수 있습니다. 만약 원소가 더 크다면, 여러분은 마지막 열을 통째로 삭제하고 한 칸 왼쪽으로 갈 수 있습니다. 당연하지만, 찾는 값이 우측 상단의 원소라면 바로 거기서 멈추면 됩니다.

이 전략은 매우 깔끔한데, 한 번의 비교 연산 후에 한 개의 행 또는 한 개의 열을 제거하기 때문입니다. 그래서 여러분은 찾고 싶어하는 값을 n × n 배열에서 최대 2n 단계만에 찾거나 혹은 해당 원소가 없다고 결정할 수 있습니다. 적당한 부분 리스트(한 개의 행이 적거나 혹은 열이 적거나)를 찾아서 재귀 호출하는 방식으로 알고리즘을 구현해보세요.

위의 예에서, 우리는 15에서 11로, 12로, 16으로, 9로, 14로, 마지막으로 13에 다다를 수 있습니다.

퍼즐 12_
브라흐마의 탑

세상의 마지막에 엄청난 무엇인가가 있지 않다면, 나를 깨우지 마세요.

Roger Zelazny 의 저서, Prince of Chaos

이번 퍼즐에 쓰이는 프로그래밍 구조 및 알고리즘:

• 탐색을 통해 재귀 함수 크기 줄이기

브라흐마의 탑, 하노이의 탑으로 더 잘 알려져있는 이 문제는 굉장히 수학적인 게임 또는 퍼즐입니다. 세 개의 기둥이 있고, 크기가 다른 여러 개의 원반이 있습니다. 처음에는 아래 그림처럼 원반들이 한 쪽 기둥에 크기 순으로(작을수록 위에, 클수록 아래에) 쌓여 있어서 원뿔 모양을 하고 있습니다.

하노이의 탑(Tower of Hanoi, TOH) 퍼즐의 목표는 기둥의 모든 원반을 다른 기둥으로 옮기는데, 아래의 기본적인 규칙들을 지켜야 합니다.

- 한 번에 한 개의 원반만 옮길 수 있습니다.
- 원반을 옮긴다는 것은 한 쪽 원반 무더기 위에 있는 원반을 다른 원반 무더기의 위에 두는 것입니다 (즉, 원반 무더기의 가장 위에 있는 원반만 이동시킬 수 있습니다).
- 작은 원반 위에 큰 원반을 올릴 수 없습니다.

이 퍼즐이 프랑스의 수학자 E´douard Lucas에 의해 고안되었는지는 정확하지 않지만, 그에 의해 널리 알려지게 되었다는 것은 확실합니다. 전설에 따르면, 한 힌두교 사원의 큰 방에 세 개의 기둥이 있었는데 그 중 한 기둥에 64개의 금으로 된 원반이 쌓여있었습니다. 어느날 새벽녘부터 이 사원의 신도들은 위의 규칙에 따라 한 기둥에서 다른 기둥으로 원반들을 옮기기 시작했습니다. 그리고 이 퍼즐의 마지막 원반이 옮겨질 때, 세상은 종말을 맞을 것이라고 했습니다. 즉, 모든 원반이 다른 기둥으로 올바르게 이동했을 때입니다. Lucas 본인이 직접 이런 전설까지 만들어냈는지 아니면 이런 전설에 의해 영향을 받았는지는 확실히 알려져있지 않습니다.

원래의 퍼즐에는 64개의 원반과 3개의 기둥이 있습니다. 우리는 이 퍼즐에 n개의 원반이 있다고 할 것입니다. 이 퍼즐은 여러가지 변종이 있는데, 그 중 하나가 기둥의 개수가 다른 것입니다. 우리는 먼저 이 퍼즐을 두 가지의 형태로 풀어볼 것입니다. 한 개는 기존 문제 그대로 세 개의 기둥이 있는 경우이고, 변종으로서 세 개의 기둥이 있지만 원반을 이동시키는 방법에 추가적인 조건을 붙여볼 것입니다. 이 장의 마지막 연습문제로 또 다른 변종도 다루어 보겠습니다.

12-1 TOH의 재귀적 풀이

TOH는 분할 정복 알고리즘을 사용해서 풀 수 있습니다. 이 접근은 아래 그림과 같은 방법으로 진행되는데, 처음에는 가장 왼쪽 기둥에 원반이 쌓여있고, 모두 가장 오른쪽 기둥으로 옮기는 것입니다.

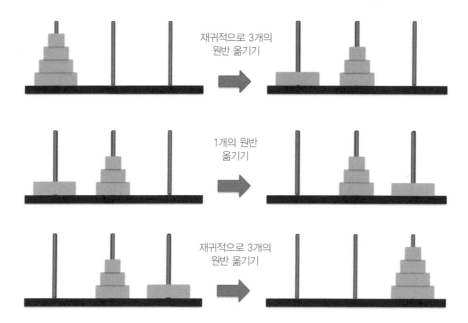

첫 번째 단계에서는 재귀 호출을 통해 n−1개의 원반(그림 예제에는 n=4일 때)을 옮기는데, 같은 시작 기둥이지만 끝 기둥은 다릅니다. TOH에서는 세 개의 기둥이 모두 같기 때문에, 무엇이 시작이고 중간이고 끝인지는 중요하지 않습니다. 두 번째 단계에서는 시작 기둥의 남은 한 개의 원반을 끝 기둥으로 옮깁니다. 세 번째 단계에서는 n−1 크기의 문제를 위해 다른 재귀 호출을 하는데, 시작 기둥은 가운데 기둥이고 끝 기둥은 원래의 끝 기둥과 같습니다.

이 분할 정복 알고리즘은 원래의 문제보다 하나씩 원반의 수를 줄여가면서 재귀 호출을 실행한다는 것에 주의하시기 바랍니다. '퍼즐 11 타일 깔기'에서는 전체 면적은 1/4씩 줄여갔었습니다.

우리는 분할 정복 알고리즘을 통해 어떻게 문제를 풀면 좋을지 알아냈습니다. 이제 재귀적인 코드를 작성할 차례입니다. 아래는 TOH를 풀기 위해 재귀적인 구현이 들어간 코드입니다. 이 함수는 원반의 개수인 numRings에 따라서 TOH를 풀기 위해 각 원반의 움직임을 모두 출력하기 때문에, 사원의 신도들은 이 결과를 보고 쉽게 따라할 수 있을 것입니다.

```
1.  def hanoi(numRings, startPeg, endPeg):
2.      numMoves = 0
3.      if numRings > 0:
4.          numMoves += hanoi(numRings - 1, startPeg,
                                6 - startPeg - endPeg)
5.          print ('Move ring', numRings, 'from peg',
                        startPeg, 'to peg', endPeg)
6.          numMoves += 1
7.          numMoves += hanoi(numRings - 1,
                      6 - startPeg - endPeg, endPeg)
8.      return numMoves
```

먼저, 원반들은 위 코드에서 1부터 numRings까지 번호가 매겨져 있고, 가장 윗 원반을 1로, 가장 아래 원반을 numRings로 정합니다. 다음은 시작 기둥에서 끝 기둥까지 원반을 옮기는 작업을 어떻게 코드로 작성할지 고민해보겠습니다. 기둥은 왼쪽부터 1, 2, 3으로 번호를 매깁니다. 시작 기둥 번호와 끝 기둥 번호가 주어지면, 우리는 남은 기둥 하나를 6 - startPeg - endPeg로 구할 수 있습니다. 이 식은 재귀 호출에서 원반을 기둥 간에 옮길 때 꼭 필요합니다.

4, 5, 7번째 줄은 앞 그림의 세 개의 화살표에 해당하는 부분입니다. 4번째 줄의 재귀 호출로 시작 기둥에 위에서부터 numRings - 1 개의 원반을 가운데 기둥으로 옮기도록 합니다. 옮기는 작업의 횟수를 numMoves 변수에 저장합니다. 5번째 줄에서는 단순히 시작 기둥의 가장 아래 있는 numRings 번호가 붙은 원반을 끝 기둥으로 옮깁니다. 7번째 줄에서는 가운데 기둥에서 끝 기둥으로 numRings - 1 개의 원반을 재귀 호출을 통해 다시 옮깁니다.

이제 위 함수를 다음과 같이 실행합니다.

```
hanoi(3, 1, 3)
```

우리는 세 개의 원반을 가지고 있고, startPeg = 1 이고 endPeg = 3 입니다. 이 함수는

hanoi(2, 1, 2)를 호출하고, 3번 원반을 1번 기둥에서 3번 기둥으로 이동하고, 마지막으로 hanoi(2, 2, 3)을 호출합니다. 두 개의 재귀 호출은 각각 다시 두 개의 호출을 만들고, 각 함수들은 한 개의 원반이 있는 하노이 문제를 풀게 됩니다. 그래서 결과적으로 다음과 같이 출력됩니다.

```
Move ring 1 from peg 1 to peg 3
Move ring 2 from peg 1 to peg 2
Move ring 1 from peg 3 to peg 2
Move ring 3 from peg 1 to peg 3
Move ring 1 from peg 2 to peg 1
Move ring 2 from peg 2 to peg 3
Move ring 1 from peg 1 to peg 3
```

이제 변종 문제로 눈을 돌려보겠습니다. 인접한 하노이의 탑(Adjacent Towers of Hanoi, ATOH) 문제는 원반을 가장 왼쪽의 기둥에서 가장 오른쪽의 기둥으로 옮기는 것을 허용하지 않고, 오로지 인접한 기둥으로 이동하는 것만을 허용합니다. 우리의 재귀적인 TOH 알고리즘에서, 아래와 같은 두 번째 단계인 한 개의 원반을 가장 왼쪽에서 가장 오른쪽으로 옮기는 것이 불가능한 것입니다.

ATOH 문제에서
허용되지 않음

12-2 ATOH의 재귀적 풀이

분할 정복 알고리즘의 가장 중요한 점은 기저 사례를 정의하는 것으로서, 좀 더 작은 재귀적인 문제를 어떻게 풀 수 있는지 알고 있는 척을 하는 것입니다. 명확하게, 원반이 하나 있는 경우

(예를 들어 n = 1)에는 우리는 ATOH 문제를 두 번의 이동으로 풀 수 있습니다. 제일 왼쪽의 기둥에서 가운데 기둥으로, 그리고 가장 오른쪽 기둥으로 옮기면 됩니다. 이제 ATOH 문제에서 n−1개의 원반이 있을 때 어떻게 풀 수 있는지 알고 있다고 가정하겠습니다. 재귀적인 분할 정복 전략을 다음과 같이 적용해봅시다.

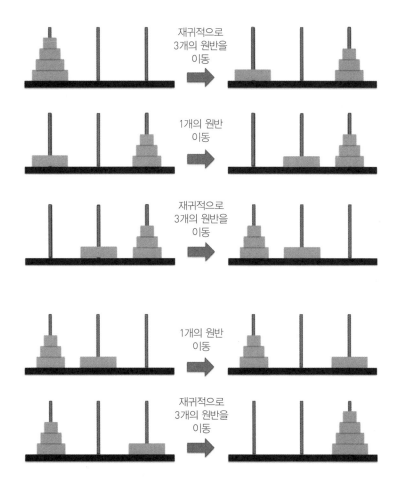

첫 번째 재귀 호출에서 주의할 점은 n−1개의 원반이 있는 ATOH 문제의 전제 조건을 만족하면서 ATOH 문제를 풀 수 있다고 가정한 것입니다. 시작 기둥과 끝 기둥은 원래의 문제와 동일합니다. 다음으로 시작 기둥의 가장 아래에 있는 원반 한개를 가운데 기둥으로 옮깁니다. 이 이동은 ATOH 문제의 규칙을 위반하지 않습니다. 그리고 우리는 원래의 문제에서 시작 기둥과 끝 기둥이 바뀐 채로 n−1개의 ATOH 문제를 다른 재귀 호출을 실행하여 해결합니다. 이 문제에서 시작과 끝 기둥은 대칭적이기 때문에, 두 기둥의 역할은 서로 변경해도 결과는 동일합니다. 다음으로 우리는 가장 큰 원반을 가운데 기둥에서 끝 기둥으로 이동시킵니다. 마지막으로, n−1개의 원반을 원래 문제와 동일한 시작 기둥에서 끝 기둥으로 이동시킵니다.

이제 ATOH의 재귀적 구현이 어떻게 되는지 살펴보겠습니다.

```
1.  def aHanoi(numRings, startPeg, endPeg):
2.      numMoves = 0
3.      if numRings == 1:
4.          print ('Move ring', numRings, 'from peg',
                        startPeg, 'to peg', 6 - startPeg - endPeg)
5.          print ('Move ring', numRings, 'from peg',
                        6 - startPeg - endPeg, 'to peg', endPeg)
6.          numMoves += 2
7.      else:
8.          numMoves += aHanoi(numRings - 1, startPeg, endPeg)
9.          print ('Move ring', numRings, 'from peg', startPeg,
                            'to peg', 6 - startPeg - endPeg)
10.         numMoves += 1
11.         numMoves += aHanoi(numRings - 1, endPeg, startPeg)
12.         print ('Move ring', numRings, 'from peg',
                        6 - startPeg - endPeg, 'to peg', endPeg)
13.         numMoves += 1
14.         numMoves += aHanoi(numRings - 1, startPeg, endPeg)
15.     return numMoves
```

이 코드는 TOH 문제의 코드보다 더 많은 단계를 거치지만, 개념적으로는 복잡하지 않습니다. 이전에 보았던 것처럼, 가운데 기둥은 startPeg와 endPeg로부터 산술적으로 계산됩니다. 한 개의 원반이 있는 기저 사례는 4번째와 5번째 줄처럼 두 번 이동시킵니다. numRings > 1 보다 큰 경우에는 위에서 보았던 그림과 같은 단계를 따르는데, 세 개의 재귀 호출을 실행하고 수를 실행하면,

```
aHanoi(3, 1, 3)
```

아래와 같은 결과를 얻을 수 있습니다.

```
Move ring 1 from peg 1 to peg 2
Move ring 1 from peg 2 to peg 3
Move ring 2 from peg 1 to peg 2
Move ring 1 from peg 3 to peg 2
Move ring 1 from peg 2 to peg 1
Move ring 2 from peg 2 to peg 3
Move ring 1 from peg 1 to peg 2
Move ring 1 from peg 2 to peg 3
Move ring 3 from peg 1 to peg 2
Move ring 1 from peg 3 to peg 2
Move ring 1 from peg 2 to peg 1
Move ring 2 from peg 3 to peg 2
Move ring 1 from peg 1 to peg 2
Move ring 1 from peg 2 to peg 3
Move ring 2 from peg 2 to peg 1
Move ring 1 from peg 3 to peg 2
Move ring 1 from peg 2 to peg 1
Move ring 3 from peg 2 to peg 3
Move ring 1 from peg 1 to peg 2
Move ring 1 from peg 2 to peg 3
Move ring 2 from peg 1 to peg 2
Move ring 1 from peg 3 to peg 2
Move ring 1 from peg 2 to peg 1
Move ring 2 from peg 2 to peg 3
Move ring 1 from peg 1 to peg 2
Move ring 1 from peg 2 to peg 3
```

세 개의 원반이 있는 ATOH 문제는 세 개의 원반이 있는 TOH 문제보다 훨씬 더 많은 이동을 해야 합니다. 원반을 이동시키는데 추가적인 제한으로 인해 문제를 푸는 것을 어렵게 만들었습니다.

단순히 생각하고 코드로 구현하는데 그치지 않고, 알고리즘의 성능을 논리적으로 판단하기 위해 복잡도를 분석해보겠습니다. 알고리즘의 분석을 통해 TOH와 ATOH에서 수행되는 원반의 이동 횟수를 따져보겠습니다.

분할 정복 알고리즘은 기본적으로 얼마나 많이 반복되었는지를 확인해야 합니다. TOH에 대해서 우리는 아래와 같은 점화식을 유도할 수 있습니다.

$$T_n = 2T_{n-1} + 1$$

T_n은 n개의 원반이 있는 TOH 문제를 푸는데 필요한 원반의 이동 횟수이고, T_{n-1} 은 $n-1$ 개의 원반이 있는 TOH 문제를 푸는데 필요한 원반의 이동 횟수입니다. 위 점화식은 이전에 보았던 TOH 문제를 설명한 그림과 코드에서 직접적으로 도출할 수 있습니다. $T_0=0$ 인데, 이것은 원반이 없기 때문에 당연합니다. 위 점화식을 반복적으로 적용하면, 우리는 $T_1=1$, $T_2=3$, $T_3=7$, $T_4=15$ ⋯ 이런 식으로 계속 찾을 수 있습니다. 약간의 추측과 확인 과정을 동반하면, 우리는 $T_n = 2^n - 1$ 이라는 것을 알 수 있습니다.

여러분이 브라흐마의 탑에 관한 전설을 믿는다면, 이보다 더 안심할 수는 없습니다. 왜냐하면 신도들이 한 개의 원반을 1초마다 옮길 수 있다고 치고, 원반의 이동 횟수를 최소화한다고 해도, 전부 옮기는데 $2^{64}-1$ 초만큼 걸리는데, 대충 5850억년이 걸리기 때문입니다! 태양도 이만큼은 지속되지 않을 것입니다. 지속된다고 해도 지구를 태워버릴 만큼 뜨거워질 것이기 때문에 지구에서 살 수 없고, 인류는 다른 행성에서 살고 있어야 할 것입니다.

비슷한 방식으로, ATOH 문제에 관한 점화식을 도출해보면 다음과 같이 적을 수 있습니다.

$$A_n = 3A_{n-1} + 2$$

A_n은 n개의 원반이 있는 ATOH 문제를 풀기 위해 필요한 원반의 이동 횟수이고, A_{n-1} 은 $n-1$ 개의 원반이 있는 ATOH 문제를 풀기 위해 필요한 원반의 이동 횟수입니다. $A_0=0$ 이고, 원반이 없기 때문에 당연합니다. 반복적으로 점화식을 적용하면 우리는 $A_1=2$, $A_2=8$, $A_3=26$, $A_4=80$ ⋯ 이런 식으로 계속 찾을 수 있습니다. 약간의 추측과 확인 과정을 동반하면, 우리는 $A_n = 3^n - 1$ 이라는 것을 알 수 있습니다.

우리의 예제에서 $n=3$ 일 경우, TOH는 7번 이동이 필요하고, ATOH는 26번 이동이 필요합니다. 우리가 찾은 식이 정확하다는 것을 알 수 있습니다.

그레이 코드(Gray Code)는 일종의 이진수 체계로서, 두 개의 연속적인 이진수가 반드시 한 개의 자릿수만 다르도록 만드는 것입니다. 그레이 코드는 디지털 통신에서 에러를 검출하는데 광범위하게 사용됩니다. 재미있게도, 그레이 코드는 TOH 퍼즐과 직접적으로 연관되어 있습니다.

1비트 그레이 코드는 간단히 {0, 1} 이고, 이것을 L1이라고 부르겠습니다. 2비트 그레이 코드를 만들기 위해, 우선 1비트 그레이 코드를 뒤집어서 {1, 0} 을 만들고, 이것을 L2라고 부르겠습니다. L1에는 모두 접두사로 0을 붙이고, L2에는 모두 접두사로 1을 붙입니다. 그러면 우리는 L1'={00, 01}, L2'={11, 10} 을 만들 수 있습니다. 그리고 L1' 과 L2'를 연결시키면, 우리는 2비트 그레이 코드 {00, 01, 11, 10} 을 찾을 수 있습니다.

이런 식으로, 3비트 그레이 코드인 {000, 001, 011, 010, 110, 111, 101, 100} 를 2비트 그레이 코드로부터 구할 수 있고, 또 이것으로부터 4비트 그레이 코드 {0000, 0001, 0011, 0010, 0110, 0111, 0101, 0100, 1100, 1101, 1111, 1110, 1010, 1011, 1001, 1000} 를 구할 수 있습니다.

n비트 그레이 코드를 알고 있다면, 우리는 n개의 원반이 있는 TOH 문제를 바로 풀 수 있습니다. 그레이 코드가 우리가 원반을 어떻게 옮겨야 할지 알려주기 때문입니다! TOH를 풀기 위해 우리는 2^n-1 번 원반을 옮겨야 하고, 이 동작들은 2^n 길이의 그레이 코드에 있는 2^n-1 개의 변화에 모두 표현되어 있습니다. 가장 작은 원반은 가장 오른쪽 자릿수에, 가장 큰 원반은 가장 왼쪽 자릿수에 해당합니다. 원반의 이동은 자릿수에 변화에 해당합니다. 예를 들어, 우리가 000 → 001 로 수가 변한다면, 가장 작은 원반을 이동시킵니다. 그런데, 어떤 기둥으로 옮겨야 할까요? 이것은 우리의 선택에 달렸습니다.

가장 작은 원반을 이동시킬 때는 도착 기둥으로 두 가지 선택지가 있습니다. 다른 원반들은 한 가지의 선택지만 있습니다. 만약 원반의 수가 홀수라면, 가장 작은 원반은 시작 → 끝 → 가운데 → 시작 → 끝 → 가운데 순으로 놓이는 위치가 바뀝니다. 만약 원반의 수가 짝수라면, 가장 작은 원반은 시작 → 가운데 → 끝 → 시작 → 가운데 → 끝 순으로 놓이는 위치가 바뀝니다. 3 ~ 4개의 원반의 경우를 통해 직접 확인해보시기 바랍니다.

연습문제

퍼즐 연습 1 ▶ 여러분에게 네 개의 기둥이 있다고 하겠습니다. n개의 원반이 있을 때 이동 횟수를 줄이는 한 가지 방법은 아래처럼 먼저 원반을 반으로 나누는 것입니다. 아래의 각 단계에서 보듯이, 기존의 세 개의 기둥이 있는 하노이의 탑을 푸는 과정을 적용할 수 있습니다. 이 문제에서 n은 항상 짝수라고 가정합시다.

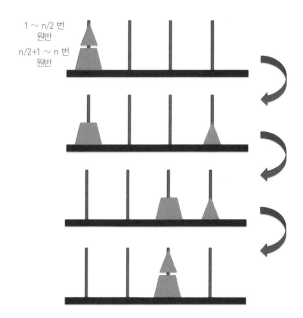

예를 들어, 첫 번째 단계에서 가운데 기둥을 둘 중 하나로 정하고, 끝 기둥을 네 번째 기둥으로 정하고 기존 하노이의 탑 문제를 풀듯이 풉니다.

두 번째 단계에서 다시 기존 하노이의 탑 문제를 호출하는데, 다른 점 하나는 원반의 번호가 다르다는 것입니다. 지금은 아랫 부분의 절반의 원반을 옮기기 때문에, 원반의 번호가 n/2+1 에서 n입니다. 여러분은 적당히 코드를 수정해 번호를 맞추어야 합니다.

세 번째 단계에서 네 번째 기둥을 시작 기둥으로 하고, 도착 기둥을 세 번째 기둥으로 해서 기존 하노이의 탑 문제를 호출합니다. 처음 두 개의 기둥 중 하나를 가운데 기둥으로 합니다. 그림과 같은 과정을 따라하는 코드를 작성해보세요. 여러분은 n=8일 때, 45번 원반을 이동해야 합니다. 이 횟수는 세 개의 기둥 버전에서 255번 이동해야 하는 것에 비해 매우 조금만 이동하면 됩니다. 이 문제에서 세 번 호출되는 기존 하노이의 탑 문제는 $2^{8/2}-1=15$번만 원반을 옮기면 됩니다.

퍼즐 연습 2 ▶ 여러분은 사실 위의 방법보다 더욱 잘할 수 있습니다. 첫 번째와 세 번째 단계에서 우리는 두 개의 가운데 기둥이 있기 때문입니다. 여러분의 코드를 최적화해서 첫 번째와 세 번째 단계에서 네 개의 기둥을 모두 사용하도록 하는 재귀 함수를 작성해보세요. 이 과정을 통해 n=8일 때 35번 이동해야 합니다. 이 문제에서 $n=2^k$이라고 가정하겠습니다. 여러분이 이동 횟수를 어떻게 더 줄일지 관심이 있다면 Wikipedia에서 Frame-Stewart 알고리즘을 검색해보시기 바랍니다. 간략하게 설명하면, 이 알고리즘은 $k < n$ 인 최적의 k를 선택한 뒤, 원반을 k 개와 n − k 개로 분리합니다.

순환 하노이 문제로서, 여러분은 아래 그림과 같이 원형으로 위치한 세 개의 기둥 1, 2, 3 이 있습니다. 시계 방향은 $1 \to 2 \to 3 \to 1$ 이고, 반시계 방향은 $1 \to 3 \to 2 \to 1$ 입니다.

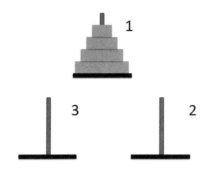

원반은 오로지 시계 방향으로 한 칸씩만 이동할 수 있습니다. 1번 기둥에 n개의 원반이 있을 때, 2번 기둥으로 모두 옮기는 재귀적인 함수를 작성해보세요.

여러분은 두 개의 상호 작용하는 함수가 필요한데, 한 개는 시계 방향으로 원반을 옮기는 함수이고, 다른 하나는 반시계 방향으로 원반을 옮기는 함수입니다.

시계 방향 함수에서는 먼저 n-1개의 원반을 반시계 방향인 $1 \to 3$으로 옮기고, 제일 큰 원반을 시계 방향인 $1 \to 2$로 옮기고, 다시 n-1개의 원반을 반시계 방향인 $3 \to 2$로 옮깁니다. 기저 사례는 한 개의 원반을 시계 방향으로 옮기는 것입니다.

원반은 반드시 시계 방향으로만 이동할 수 있기 때문에 반시계 방향 함수는 조금 더 복잡합니다. 기저 사례는 한 개의 원반을 시계 방향으로 두 번 이동하는 것입니다. n-1개의 원반이 있을 때의 반시계 방향과 시계 방향 함수를 각각 호출해서 풀어야 할 것입니다.

아래는 n = 3 일 때의 결과입니다.

```
Move ring 1 from peg 1 to peg 2
Move ring 1 from peg 2 to peg 3
Move ring 2 from peg 1 to peg 2
Move ring 1 from peg 3 to peg 1
Move ring 2 from peg 2 to peg 3
Move ring 1 from peg 1 to peg 2
Move ring 1 from peg 2 to peg 3
Move ring 3 from peg 1 to peg 2
Move ring 1 from peg 3 to peg 1
Move ring 1 from peg 1 to peg 2
Move ring 2 from peg 3 to peg 1
Move ring 1 from peg 2 to peg 3
Move ring 2 from peg 1 to peg 2
Move ring 1 from peg 3 to peg 1
Move ring 1 from peg 1 to peg 2
```

퍼즐 13_
못난 기술자

유능한 목수는 연장 탓을 하지 않는다.

유명한 속담

만약 내 망치가 종이로 만들어진 것이라면? 그럼 내가 망치를 탓해야 하나?

작자 미상

이번 퍼즐에 쓰이는 프로그래밍 구조 및 알고리즘:

- 제자리 피벗
- 제자리 재귀 정렬

한 기술자는 가방에 모든 종류의 서로 다른 크기를 가진 볼트와 너트를 가지고 다닙니다. 각 너트는 유일하고, 딱 맞는 볼트를 사용해야만 합니다. 그런데 이 못난 기술자는 가방에 잘 정리해서 넣어놓지 않고 모두 한 번에 쓸어담아서 아래 그림처럼 섞여버리고 말았습니다. 어떻게 하면 이 너트들을 잘 정렬해서 자신에게 맞는 볼트와 연결해놓을 수 있을까요?

n개의 볼트와 n개의 너트가 주어졌을 때, 이 기술자는 임의의 너트를 집은 후에 일일이 모든 볼트에 대보면서 딱 맞는 것을 찾을 수도 있습니다. 그리고 볼트-너트 짝을 지어서 옆에 두면, 이제 $n-1$ 크기의 문제로 줄어듭니다. 즉, 기술자는 n번 비교를 해서 문제의 크기를 1만큼 줄일 수 있습니다. 총 비교 연산의 횟수는 $n + (n-1) + (n-2) + \cdots + 1 = n(n+1)/2$ 입니다. 여러분은 마지막에는 한 개의 볼트와 한 개의 너트만 남아있기 때문에 사실상 비교할 필요가 없다고 할 수도 있습니다. 그래도 이 문제에서는 최종 확인을 위해 혹시 모르니 마지막 한 개라도 확인을 하는 것으로 하겠습니다.

이것보다 더 잘할 수 있을까요? 조금 더 구체적으로, 볼트와 너트를 두 개의 집합으로 나누어서 절반 크기의 집합이 있을 때, $n/2$ 크기의 두 개의 문제를 풀 수 있을까요? 이런 식으로 만약 기술자가 조수를 데리고 있다면, 이들은 동시에 같이 작업할 수도 있습니다. 물론, 재귀적으로 이 전략을 적용해서 다시 각 문제를 반으로 나눌 수도 있습니다. 만약 많은 사람들이 기술자를 돕고 싶다면 말입니다.

애석하게도, 단순히 너트를 동일한 크기를 가진 두 개의 더미 A, B로 나누고, 볼트도 두 개의 더미 C와 D로 나누는 방법으로는 우리가 원하는 것을 이룰 수 없습니다. 만약 너트와 볼트를 두 개의 그룹으로 나눈 뒤 A와 C를 볼트-너트 더미로 짝지었을 때, A에 있는 너트에 맞는 볼트가 C에 없을 수 있기 때문입니다. 알맞은 볼트가 D에 있을 수 있습니다. 여기 예시가 있습니다.

A와 C 더미를 그림의 왼쪽으로, B와 D를 오른쪽으로 생각해봅시다. 가장 큰 볼트(왼쪽에서 두 번째)는 왼쪽 더미에 있고, 가장 큰 너트(오른쪽에서 두 번째)는 오른쪽 더미에 있습니다.

충분히 큰 n에 대해, $n(n+1)/2$ 보다 의미있게 충분히 작은 횟수로 이 볼트-너트 문제를 풀 수 있는 재귀적 분할 정복 전략을 생각할 수 있을까요?

분할 정복 전략을 고안하기 위해, 우리는 이 문제를 어떻게 분할해서 기존의 문제와 동일하지만 크기가 작은 문제로 만들지 찾아내야 합니다. 볼트-너트 문제에서 볼트를 신경쓰지 않고 임의로 너트를 나누는 방법은 사용할 수 없습니다. 우리는 더 작은 문제가 독립적으로 풀릴 수 있도록 만들어야 합니다. 그러기 위해서는 각 너트에 맞는 볼트가 같은 집합 안에 있도록 만들어야 합니다.

13-1 피벗을 사용한 분할 정복

이 문제를 푸는데 있어 피벗은 분할 정복 알고리즘을 도출하기 위해 필요한 핵심 개념입니다. 우리는 볼트 하나를 선택하고, 이 볼트를 사용해서 어떤 너트들이 작은지, 같은지 또는 큰지를 결정합니다. 이 볼트를 피벗 볼트라고 부르겠습니다. 이 방법을 통해 너트를 세 개의 더미로 분류합니다. 가운데 더미의 크기는 1이고, 피벗 볼트에 맞는 너트만 들어있습니다. 그리고 이 과정 중에 우리는 한 개의 볼트-너트 짝을 찾을 수 있습니다. 짝지어진 너트를 피벗 너트로 정하고, 이 너트를 사용해서 볼트를 두 더미로 분류합니다. 한 쪽은 피벗 너트보다 큰 것들로, 한 쪽은 작은 것들을 쌓아놓습니다. 큰 볼트 더미는 피벗 볼트보다 큰 너트로 묶인 너트 더미와 같이 놓습니다. 그리고 작은 볼트 더미는 피벗 볼트보다 작은 너트로 묶인 너트 더미와 같이 놓습니다.

이제 우리는 큰 너트와 큰 볼트가 있는 더미가 있고, 작은 너트와 작은 볼트가 있는 더미가 있습니다. 피벗 볼트의 선택에 따라서 두 더미에는 서로 다른 수의 너트가 있을 것입니다. 그렇지만 만약 원래 문제에서 볼트와 너트 짝을 잘 찾았다면, 우리는 각 더미 안의 볼트와 너트의 숫자는 같다고 확신할 수 있습니다. 게다가 한 더미 안에서 서로 짝이 맞는 볼트와 너트가 같이 있다는 것도 보장할 수 있습니다.

이 전략에서, 우리는 피벗 볼트로 n번 모든 너트와 비교해서 너트를 두 개의 더미로 분류해야 합니다. 이 과정에서 우리는 피벗 너트를 찾습니다. 그리고 $n-1$ 번 비교해서 볼트를 두 개의 더미로 분류하고, 너트 더미와 합칩니다. 그래서 총 $2n-1$ 번의 비교가 필요합니다. 우리가 피벗 너트를 중간 크기의 것으로 선택했다고 가정했을 때, 대충 $n/2$ 크기의 문제 두 개를 만들어냅니다. 또 대략 n번의 비교를 통해 $n/2$ 크기의 문제를 $n/4$ 크기의 문제 네 개로 만들어냅니다.

좋은 점은 각 단계를 지날 때마다 문제의 크기를 하나씩 줄이는 것이 아니라 절반으로 줄인다는 것입니다. 예를 들어 $n=100$일 때, 원래의 전략은 4,950번 비교가 필요합니다. 새로운 전략에서는 199번만 비교하면 절반 크기인 $n=50$인 부분 문제 두 개를 만들어냅니다. 절반 크기의 부분 문제에 대해 원래의 방법을 적용한다고 하더라도, 각 부분 문제를 1,225번의 비교를 통해 해결할 수 있고, 총 199+1,225*2=2,649번의 비교를 통해 문제를 해결할 수 있습니다. 물론 우리는 재귀적인 분할 정복을 수행할 수 있습니다. 만약 우리가 각 문제를 대충 절반으로 나눌 수 있다면, 재귀적 전략의 비교 횟수는 $n \log_2 n$에 비례해서 증가합니다. 원래의 전략으로는 n^2에 비례해서 증가합니다. 우리는 '퍼즐 7 제곱근 구하기'에서 비슷한 관찰을 했었습니다.

이 퍼즐은 아마도 가장 널리 쓰이는 정렬 알고리즘인 퀵 정렬과 깊이 연관되어 있습니다. 퀵 정렬은 우리가 방금 살펴보았던 피벗 개념을 사용합니다.

13-2 정렬과의 관계

다음과 같이 유일한 원소들로 이루어진 파이썬 리스트가 있다고 하겠습니다.

a	b	c	d	e	f	g	h

우리는 이 리스트를 오름차순으로 정렬하고 싶습니다. 우리는 임의의 피벗 원소로서 g를 선택하겠습니다. 하지만 굳이 g가 아니라 마지막 원소인 h를 선택해도 상관없습니다. 이제 우리는 g보다 작은 원소들을 모아 왼쪽 부분 리스트로, g보다 큰 원소들을 모아 오른쪽 부분 리스트로 나눌 것입니다. 두 개의 부분 리스트는 정렬되지 않았습니다. 즉, 왼쪽 부분 리스트에 있는 g보다 작은 원소들은 순서에 상관없이 나열되어 있습니다. 우리는 그 결과 리스트를 다음과 같이 표현할 수 있습니다.

g 보다 작은 원소들	g	g 보다 큰 원소들

여기서 관찰할 수 있는 중요한 점은, g의 위치를 바꾸지 않으면서 왼쪽 부분 리스트를 정렬할 수 있다는 것입니다. 오른쪽 부분 리스트도 동일합니다. 두 개의 부분 리스트를 정렬하고 나면, 우리는 정렬된 전체 리스트를 얻을 수 있습니다!

아래는 재귀적 분할 정복 퀵 정렬 알고리즘을 구현한 코드입니다. 먼저 재귀적인 코드 부분을 이해한 뒤, 피벗 단계 코드 부분을 살펴보겠습니다.

```
1.  def quicksort(lst, start, end):
2.      if start < end:
3.          split = pivotPartition(lst, start, end)
4.          quicksort(lst, start, split - 1)
5.          quicksort(lst, split + 1, end)
```

quicksort 함수는 정렬하고자 하는 파이썬 리스트와 함께 리스트의 시작과 끝 위치값을 함께 받습니다. 리스트의 원소들은 lst[start]부터 lst[end]까지 있습니다. 우리는 시작 위치값을

0으로 하고 끝 위치값을 리스트의 길이에서 1을 뺀 값으로 할 수도 있습니다. 하지만 이제 살펴보겠지만, 위치값을 인자로 받는 것은 N-퀸 퍼즐(퍼즐 10)이나 정원 타일 깔기 퍼즐(퍼즐 11)처럼 래퍼 함수를 만들지 않아도 되는 이점이 있습니다. 그리고 함수는 입력 리스트 lst를 직접 정렬해서 어떠한 결과도 출력하지 않다는 것에 주의해야 합니다.

만약 start와 end가 같다면, 리스트에 한 개의 원소만 있는 것이므로, 정렬을 수행할 필요가 없습니다. 즉, 기저 사례에서 우리는 리스트에서 아무 것도 수정하지 않아도 됩니다. 만약 두 개 혹은 그 이상의 원소가 있다면, 우리는 리스트를 분할합니다. 함수 pivotPartition은 리스트에서 피벗 원소를 선택하고(위의 예시에서 g를 선택한 것처럼) 리스트를 수정해서 피벗보다 작은 값은 피벗의 왼쪽에, 피벗보다 큰 값은 피벗보다 오른쪽에 오도록 합니다. 그리고 피벗 원소의 위치값이 출력됩니다. 피벗 원소의 위치값이 있기 때문에, 우리는 단순히 start와 end 위치값이 무엇인지 지정해서 재귀 호출을 수행하는 것을 통해 효과적으로 리스트를 분리할 수 있습니다. 이것이 quicksort에서 start와 end를 입력값으로 받는 주된 이유입니다. end 위치값의 원소는 리스트의 한 부분이고 lst[split]은 건드릴 필요가 없기 때문에, 두 개의 재귀 호출은 lst[start]에서 lst[split-1](4번째 줄)과 lst[split+1]에서 lst[end](5번째 줄)로 이루어집니다.

남은 것은 pivotPartition을 구현하는 것입니다. 이 함수는 start와 end 위치값 중에 하나의 피벗을 선택하고 입력된 리스트의 start와 end 위치값 사이의 원소들을 적절하게 수정합니다. 아래는 pivotPartition을 첫 번째로 구현한 코드입니다.

```
1.  def pivotPartition(lst, start, end):
2.      pivot = lst[end]
3.      less, pivotList, more = [], [], []
4.      for e in lst:
5.          if e < pivot:
6.              less.append(e)
7.          elif e > pivot:
8.              more.append(e)
9.          else:
10.             pivotList.append(e)
11.     i = 0
12.     for e in less:
```

```
13.        lst[i] = e
14.        i += 1
15.    for e in pivotList:
16.        lst[i] = e
17.        i += 1
18.    for e in more:
19.        lst[i] = e
20.        i += 1
21.    return lst.index(pivot)
```

함수의 두 번째 줄에서 리스트의 마지막 원소를 피벗 원소로 선택합니다. 볼트-너트 문제에서 우리는 중간 크기의 피벗을 찾고 싶어했고, 여기서도 피벗 원소보다 작은 원소들과 큰 원소들의 수가 비슷한 중간 원소를 선택하는 것이 좋아보입니다. 하지만 우리는 이렇게 피벗을 선택하지 않을 것입니다. 왜냐하면 중간 원소를 찾는 과정은 많은 연산이 필요하기 때문입니다. 만약 우리가 입력 리스트의 수들이 완전히 임의적으로 분포한다고 가정한다면, 모든 원소들이 리스트의 중간 원소일 확률은 모두 같습니다. 그렇기 때문에 우리는 마지막 원소를 피벗으로 선택하겠습니다. 그리고 작은 원소들이 있는 또는 큰 원소들이 있는 분리된 리스트에서의 값도 모두 임의적으로 분포할 것입니다. 왜냐하면 pivotPartition에서 이 값들을 정렬하지 않기 때문입니다. 결과적으로 우리는 마지막 원소를 피벗으로 골라서 대략적으로 비슷한 크기의 리스트로 분리시킬 것입니다. 즉, 평균적으로, quicksort는 n개의 원소가 있는 리스트를 정렬하는데 $n \log_2 n$ 만큼의 비교가 필요합니다. 연습문제에서 퀵 정렬 내부 연산에 관해 좀 더 살펴보겠습니다.

우리는 세 개의 리스트가 있습니다. pivot보다 작은 원소들로 이루어진 less, 피벗과 같은 원소들로 이루어진 pivotList, 그리고 피벗보다 큰 원소들로 이루어진 more입니다. pivotList가 리스트인 이유는 리스트 안에서 pivot으로 선택된 값이 반복될 수도 있기 때문입니다. 이 세 개의 리스트들은 3번째 줄에서 빈 리스트로 초기화됩니다. 4 - 10번째 줄에서, 입력 리스트 lst를 검색해서 세 개의 리스트를 만들어냅니다. 11 - 20번째 줄에서, lst는 less에 있는 원소들과, 그 이후에는 pivotList에 있는 원소들, 그 이후에는 more에 있는 원소들로 변경됩니다.

마지막으로, 피벗 원소의 위치값을 출력합니다. 만약 리스트에 피벗 원소가 여러 번 반복되었다면, 피벗 원소가 첫 번째로 출현한 위치를 출력합니다. 즉, quicksort의 5번째 줄에 있는 두 번째 재귀 호출에서 피벗 원소와 동일한 값을 가지는 원소들이 처리될 것입니다. 이런 원소들은 (부분) 리스트의 가장 앞에 남게 되는데, 이 리스트에서 피벗 원소를 제외한 모든 원소는 피벗 원소보다 크기 때문입니다.

13-3 　제자리 분할

위의 구현은 퀵 정렬의 주요 이점을 사용하지 않고 있습니다. 왜냐하면 분할 과정(예를 들어, 원래 리스트로부터 g의 위치를 고정하고, g와의 크기 관계만을 만족하면서 두 개의 정렬되지 않은 부분 리스트를 만드는 과정)은 추가적인 리스트 공간을 없이도 구현할 수 있기 때문입니다.

퍼즐 11에서 보았던 병합 정렬 알고리즘은 최악의 경우 $n \log_2 n$ 번 비교 연산이 필요합니다. 병합 정렬은 분할 과정 중에 두 개의 부분 리스트의 크기가 최대 한 개의 원소만 차이나는 것을 보장합니다. 병합 정렬의 병합 과정은 모든 정렬 작업이 일어나는 부분입니다. 퀵 정렬에서는 피벗 기준의 분할 과정이 핵심입니다. 병합 과정은 별 것 없습니다. 병합 정렬은 추가적인 공간을 할당해서 병합 단계에서 필요한 임시 리스트를 담는데 사용한 반면에, 퀵 정렬에서는 그렇지 않습니다. 아래에서 그 구현을 같이 볼 것입니다.

퍼즐 2에서 작성했던 선택 정렬 알고리즘 또한, 정렬하는데 리스트의 복사본을 만들지 않습니다. 하지만 매우 느립니다. 이 정렬은 두 개의 중첩된 반복문이 있고, 각 반복문이 대략 n번 수행되어야 하기 때문입니다. 즉, n^2에 비례하는 비교 연산이 필요하고, 이 방법은 우리가 처음 살펴본 볼트−너트 짝짓기 알고리즘의 비교 연산 횟수인 $n(n+1)/2$ 와 비슷합니다.

퀵 정렬은 가장 널리 사용되는 정렬 알고리즘입니다. 왜냐하면, 평균적으로 이 알고리즘은 $n \log_2 n$ 비교 연산이 필요하고, 만약 다음과 같이 pivotPartition이 교묘하게 구현된다면, 추가적인 리스트 공간이 필요하지 않기 때문입니다.

```
1. def pivotPartitionClever(lst, start, end):
2.     pivot = lst[end]
3.     bottom = start - 1
```

```
4.      top = end
5.      done = False
6.      while not done:
7.          while not done:
8.              bottom += 1
9.              if bottom == top:
10.                 done = True
11.                 break
12.             if lst[bottom] > pivot:
13.                 lst[top] = lst[bottom]
14.                 break
15.         while not done:
16.             top -= 1
17.             if top == bottom:
18.                 done = True
19.                 break
20.             if lst[top] < pivot:
21.                 lst[bottom] = lst[top]
22.                 break
23.     lst[top] = pivot
24.     return top
```

이 코드는 첫 번째 버전의 코드와는 사뭇 다릅니다. 이 코드로부터 알 수 있는 것은, 입력 리스트 lst 만을 사용해서 동작하고, 리스트의 한 개의 원소의 값을 저장하는 pivot 변수 외에는 다른 무언가를 저장하기 위해 추가적인 공간을 할당하지 않는다는 것입니다(less, pivotList, more 리스트 변수들이 사라진 것을 알 수 있습니다). 그리고 리스트 내의 start와 end 위치값 사이에 있는 원소들만 수정됩니다. 이런 함수를 제자리 피벗이라고 합니다. 리스트의 원소들이 서로 자리를 변경할 뿐, 첫 번째 버전의 함수처럼 한 리스트로부터 다른 리스트로 복사하는 과정이 없는 것입니다.

예시를 들어보는 것이 함수의 동작 과정을 이해하는 가장 쉬운 방법일 것입니다. 아래의 리스트를 정렬하고 싶다고 합시다.

```
a = [4, 65, 2, -31, 0, 99, 83, 782, 1]
quicksort(a, 0, len(a)-1)
```

정확히 어떻게 제자리에서 첫 번째 피벗이 동작하는 것일까요? 피벗은 마지막 원소 1입니다. pivotPartitionClever가 첫 번째로 호출되었을 때, start = 0 이고 end = 8 입니다. 즉, bottom = -1 이고 top = 8 입니다. 바깥쪽 **while** 문에 들어가고 7번째 줄의 첫 번째 안쪽 **while** 문에 들어갑니다. bottom 변수가 증가해서 0이 됩니다. 우리는 피벗 원소 1보다 큰 원소를 찾기 위해 리스트의 왼쪽부터 오른쪽으로 찾기 시작합니다. 첫 번째 원소는 a[0] = 4 〉 1 입니다. 우리는 이 원소를 피벗의 값을 담고 있는 a[top] 에 복사해서 덮어씌웁니다. 이 시점에, 리스트에는 원소 4가 중복되어 존재하지만, 걱정할 필요는 없습니다. 왜냐하면 우리는 이미 피벗의 값이 무엇인지 pivot 변수에 담아두었기 때문입니다. 만약 우리가 첫 번째 안쪽 **while** 문이 종료된 후 리스트와 bottom, top 변수를 출력하면 다음과 같이 나오게 됩니다.

    [4, 65, 2, -31, 0, 99, 83, 782, 4] bottom = 0 top = 8

이제 15번째 줄의 안쪽 두 번째 **while** 문에 들어갑니다. 우리는 피벗 1보다 작은 값을 찾기 위해 리스트의 오른쪽인 a[7] 부터(변수 top은 검색하기 전에 하나 감소되었기 때문에) 왼쪽 방향으로 검색하기 시작합니다. 우리는 원소 0을 만날 때까지 계속 top을 감소시켜 나가고, top = 4 인 시점에 a[4] = 0 이 됩니다. 원소 0을 a[bottom = 0] 에 복사해서 덮어씌웁니다. a[bottom] 은 이전에 a[8] 로 복사되었었기 때문에, 리스트의 어떤 정보도 지워지지 않습니다. 그 후, 다음과 같이 주요 변수들의 값이 이루어지는 것을 알 수 있습니다.

    [0, 65, 2, -31, 0, 99, 83, 782, 4] bottom = 0 top = 4

우리는 피벗 1보다 큰 원소 4를 찾아서 리스트의 오른쪽에 가져다 두었습니다. 그리고 피벗 1 보다 작은 원소 0을 찾아서 리스트의 왼쪽에 가져다 두었습니다.

우리는 이제 바깥쪽 **while** 문의 두 번째 반복을 수행합니다. 첫 번째 안쪽 **while** 문은 다음과 같이 출력합니다.

    [0, 65, 2, -31, 65, 99, 83, 782, 4] bottom = 1 top = 4

왼쪽 부분에서 우리는 65 〉 1 을 찾아서 a[top = 4] 에 복사시킵니다. 그 후, 두 번째 안쪽 **while** 문이 끝나면 다음과 같이 출력합니다.

```
[0, -31, 2, -31, 65, 99, 83, 782, 4] bottom = 1 top = 3
```

우리는 top = 4 의 위치부터 왼쪽 방향으로 검색을 하고 -31 ⟨ 1을 찾았습니다. 그리고 그 값을 a[bottom = 1] 에 복사합니다.

바깥쪽 **while** 문의 두 번째 반복에서 우리는 원소 65를 찾아서 리스트의 오른쪽에 가져다 두었고, 65의 오른쪽에 있는 모든 원소들은 피벗 1보다 큽니다. 그리고 우리는 -31을 리스트의 왼쪽에 가져다 두었고, -31의 왼쪽에 있는 모든 원소들은 피벗 1보다 작습니다.

우리는 바깥쪽 **while** 문의 세 번째 반복을 수행하고, 첫 번째 안쪽 **while** 문은 다음과 같이 출력합니다.

```
[0, -31, 2, 2, 65, 99, 83, 782, 4] bottom = 2 top = 3
```

우리는 a[bottom = 2] = 2 ⟩ 1 을 찾았고 a[top = 3] 에 이 값을 복사합니다. 두 번째 안쪽 **while** 문에서 top을 하나 감소시키면, top과 bottom의 값은 같아지고, done을 **True**로 설정하고, 두 번째 안쪽 **while** 문을 탈출하게 됩니다. done이 **True**이기 때문에, 더 이상 바깥쪽 **while** 문이 수행되지 않습니다.

우리는 23번째 줄에서 a[top = 2] = pivot = 1 로 설정하고, 피벗 1의 위치값인 2를 함수의 결과로 출력합니다. 이제 리스트는 다음과 같이 변경되었습니다.

```
[0, -31, 1, 2, 65, 99, 83, 782, 4]
```

원소 1을 중심으로 모든 값이 우리가 원하는 위치에 있는 것을 알 수 있습니다.

물론, 우리가 지금까지 한 것은 원래의 리스트를 크기가 2와 6인 두 개의 리스트로 분할한 것입니다. 이제 재귀적으로 부분 리스트들을 정렬해야 합니다. 크기가 2인 첫 번째 부분 리스트에서 우리는 -31을 피벗으로 선택하고 나면 -31, 0을 출력할 것입니다. 두 번째 부분 리스트에서 우리는 4를 피벗으로 선택하고 또 나머지 과정을 진행하면 됩니다.

마지막으로 주의할 점은, pivotPartition 함수와는 다르게 pivotPartitionClever에서는 피벗을 리스트의 마지막에 있는 원소로 선택한다는 것입니다. 그래서 2번째 줄의 pivot = lst[end] 가 이 함수를 수정하는데 가장 핵심적인 부분입니다.

13-4 정렬 매니아

정렬은 데이터 처리 분야에서 너무나 중요한 주제로서, 수백 가지의 정렬 알고리즘이 존재합니다. 아직 우리는 삽입 정렬과 힙 정렬에 대해 살펴보지 않았는데, 두 정렬 모두 제자리 정렬 알고리즘입니다.

삽입 정렬은 최악의 경우 n^2 만큼의 비교 연산이 필요합니다. 그렇지만 상대적으로 작은 리스트와 이미 대부분 정렬되어 있는 리스트에 대해서는 효율적입니다. 삽입 정렬은 항상 리스트의 앞 부분을 정렬된 부분 리스트로 유지합니다. 새로운 각각의 원소를 이전 부분 리스트의 뒤에서부터 적절히 넣을 수 있는 곳을 찾아서 부분 리스트에 삽입합니다.

힙 정렬은 선택 정렬의 효율적인 버전으로, 최악의 경우 $n \log n$ 만큼의 비교 연산이 필요합니다. 힙 정렬 역시 리스트에서 가장 큰 (혹은 가장 작은) 원소를 결정한 뒤, 리스트의 가장 뒤(혹은 가장 앞)에 넣고, 리스트의 나머지에 대해 계속 동일한 연산을 진행합니다. 이 과정은 힙이라고 불리는 데이터 구조를 사용하여 효율적으로 수행할 수 있습니다.

파이썬은 리스트를 정렬하기 위한 내장 함수를 제공합니다. 리스트 L이 주어졌을 때, 여러분은 간단히 L.sort를 호출하면 리스트가 정렬됩니다. 리스트 L 자체가 수정됩니다. 내부적으로 L.sort는 팀 정렬이라고 불리는 알고리즘을 사용하는데, $n \log n$ 연산이 필요하고 어느 정도의 임시적인 임시 리스트 공간이 필요합니다. 팀 정렬은 독립적인 알고리즘은 아닌, 효율적인 몇몇 알고리즘을 혼합된 형태로 사용합니다. 팀 정렬은 리스트를 여러 개의 리스트로 나누어서, 삽입 정렬을 사용해 각 리스트를 정렬한 뒤, 병합 정렬로부터 유래된 몇몇 방법을 사용해서 리스트들을 병합합니다.

여러분은 이후에 L.sort가 이 책에서 작성한 quicksort 코드에 비해 매우 빠른 것을 알 수 있을텐데, 그 이유는 sort가 알고리즘이 뛰어난 것이 아니라 파이썬의 내장 함수로서 저수준의 언어를 통해 신중하게 작성되었기 때문입니다.

연습문제

연습 1 pivotPartitionClever를 수정해서 원소들의 이동 횟수를 계산해서 pivot의 위치와 함께 출력하도록 해보세요. pivotPartitionClever에서 리스트의 원소를 다른 위치로 이동시키는 코드는 정확히 두 곳에 있습니다. 모든 pivotPartitionClever 호출에서 필요한 이동 횟수를 더해서 정렬이 완료된 뒤에 모든 이동 횟수를 출력하면 됩니다. 그리고 quicksort 함수는 내부의 pivotPartitionClever 호출에서 생긴 이동 횟수와 두 번의 재귀 호출로부터 생긴 이동 횟수를 함께 계산한 뒤, 그 결과를 출력합니다.

새로운 quicksort로 리스트 a = [4, 65, 2, −31, 0, 99, 83, 782, 1] 를 입력시키면, 총 9번 이동한다고 나올 것입니다. 여러분의 구현을 검증하기 위해 L = list (range (100)) 으로 리스트를 생성한 뒤, quicksort를 실행합니다. 그 결과로서 0부터 99까지의 숫자가 오름차순으로 있는 리스트가 출력되고, 어떤 이동도 있어서는 안됩니다. 그리고 D = list (range (99, −1, −1)) 로 리스트를 생성한 뒤, quicksort를 실행해보기 바랍니다.

마지막으로, 리스트 D에 위와 같은 방식으로 n개의 원소가 있다고 할 때, quicksort가 얼마나 많이 원소를 옮겨야 할지 대략적인 식을 찾아보고 검증해보세요.

연습 2 이동 횟수가 알고리즘의 계산 복잡도를 나타내는 최고의 지표는 아닙니다. 왜냐하면 pivotPartitionClever의 12번째와 20번째 줄의 비교 연산에서 **True**가 나올 때만 원소의 이동이 이루어지기 때문입니다. 우리가 연습 1에서 한 것과 같은 방법으로, pivotPartitionClever의 두 개의 안쪽 **while** 문에서 얼마나 많은 반복이 이루어지는지 계산해보세요. 그렇게 해서 리스트 a = [4, 65, 2, −31, 0, 99, 83, 782, 1] 을 입력으로 넣었을 때, 모든 재귀 호출의 두 개의 반복문에서 총 24번 반복되는지 확인해보시기 바랍니다.

아래는 무작위로 정렬된 100개의 숫자로 이루어진 리스트를 생성하는 코드입니다.

```
R = [0] * 100
R[0] = 29
for i in range(100):
    R[i] = (9679 * R[i-1] + 12637 * i) % 2287
```

리스트 L, D 그리고 R에 대해 각각 얼마나 많은 반복 횟수가 필요한지 확인해봅시다. 그리고 예제 1에서 했던 것처럼, quicksort에서 리스트 D와 같은 방식으로 n개의 원소가 있을 때 대략적으로 얼마나 많은 반복이 필요한지 결정하는 식을 찾아보기 바랍니다. 그리고 리스트 D와 R에서 반복 횟수가 왜 다른지를 설명해봅시다.

힌트: 두 경우에 분리된 리스트의 크기를 고려해봅니다.

퍼즐 연습 3 정렬과 관련된 문제 중 하나는 정렬되지 않은 배열에서 k번째로 작은 값을 찾아내는 문제입니다. 모든 원소는 유일하다고 가정하겠습니다. 반복되는 원소가 있을 때 k번째 작은 값이 어떤 것을 의미하는지 불분명하기 때문입니다. 이 문제를 푸는 한 가지 방법은 정렬한 뒤 k번째 원소를 출력하는 것이지만, 우리는 좀 더 빠른 방법을 찾고 싶습니다.

퀵 정렬의 분리 단계 후에, 어떤 부분 리스트에 우리가 찾는 값이 있는 지를 알 수 있습니다. 부분 리스트의 크기를 확인하면 됩니다. 그래서 우리는 재귀적으로 두 개의 부분 리스트 중 한 개만 확인하면 됩니다. 예를 들어, 우리가 리스트에서 17번째로 작은 값을 찾는다고 해봅시다. 분리 단계 후, 피벗보다 작은 원소를 가진 부분 리스트를 LESS라고 부르고, 피벗보다 큰 원소를 가진 부분 리스트를 GREATER라고 부르겠습니다. 만약 LESS의 크기가 100이면, 17번째로 작은 값은 LESS 안에 있습니다. 만약 LESS의 크기가 정확히 16이라면, 우리는 바로 피벗을 출력하면 됩니다. 반면에, LESS의 크기가 10이라면, GREATER만 탐색하면서 전체 리스트에서 17번째로 작은 값을 찾아야 합니다.

quicksort를 수정해서 위의 설명과 같이 quickselect 함수를 작성해보세요.

힌트: 두 재귀 호출에서 k를 수정할 필요 없이, pivotPartitionClever만 수정하면 됩니다.

퍼즐 14_
다시는 스도쿠를
하고 싶지 않아요

현대 컴퓨터에 감사합니다. 그들 덕분에 머리쓰지 않고
그저 생각나는대로 해도 충분히 잘 동작하니까요.

Srini Devadas

이번 퍼즐에 쓰이는 프로그래밍 구조 및 알고리즘:

- 전역 변수
- 집합과 집합 연산
- 완전 재귀 탐색

스도쿠는 숫자를 위치시키는 유명한 퍼즐입니다. 여러분에게 1부터 9의 숫자로 일부분이 채워진 9 × 9 격자판이 주어집니다. 여러분의 목표는 아래의 규칙을 따르면서 숫자 1부터 9를 사용해서 모든 격자판을 채우는 것입니다. 그 규칙은 각 행, 각 열, 각 3 × 3 부분 격자판에 1부터 9의 숫자가 딱 한 번씩만 나타나는 것입니다.

이 규칙은 아직 채워지지 않은 숫자를 결정하는데 사용할 수 있습니다. 아래 퍼즐에서, 여러 개의 부분 격자판에 숫자가 채워지지 않았습니다. 행과 열을 검사해보면 우리는 어디에 어떤 숫자를 넣어야 할지 알 수 있습니다.

	a	b	c	d	e	f	g	h	i
1				1		4			
2			1				8		
3		8		7		3		6	
4	9		7				1		6
5									
6	3		4				5		8
7		5		2		6		3	
8			9				6		
9				8		5			

위의 예제에서, 우리는 중앙 상단의 부분 격자판에서 8이 어디 위치하는지 알 수 있습니다. 8은 부분 격자판의 가운데 또는 아랫줄에 둘 수 없고 오로지 아래 그림과 같이 놓을 수 있습니다.

	a	b	c	d	e	f	g	h	i
1				1	8	4			
2			1				8		
3		8		7		3		6	
4	9		7				1		6
5									
6	3		4				5		8
7		5		2		6		3	
8			9				6		
9				8		5			

우리의 목표는 빈 곳에 숫자를 놓으면서 재귀적 탐색을 수행하는 스도쿠 풀이 코드를 작성하는 것입니다. 기본적인 풀이 코드는 우리가 위에서 했던 것과는 다르게 사람이 생각하는 전략을 따르지 않습니다. 단지 특정 위치에 숫자를 하나하나 놓아보면서 규칙을 위반하지 않는지 확인합니다. 위반하지 않는다면, 다음 위치로 이동해서 다시 숫자를 추측하고 검사합니다. 만약 이 과정에서 규칙을 위반한 것이 발견되면, 가장 최근의 추측을 통해 놓은 숫자를 다시 제거합니다. '퍼즐 10 N-퀸'에서 했던 것과 비슷합니다.

우리는 재귀적인 스도쿠 풀이 코드를 통해 얼마나 많은 숫자가 격자판에 채워져 있는지에 상관없이 어떤 스도쿠 퍼즐이라도 풀 수 있길 원합니다. 그런 뒤 사람의 지성을 이 코드에 담아서 개선해보도록 하겠습니다.

퍼즐 10의 N-퀸 코드의 구조를 비슷하게 따라서 재귀적인 스도쿠 풀이 코드를 작성해볼 수 있을까요?

14-1 재귀적인 스도쿠 풀이

아래는 기본적인 재귀적 스도쿠 풀이를 위한 틀을 짠 코드입니다. 격자판은 grid라고 부르는 2차원의 리스트로 정의되고, 각 위치의 값이 0이면 그 위치는 비어있다는 뜻입니다. 격자판의 비어있는 위치는 미리 정한 규칙에 따라 순서대로 접근해서 하나하나 채워나갈 것입니다. 각 빈 위치에 넣을 숫자를 추측하고, 만약 그 숫자가 올바르지 않다면 숫자를 넣은 것을 취소하고 다시 뒤로 돌아갈 것입니다.

```
1. backtracks = 0
2. def solveSudoku(grid, i=0, j=0):
3.     global backtracks
4.     i, j = findNextCellToFill(grid)
5.     if i == -1:
6.         return True
7.     for e in range(1, 10):
8.         if isValid(grid, i, j, e):
9.             grid[i][j] = e
```

```
10.            if solveSudoku(grid, i, j):
11.                return True
12.            backtracks += 1
13.            grid[i][j] = 0
14.    return False
```

solveSudoku는 세 개의 입력값을 받는데, 호출의 편의성을 위해 우리는 뒤의 두 개의 입력변수들은 기본값으로서 0을 가지도록 설정했습니다. 이 방법을 통해, 우리는 처음 단순히 초기 상태의 격자판 input만 입력값으로 넣어서 solveSudoku(input)를 실행해서 함수를 호출할 수 있습니다. 이 함수 호출에서 마지막 두 개의 입력값은 0으로 설정되고, 그 뒤의 재귀 호출은 input 내의 빈 위치에 따라서 입력값이 달라질 것입니다(퍼즐 13에서 quicksort 함수를 작성하면서 우리가 했던 것과 비슷합니다).

findNextCellToFill 함수의 역할은 미리 정한 규칙에 따라 격자판에서 가장 처음에 있는 빈 위치(값이 0)를 찾는 것입니다. 만약 함수가 빈 곳을 찾을 수 없다면 퍼즐이 풀린 것입니다. 자세한 내용과 코드는 뒤에서 함께 살펴보겠습니다.

isValid 함수는 현재 부분적으로 채워진 격자판이 스도쿠의 규칙을 위반하는지 확인합니다. 마치 퍼즐 4와 퍼즐 10에서 noConflict를 연상시키는 부분입니다. noConflict 함수 역시 N-퀸 문제에서 부분만 채워진 상태에서 퀸들 사이에 충돌이 있었는지 확인했었습니다. 마찬가지로 자세한 내용과 코드는 뒤에서 함께 살펴보겠습니다.

solveSudoku에서 짚고 넘어갈 중요한 것 중 하나는 grid는 오로지 한 개만 존재하고, 바로 이 변수의 값에 바로바로 수정된다는 것입니다. 즉, solveSudoku는 퍼즐 10의 N-퀸과 같이 제자리 재귀 탐색을 수행합니다. 이 특성 때문에, 9번째 줄에서 우리는 각 위치의 값을 수정하고, 이어지는 재귀 호출 후에 현재의 추측이 올바르지 않다고 판단되어서 **False**가 돌아오면, 13번째 줄에서 다시 0으로 돌립니다. 한 가지 사소한 개선점으로, 우리는 0으로 되돌리는 것을 **for** 문이 종료되고 나서 수행해도 된다는 것입니다. 왜냐하면 현재는 0으로 수정해도 바로 다음 반복에서 grid[i][j]가 새로운 값으로 덮어씌워지기 때문입니다. 만약 solveSudoku에서 이전에 잘못 놓인 숫자로 인해 이후 모든 재귀 호출이 실패했다면, 우리는 **False**를 출력하기 전에 grid에서 어떠한 값도 바뀌지 않은 것을 확실하게 해야 합니다. 그리고 아래 코드는 이런 개선점을 담아서 **for** 반복문 밖으로 13번째 줄을 꺼낸 것입니다.

```
7.     for e in range(1, 10):
8.         if isValid(grid, i, j, e):
9.             grid[i][j] = e
10.            if solveSudoku(grid, i, j):
11.                return True
12.            backtracks += 1
13.    grid[i][j] = 0
14.    return False
```

코드에는 여러분이 지금까지 보지 못했던 것이 하나 있는데, 바로 전역 변수를 나타내는 프로그래밍 구조인 **global**입니다. 전역 변수는 함수들이 호출되는 과정에서도 현재 상태를 유지합니다. 그래서 예를 들어 얼마나 많은 재귀 호출들이 실행되었는지 추적하고 싶을 때 편하게 사용할 수 있습니다. 우리는 backtracks를 전역 변수로 사용해서, 코드의 가장 처음에 0으로 초기화시킨 뒤, 우리가 잘못된 추측을 했고 되돌릴 필요가 있을 때마다 하나씩 증가시킵니다. 주의할 점은, sudokuSolve에서 backtracks를 사용할 때 반드시 함수 안에서 **global**로 선언해야만 우리가 의도한 것처럼 사용할 수 있습니다.

되돌아가는 횟수를 계산하는 것은 성능을 측정하는데 정말 좋은 방법이 됩니다. 되돌아가는 횟수가 많을수록, 프로그램은 일반적으로 실행되는데 오래 걸리기 때문입니다.

이제 sudokuSolve 안에서 호출하는 함수들에 대해 살펴보겠습니다. findNextCellToFill은 정해진 순서에 따라 빈 위치를 찾습니다. 우리는 여기서 열마다 진행하고, 왼쪽 열부터 오른쪽으로 진행할 것입니다. 어떤 순서를 사용해도 상관없습니다. 다만 재귀적인 탐색을 통해 어떤 시점에서 현재의 격자판 상태에 상관없이 모든 빈 곳을 찾을 수만 있으면 됩니다.

```
1.  def findNextCellToFill(grid):
2.      for x in range(0, 9):
3.          for y in range(0, 9):
4.              if grid[x][y] == 0:
5.                  return x, y
6.      return -1, -1
```

이 함수는 0, 0 부터 8, 8 사이에서, 첫 번째로 만나는 비어있는 위치를 출력합니다. 그리고 어떤 빈 위치도 없다면 −1, −1 을 출력합니다.

아래의 isValid 함수는 스도쿠의 규칙을 포함하고 있습니다. 이 함수는 부분적으로 채워진 스도쿠 격자판 grid를 받아서 grid[i, j] 에 새로운 값 e를 넣어보고, 새로운 값으로 인해 스도쿠의 규칙을 위반하지는 않는지 확인합니다.

```
1.  def isValid(grid, i, j, e):
2.      rowOk = all([e != grid[i][x] for x in range(9)])
3.      if rowOk:
4.          columnOk = all([e != grid[x][j] for x in range(9)])
5.          if columnOk:
6.              secTopX, secTopY = 3 *(i//3), 3 *(j//3)
7.              for x in range(secTopX, secTopX+3):
8.                  for y in range(secTopY, secTopY+3):
9.                      if grid[x][y] == e:
10.                         return False
11.             return True
12.     return False
```

가장 먼저, 함수의 2번째 줄에서 현재 행에 이미 숫자 e가 있는지 **all** 연산자를 사용해서 검사합니다. 2번째 줄은 x가 0부터 8까지 변할 때, grid[i][x] 의 값을 순회하는 것과 동일합니다. 그리고 만약 어떤 값이라도 e와 같다면 **False**를 출력하고, 그렇지 않다면 **True**를 출력합니다. 만약 이 검사를 통과하면, 4번째 줄에서 j에 해당하는 열의 값들을 검사합니다. 만약 이 검사도 통과하면, 우리는 6번째 줄에서 grid[i, j] 가 포함된 부분 격자판을 찾습니다. 그리고 7 – 10 번째 줄에서 부분 격자판 안에 e 에 해당하는 값이 있는지 확인합니다.

isValid는 noConlicts와 같이 새로운 입력이 스도쿠의 룰을 위반하지 않는지만을 검사합니다. 새로 입력된 값의 행과 열, 부분 격자판만을 검사하기 때문입니다. 만약 예를 들어 i = 2, j = 2 그리고 e = 2 일 때, i번째 행에 3이 두 개가 있다고 해도 이것을 찾아내지 못합니다. 그렇기 때문에 새로운 숫자를 놓을 때마다 isValid를 항상 호출하는 것이 매우 중요하고, solveSudoku에서는 그렇게 하고 있습니다.

마지막으로, 아래 간단한 출력 함수가 있습니다. 이것을 사용해서 우리는 스도쿠 퍼즐의 결과 같은 무엇인가를 예쁘게 볼 수 있습니다.

```
1.  def printSudoku(grid):
2.      numrow = 0
3.      for row in grid:
4.          if numrow % 3 == 0 and numrow != 0:
5.              print (' ')
6.          print (row[0:3], ' ', row[3:6], ' ', row[6:9])
7.          numrow += 1
```

5번째 줄에서 공백을 출력해서, 세 개의 행이 출력되었을 때마다 행간을 두게 합니다. 여기서 공백의 의미가 있는 것이 아니라, 어떤 문자를 넣어도 **print** 함수가 한 줄을 띄울 것이기 때문에 사용한 것입니다. **print** 함수에서 end = ' '를 설정하지 않았다면, 기본적으로 한 줄 띄우는 것을 주의하세요

이제 스도쿠 풀이 코드를 실행해볼 준비가 되었습니다. 아래는 2차원 리스트로 주어진 퍼즐의 입력 예제입니다.

```
input = [[5, 1, 7, 6, 0, 0, 0, 3, 4],
         [2, 8, 9, 0, 0, 4, 0, 0, 0],
         [3, 4, 6, 2, 0, 5, 0, 9, 0],
         [6, 0, 2, 0, 0, 0, 0, 1, 0],
         [0, 3, 8, 0, 0, 6, 0, 4, 7],
         [0, 0, 0, 0, 0, 0, 0, 0, 0],
         [0, 9, 0, 0, 0, 0, 0, 7, 8],
         [7, 0, 3, 4, 0, 0, 5, 6, 0],
         [0, 0, 0, 0, 0, 0, 0, 0, 0]]
```

다음과 같이 실행하면,

```
solveSudoku(input)
printSudoku(input)
```

다음과 같이 출력됩니다.

```
[5, 1, 7]   [6, 9, 8]   [2, 3, 4]
[2, 8, 9]   [1, 3, 4]   [7, 5, 6]
[3, 4, 6]   [2, 7, 5]   [8, 9, 1]

[6, 7, 2]   [8, 4, 9]   [3, 1, 5]
[1, 3, 8]   [5, 2, 6]   [9, 4, 7]
[9, 5, 4]   [7, 1, 3]   [6, 8, 2]

[4, 9, 5]   [3, 6, 2]   [1, 7, 8]
[7, 2, 3]   [4, 8, 1]   [5, 6, 9]
[8, 6, 1]   [9, 5, 7]   [4, 2, 3]
```

퍼즐이 정확하게 풀린 것을 확인해봅시다. 퍼즐 input에서 solveSudoku는 579번 되돌아가서 다시 숫자를 놓았습니다. solveSudoku에 다음과 같이 다른 퍼즐의 입력을 넣고 실행하면 6,363번 되돌아가게 됩니다. 두 번째 퍼즐은 첫 번째 퍼즐에 있는 숫자들 중 몇몇을 제거하고 대신 0을 넣어둔 것입니다. 이와 같은 변경은 우리의 코드가 퍼즐을 더 풀기 어렵게 합니다.

```
inp2 = [[5, 1, 7, 6, 0, 0, 0, 3, 4],
        [0, 8, 9, 0, 0, 4, 0, 0, 0],
        [3, 0, 6, 2, 0, 5, 0, 9, 0],
        [6, 0, 0, 0, 0, 0, 0, 1, 0],
        [0, 3, 0, 0, 0, 6, 0, 4, 7],
        [0, 0, 0, 0, 0, 0, 0, 0, 0],
        [0, 9, 0, 0, 0, 0, 0, 7, 8],
        [7, 0, 3, 4, 0, 0, 5, 6, 0],
        [0, 0, 0, 0, 0, 0, 0, 0, 0]]
```

우리가 지금까지 작성한 코드는 첫 번째 스도쿠 예제에서 우리가 했던 것처럼, 8의 위치를 추론해보는 작업을 거치지 않습니다. 이와 같은 방법을 수직으로 교차하는 행과 열의 정보를 사용하는 것으로 확대해보겠습니다. 다음 예제에서, 우리는 우측 상단 박스 안의 1의 위치를 바로 찾을 수 있습니다. 행 1과 2가 1을 포함하고 있기 때문에, 우리가 보고 있는 박스의 가장 아래쪽 행의 두 개의 빈 곳에만 숫자 1을 넣을 수 있습니다. 그러나 g4 위치에 1이 있기 때문에, g열에서 더이상 1을 놓을 수 없습니다.

	a	b	c	d	e	f	g	h	i
1				1		4			
2			1				8		
3		8		7		3		6	
4	9		7				1		6
5									
6	3		4				5		8
7		5		2		6		3	
8			9				6		
9				8		5			

즉, 아래처럼 i3 위치에 1을 놓아야 합니다.

	a	b	c	d	e	f	g	h	i
1				1		4			
2			1				8		
3		8		7		3		6	1
4	9		7				1		6
5									
6	3		4				5		8
7		5		2		6		3	
8			9				6		
9				8		5			

이와 같은 방식의 추론 과정을 추가해서 스도쿠 풀이 코드를 개선시켜볼 수 있을까요?

14-2 재귀 탐색 중의 암시

위의 예에서 보듯이, 현재 상태의 격자판은 특정 위치가 1인 것을 암시하고 있습니다. 우리가 했던 추론과 관찰을 스도쿠 풀이 코드에 더하려고 합니다. 정확히 우리가 위의 예시에서 찾았던 방법과는 조금 다르지만, 어떻게 암시된 내용을 추론해서 코드를 개선할지 곧 살펴보고 얼마나 개선되는지도 알아보겠습니다. 성능의 비교는 암시된 숫자를 찾을 때와 찾지 않을 때 되돌아가는 횟수를 측정하면 됩니다. 암시된 숫자를 찾는 경우에 조금 더 빨리 특정 위치에 놓인 숫자가 정확한지를 판별할 수 있습니다.

추론 과정을 구현하기 위해 우리의 코드에 약간의 변경을 주어야 합니다. 격자판의 특정 위치에 숫자를 놓은 경우, 한 개 혹은 여러개의 추론 결과가 나올 수 있습니다. 추론 결과로 인해 한 번에 여러 숫자를 놓을 수 있기 때문에, 이 부분을 대응하기 위해 다음과 같이 개선된 재귀 탐색 코드를 만들어야 합니다.

```
1. backtracks = 0
2. def solveSudokuOpt(grid, i=0, j=0):
3.     global backtracks
4.     i, j = findNextCellToFill(grid)
5.     if i == -1:
6.         return True
7.     for e in range(1, 10):
8.         if isValid(grid, i, j, e):
9.             impl = makeImplications(grid, i, j, e)
10.            if solveSudoku(grid, i, j):
11.                return True
12.            backtracks += 1
13.            undoImplications(grid, impl)
14.    return False
```

변경된 곳은 9번째와 13번째 줄입니다. 9번째 줄에서 grid[i][j] 를 e로 채우는 것과 함께, 암시된 숫자를 찾아서 격자판에 채우는 작업을 수행합니다. 새로 놓은 모든 숫자는 impl 리스트에 넣어서 반드시 기록해두어야 합니다. 13번째 줄에서, 우리는 격자판에서 변경된 모든 변경 사항을 돌려놓습니다. 왜냐하면 grid[i][j] = e 라는 추측이 틀렸기 때문입니다. 이 과정은 **for** 문 안에서 수행되어야 하는데, **for** 문 안에서 각 반복마다 암시된 숫자들이 달라지기 때문입니다.

우리는 숫자를 놓고 그에 맞는 암시된 숫자의 추론 결과를 모두 저장해두었기 때문에, 만약 새로 놓은 숫자가 올바르지 않다면 모두 돌려놔야 합니다. 이것은 매우 중요합니다! 그렇지 않다면 우리는 전체 검색 공간을 전부 탐색하지 못하게 되고, 그에 따라 답을 찾을 수 없기 때문입니다. 이것을 이해하기 위해 아래 그림을 살펴보겠습니다.

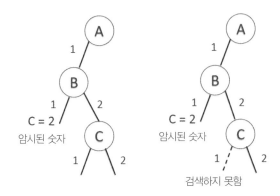

A, B, C가 격자판의 어떤 위치들이라고 생각합시다. 그리고 가능한 숫자로 1과 2만 있다고 가정하겠습니다(개념 설명을 위해 단순화시킨 상황입니다). A = 1, B = 1 이라고 숫자를 할당했을 때, C = 2 라고 암시된 상황입니다. A = 1, B = 1 일 때를 모두 살펴본 뒤, 우리는 A = 1, B = 2 의 상황으로 되돌아갑니다. 여기서, 우리는 왼쪽 그림에서처럼 C = 1 과 C = 2 일 때를 모두 탐색해보아야 합니다. 하지만 오른쪽 그림에서는 C = 2 일 때만 탐색하고 있습니다. 아직 B = 2 일 때를 탐색하는데, B = 1 일 때 추론된 C = 2 가 아직도 할당된 채로 남아있다면, 일부분을 탐색하지 못하게 되는 상황이 발생한 것입니다. 그렇기 때문에, 우리는 반드시 숫자를 할당할 때 함께 추론되어서 할당된 모든 숫자들도 함께 되돌려야 합니다.

undoImplications는 다음과 같이 짧은 함수입니다.

```
1.  def undoImplications(grid, impl):
2.      for i in range(len(impl)):
3.          grid[impl[i][0]][impl[i][1]] = 0
```

impl은 3-튜플로 이루어진 리스트이고, 각각의 3-튜플은 (i, j, e)의 형태를 가지고, 그 의미는 grid[i][j] = e 라는 뜻입니다. undoImplications에서 세 번째 값인 e는 신경쓰지 않는데, 우리가 원하는 것은 값을 지워버리는 것이기 때문입니다.

makeImplications는 중요한 분석을 수행하기 때문에 좀 더 상세하게 설명해보겠습니다.

아래는 makeImplications의 의사 코드입니다. 파이썬 코드의 행 번호가 의사 코드 뒤에 함께 적혀있습니다.

각각의 부분 격자판에 대해서:

부분 격자판에 없는 숫자들 찾기(8 – 12번째 줄)

없는 숫자들의 집합을 부분 격자판에 비어있는 위치에 붙이기(13 – 16번째 줄)

각 비어있는 위치 S마다(17 – 18번째 줄)

없는 숫자들의 집합에서 S 가 포함된 행에 있는 모든 숫자들을 빼기(19 – 22번째 줄)

없는 숫자들의 집합에서 S 가 포함된 열에 있는 모든 숫자들을 빼기(23 – 26번째 줄)

만약 없는 숫자들의 집합에 딱 한 개의 값만 남았다면(27번째 줄)

비어있는 위치에 암시된 값은 남은 한 개의 값(28 – 31번째 줄)

```
1. sectors = [[0, 3, 0, 3], [3, 6, 0, 3], [6, 9, 0, 3],
              [0, 3, 3, 6], [3, 6, 3, 6], [6, 9, 3, 6],
              [0, 3, 6, 9], [3, 6, 6, 9], [6, 9, 6, 9]]
2. def makeImplications(grid, i, j, e):
3.     global sectors
4.     grid[i][j] = e
5.     impl = [(i, j, e)]
6.     for k in range(len(sectors)):
7.         sectinfo = []
8.         vset = {1, 2, 3, 4, 5, 6, 7, 8, 9}
9.         for x in range(sectors[k][0], sectors[k][1]):
10.            for y in range(sectors[k][2], sectors[k][3]):
11.                if grid[x][y] != 0:
12.                    vset.remove(grid[x][y])
13.        for x in range(sectors[k][0], sectors[k][1]):
14.            for y in range(sectors[k][2], sectors[k][3]):
15.                if grid[x][y] == 0:
16.                    sectinfo.append([x, y, vset.copy()])
17.        for m in range(len(sectinfo)):
18.            sin = sectinfo[m]
19.            rowv = set()
20.            for y in range(9):
21.                rowv.add(grid[sin[0]][y])
22.            left = sin[2].difference(rowv)
```

```
23.              colv = set()
24.              for x in range(9):
25.                  colv.add(grid[x][sin[1]])
26.              left = left.difference(colv)
27.              if len(left) == 1:
28.                  val = left.pop()
29.                  if isValid(grid, sin[0], sin[1], val):
30.                      grid[sin[0]][sin[1]] = val
31.                      impl.append((sin[0], sin[1], val))
32:     return impl
```

1번째 줄에서 격자판에서 아홉 개의 부분 격자판의 각각의 시작 위치와 끝 위치의 위치값을 저장하는 변수를 선언합니다. 예를 들어 정 가운데 있는 부분 격자판은 x와 y축의 위치값이 3부터 5까지 변합니다. 이 변수는 부분 격자판 안에서 작업을 할 때 편하게 사용할 수 있습니다.

이 코드는 파이썬의 set(집합) 데이터 구조를 사용합니다. 비어있는 집합은 set()을 사용해서 선언합니다. 리스트를 선언할 때 사용했던 []과는 다른 문자입니다. 집합은 중복된 원소를 가지고 있을 수 없습니다. 만약 집합에 같은 숫자, 예를 들어 1을 두 번 집어넣었다고 하더라도, 오직 하나의 1만 집합에 포함됩니다. V = {1, 1, 2} 는 V = {1, 2} 와 동일합니다.

8번째 줄에서 집합 vset을 정의하고 1부터 9의 숫자를 넣어서 초기화합니다. 8 – 12번째 줄에서, 우리는 부분 격자판을 순회하면서 부분 격자판 안에 있는 숫자들은 vset에서 remove 함수를 사용해서 제거합니다. vset에 남아있는 숫자들은 비어있는 위치에서 사용할 수 있는 숫자들입니다. 우리는 부분 격자판의 비어있는 위치에 사용할 수 있는 숫자들을 넣고 싶기 때문에, secinfo라는 3-튜플을 원소로 가지는 리스트를 만듭니다. 각각의 3-튜플은 비어있는 위치의 x, y 좌표, 그리고 사용할 수 있는 숫자 집합의 복사본으로 이루어져 있습니다. 우리는 집합의 복사본을 사용해야만 하는데, 왜냐하면 알고리즘의 후반부에 집합의 원소들이 나뉘게 되기 때문입니다.

각각의 비어있는 위치에 대해서, 18번째 줄에서 sectinfo로부터 3-튜플을 하나씩 불러옵니다. 3-튜플의 세 번째 원소인 sin[2]에 있는 사용할 수 있는 숫자들 중에, 해당하는 좌표의 행에 있는 숫자들을 22번째 줄과 같이 difference 함수를 사용해서 지웁니다. 비슷하게, 비어있는 위치의 열에 있는 숫자들도 지웁니다. 이제 남은 숫자들은 left에 저장됩니다.

만약 27번째 줄과 같이 집합 left가 1개의 원소만 가지고 있다면, 우리는 암시된 숫자를 찾은 것입니다. 그런데, 왜 이 값을 바로 사용하지 못할까요? 우리가 코드를 작성한 방식에 따르면, 우리는 각 부분 격자판에 사용하지 않은 숫자들을 찾아, 부분 격자판에 숫자가 할당되지 않은 위치에 있는 값들을 찾아보려고 합니다. 첫 번째 추론 결과는 유효할 것입니다. 하지만 한 번 우리가 어떤 추론 결과를 도출하면, 부분 격자판의 숫자들이 변하게 되고 여기에서 사용할 수 있는 숫자들도 변하게 됩니다. 그래서 이후의 암시된 숫자를 계산할 때, 이전에 수집한 사용할 수 있는 숫자 정보는 유효하지 않을 수 있습니다. 그래서 29번째 줄에서 impl 리스트에 추론 결과를 넣기 전에 다시 한 번 스도쿠 규칙을 준수하는지 확인하는 것입니다.

이와 같은 최적화는 input 퍼즐에서 되돌아가는 횟수를 579번에서 10번으로 줄여주고, inp2 퍼즐에서는 6,363번에서 33번으로 줄여줍니다. 물론, 실행 시간의 관점에서 보면 두 개 모두 1초도 안되는 빠른 시간 안에 종료됩니다. 그렇기 때문에 코드 안에 되돌아가는 횟수를 계산하는 기능을 넣은 것입니다. 우리의 최적화가 과연 도움이 되는지 확인할 수 있기 때문입니다.

14-3 스도쿠 퍼즐의 어려움

핀란드의 수학자 Arto Inkala는 2006년도에 세계에서 가장 어려운 스도쿠 퍼즐을 만들었다고 주장했습니다. 그리고 2010년도에는 더 어려운 퍼즐을 만들어냈다고 발표하기도 했습니다. 첫 번째 퍼즐은 최적화되지 않은 코드에서는 335,578번 되돌아갑니다. 두 번째 퍼즐은 9,949번 되돌아갑니다. 하지만 수 초 안에 답을 찾아냅니다. 공정하게 말하자면, Inkala는 사람이 풀 때의 어려움에 관해 말했었습니다. Inkala의 2010년도 퍼즐은 다음과 같습니다.

	a	b	c	d	e	f	g	h	i
1			5	3					
2	8							2	
3		7			1		5		
4	4					5	3		
5		1			7				6
6			3	2				8	
7		6		5					9
8			4					3	
9						9	7		

Peter Norvig는 우리가 여기서 보아왔던 단순한 암시된 숫자를 찾는 것보다 훨씬 더 어려운 방법들을 찾아, 제약 조건 프로그래밍 기법을 사용해서 스도쿠 풀이 코드를 작성했습니다. 그 결과, 어려운 퍼즐에 대해서도 되돌아가는 횟수는 매우 적어졌습니다.

여러분이 직접 다양한 난이도의 스도쿠 퍼즐을 찾아서, 난이도 별로 기본 풀이 코드와 개선된 풀이 코드가 얼마나 많이 되돌아가야 하는지를 확인해보시기 바랍니다. 아마 깜짝 놀라게 될 것입니다!

연습문제

연습 1 여기서는 최적화된 스도쿠 풀이 코드를 더욱 개선해보도록 하겠습니다. 우리가 암시된 값을 찾을 때마다 격자판의 숫자들은 변하게 되고, 그렇다면 그 후에 새로운 암시된 숫자를 찾게될 수 있습니다. 사실은 그 과정이 바로 사람이 스도쿠 문제를 풀 때 자연스럽게 진행하는 과정입니다. 우리의 최적화된 코드는 모든 부분 격자판을 훑어가면서 암시된 값을 찾고 그리고 멈춥니다. 만약 우리가 첫 번째로 부분 격자판들을 지나가면서 암시된 숫자를 찾았다면, 우리는 6 – 31번째 줄의 전체 과정을 다시 진행하는 것입니다. 새로운 암시된 숫자를 찾지 못할 때까지, 예를 들어 impl에 더 추가할 것이 없을 때까지 계속 반복합니다. 이렇게 개선된 스도쿠 풀이 코드를 작성해보세요. 여기에서 개선한 코드에 inp2 퍼즐을 넣으면, backtracks = 2 라는 결과를 얻게 될 것입니다. 원래는 33이었습니다.

퍼즐 연습 2 기존의 스도쿠 풀이 코드를 수정해서, 대각 스도쿠 문제를 풀 수 있도록 해보세요. 대각 스도쿠는 두 개의 대각선에도 모두 1부터 9의 숫자가 들어가야하는 제한 조건이 추가됩니다. 아래가 대각 스도쿠 퍼즐의 예시입니다.

그리고 위 예시에 대한 답은 아래와 같습니다.

퍼즐 연습 3 기존의 스도쿠 풀이 코드를 수정해서 짝수 스도쿠 문제를 풀 수 있도록 해보세요. 짝수 스도쿠는 특정 위치에 짝수만 들어가야 하는 제한 조건이 추가됩니다. 아래 예시를 살펴보겠습니다.

회색으로 칠해진 빈 칸에는 반드시 짝수만 넣어야 합니다. 다른 빈 칸에는 홀수든지 짝수든지 상관없이 넣을 수 있습니다. 2차원 리스트를 사용해 퍼즐을 표현하기 위해 0은 아무런 제한없이 숫자를 넣을 수 있는 빈 칸을 나타내고, −2는 짝수만 넣을 수 있는 빈 칸으로 사용하겠습니다.

위 예시의 입력 리스트는 다음과 같이 표현됩니다.

```
even = [[8, 4, 0, 0, 5, 0,-2, 0, 0],
        [3, 0, 0, 6, 0, 8, 0, 4, 0],
        [0, 0,-2, 4, 0, 9, 0, 0,-2],
        [0, 2, 3, 0,-2, 0, 9, 8, 0],
        [1, 0, 0,-2, 0,-2, 0, 0, 4],
        [0, 9, 8, 0,-2, 0, 1, 6, 0],
        [-2,0, 0, 5, 0, 3,-2, 0, 0],
        [0, 3, 0, 1, 0, 6, 0, 0, 7],
        [0, 0,-2, 0, 2, 0, 0, 1, 3]]
```

위 퍼즐의 답은 아래와 같습니다.

	a	b	c	d	e	f	g	h	i
1	8	4	9	2	5	7	**6**	3	1
2	3	5	7	6	1	8	2	4	9
3	6	1	**2**	4	3	9	7	5	**8**
4	4	2	3	7	**6**	1	9	8	5
5	1	6	5	**8**	9	**2**	3	7	4
6	7	9	8	3	**4**	5	1	6	2
7	**2**	8	1	5	7	3	**4**	9	6
8	9	3	4	1	8	6	5	2	7
9	5	7	**6**	9	2	4	8	1	3

퍼즐 15_
잔돈 내는 방법이
얼마나 있을까요?

돈은 가끔 너무 많은 것을 희생하게 합니다.

Ralph Waldo Emerson

이번 퍼즐에 쓰이는 프로그래밍 구조 및 알고리즘:

• 재귀적 조합 생성

여러분의 가게에 돈이 수없이 쌓여있습니다. 사실 여러분은 모든 종류의 지폐를 무한하게 가지고 있는데, $1, $2, $5, $10, $50, 그리고 $100 지폐를 모두 가지고 있습니다.

여러분은 여러분의 친구에게 $6를 갚아야 합니다. 여러분의 친구는 여러분이 현금을 쌓아놓고 있다는 것을 알고, 액면가가 다른 지폐들을 사용해서 얼마나 많은 방법으로 갚을 수 있는지 여러분에게 물어보았습니다. 여러분은 잠시 생각하다가 다른 지폐들을 모아서 이리저리 더해보고서는, 다음과 같이 다섯 가지의 방법이 있다는 것을 찾았습니다.

```
$1, $1, $1, $1, $1, $1
$1, $1, $1, $1, $2
$1, $1, $2, $2
$1, $5
$2, $2, $2
```

(각 지폐는 서로 다른 일련번호를 가지고 있지만, 여기서는 액면가가 같으면 동일한 지폐라고 생각하겠습니다.)

갑자기 여러분은 친구에게 $16를 갚아야 한다는 것을 알아챘습니다. 지난 주에 친구와 함께 저녁을 먹으면서 $20를 썼었고, 여러분은 지갑을 들고 오는 것을 깜빡해서 친구가 모두 냈었기 때문입니다.

여러분의 친구에게 $16를 줄 수 있는 서로 다른 방법은 어떻게 될까요? 얼마나 많은 방법이 있을까요?

15-1   재귀적 지폐 선택

우리는 현재까지 선택한 지폐들의 전체 금액을 유지하면서, 서로 다른 지폐들을 선택하는 방법을 살펴볼 것입니다. 전체 금액이 목표 금액보다 작다면, 우리는 지폐를 더해나갈 것입니다. 만약 목표 금액을 초과했다면, 우리는 단순하게 현재 선택한 답을 버립니다. 만약 정확히 전체 금액이 목표 금액과 같다면, 우리의 답을 출력하고 계속 재귀 선택을 이어갑니다. 왜냐하면, 우리는 목표 금액에 다다를 수 있는 모든 가능한 답을 원하기 때문입니다.

가장 쉬운 방법은 재귀함수를 사용해서 모든 경우를 하나하나 살펴보도록 구현하는 것입니다. 이제 여러분에게 놀라운 일도 아닙니다. 아래는 가능한 답을 재귀적으로 나열하는 코드입니다.

```
1.  def makeChange(bills, target, sol = []):
2.      if sum(sol) == target:
3.          print (sol)
4.          return
5.      if sum(sol) > target:
6.          return
7.      for bill in bills:
8.          newSol = sol[:]
9.          newSol.append(bill)
10.         makeChange(bills, target, newSol)
11.     return
```

함수의 첫 번째 입력값 bills는 모든 화폐 액면가들의 리스트입니다. 예를 들어, [1, 2, 5] 입니다. 두 번째 입력값은 목표 금액이고, 세 번째는 선택된 화폐들의 리스트이고 현재까지 우리가 찾은 답인 sol입니다. 2 - 4번째 줄은 기저 사례에 해당하는데, 만약 우리가 답을 찾았다면 화면에 출력합니다. 이 특별한 구현으로, 우리는 가능한 답을 따로 저장하거나 세지 않고 그저 찾으면 단순하게 화면에 출력을 할 수 있습니다.

5 - 6번째 줄에서는 또 다른 기저 사례로서, 목표 금액을 초과하는 경우입니다. 이 경우는 명백하게 답이 아니기 때문에 단순하게 버리면 됩니다. 여러분이 친구에게 빚진 금액보다 더 갚을 이유는 없습니다.

7 - 10번째 줄에서는 현재로부터 모든 가능한 경우를 검색합니다. bills에 저장된 각각의 액면가별로 반복문을 수행하면서, 현재의 답을 새로운 리스트 newSol에 저장하고 현재 화폐의 액면가를 여기에 넣습니다. 그리고 원소가 하나 더 증가한 newSol을 입력값으로 하는 makeChange를 재귀적으로 호출합니다.

우리가 서로 다른 화폐 액면가에 대해 반복하고 있기 때문에, 우리는 8번째 줄에서 sol을 복사해서 newSol을 만들어야 합니다. 왜일까요? sol을 복사해서 newSol을 만들지 않고, sol을 코드의 모든 부분에 사용했다고 생각해봅시다. bills = [1, 2, 5] 라고 하면, 처음에는 sol =

[1] 부터 탐색합니다. 그 다음에 sol에 1이 더해져서 sol = [1, 1] 이 됩니다. 계속 진행하면서 sol과 함께 재귀 호출이 이루어지고, 각 호출은 리스트 sol에 값을 더합니다. 한 번 호출이 종료되면, 어떤 답이 찾아지거나 혹은 답이 아니라 버리든가 한 뒤에, 우리는 반복문의 다음 반복을 수행합니다. 우리는 sol이 [1] 이고, 여기에 2를 더해서 sol = [1, 2] 로부터 답을 찾으려고 합니다. 하지만, sol에는 우리가 더하기만 하고 아무 것도 제거하지 않았기 때문에, (목표 금액에 따라서) 매우 긴 리스트가 되어있을 것입니다. 이 상태에서 다른 화폐를 더한다면 목표 금액을 초과해버릴 것입니다. 그렇기 때문에 sol을 복사해서 newSol을 다음 재귀 호출에 사용해서 전체 탐색 공간을 전부 확인할 수 있도록 합니다.

아래 명령을 실행하면,

```
bills = [1, 2, 5]
makeChange(bills, 6)
```

다음의 결과가 나옵니다.

```
[1, 1, 1, 1, 1, 1]
[1, 1, 1, 1, 2]
[1, 1, 1, 2, 1]
[1, 1, 2, 1, 1]
[1, 1, 2, 2]
[1, 2, 1, 1, 1]
[1, 2, 1, 2]
[1, 2, 2, 1]
[1, 5]
[2, 1, 1, 1, 1]
[2, 1, 1, 2]
[2, 1, 2, 1]
[2, 2, 1, 1]
[2, 2, 2]
[5, 1]
```

한 가지 문제점이 있습니다. 이 프로그램은 15가지의 답을 찾아서 화면에 출력했습니다. 그런데 지폐의 순서에 대해 좀 더 생각해봐야 할 것 같습니다. 현재의 답에서는 네 개의 $1, 그리고 한 개의 $2는 세 개의 $1, 한 개의 $2, 그리고 한 개의 $1과 서로 다른 것으로 세고 있습니다. 다행히 같은 종류의 화폐에 대해서는 순서가 고려되지 않아서, [1, 1, 1, 1, 1, 1] 답에 대해서 6! = 720 개의 답이 만들어지지는 않았습니다. 그나마 다행이네요!

15-2 중복 제거

어떻게 하면 중복된 정답들을 제거할 수 있을까요? 우리는 특정한 형태의 답을 생성하기 위해 화폐 액면가의 자연스러운 순서를 사용할 수 있습니다. 우리는 이제 [a, b] 또는 [a, b, c] (b ⟨ a 또는 c ⟨ b 또는 c ⟨ a) 와 같은 형태의 답은 생성하지 않고, 화폐 액면가가 줄어들지 않는 순서대로만 정답을 만들 것입니다. [a, b, c] (b ≥ a 또는 c ≥ b 또는 c ≥ b ≥ a) 와 같은 형태의 답만을 허용합니다. 즉, [1, 1, 1, 2, 1] 과 같은 답은 줄어들지 않는 형태가 아니기 때문에 제외하고, [5, 1] 도 동일한 이유로 답에서 제외합니다. 이와 같은 답으로 [1, 1, 1, 1, 2] 와 [1, 5] 는 답으로 포함되게 됩니다.

결과적으로, 위의 내용을 반영해서 makeChange에 약간의 미묘한 변형을 가했습니다. 현재까지 생성된 답에서 사용한 가장 큰 화폐 액면가에 해당하는 입력값을 추가합니다. 재귀 탐색 과정 중에, 우리는 가장 큰 화폐 액면가보다 크거나 같은 지폐들만 답에 추가하고 그보다 작은 지폐들은 추가하지 않습니다. 수정된 함수의 첫 번째 호출을 위해, 우리는 새 입력값을 가장 작은 화폐 액면가로 설정합니다. 우리의 예제에서는 $1이 됩니다. 즉, $1 지폐는 계속 추가할 수 있고, 만약 한 번 $2 지폐가 추가되면 그 이후로 다시는 $1 지폐를 답으로 넣을 수 없습니다.

아래의 makeSmartChange 함수에 변경한 알고리즘이 포함되어 있습니다.

```
1. def makeSmartChange(bills, target, highest, sol = []):
2.     if sum(sol) == target:
3.         print (sol)
4.         return
5.     if sum(sol) > target:
6.         return
7.     for bill in bills:
```

```
8.        if bill >= highest:
9.            newSol = sol[:]
10.           newSol.append(bill)
11.           makeSmartChange(bills, target, bill, newSol)
12.    return
```

이 함수에는 새로 추가된 입력변수인 highest가 있습니다. 그리고 정확히 8번째 줄 한 곳만 추가되었습니다. 여기에서 새로운 답을 만들 때, 추가하려는 지폐가 highest보다 크거나 같은지를 확인합니다. 11번째 줄에서 함수의 새로운 입력값을 채워주기 위해 재귀 호출 부분이 약간 변경되었습니다. 그 입력값으로 bill을 사용합니다. highest는 사용할 수 없는데, 왜냐하면 방금 새로 추가한 bill이 highest보다 크거나 같기 때문입니다.

이 수정을 통해 우리가 makeChange에서 겪었던 문제를 해결할 수 있습니다. 다음과 같이 실행하면,

```
bills = [1, 2, 5]
makeSmartChange(bills, 6, 1)
```

프로그램은 다음과 같이 출력합니다.

```
[1, 1, 1, 1, 1, 1]
[1, 1, 1, 1, 2]
[1, 1, 2, 2]
[1, 5]
[2, 2, 2]
```

이건 우리가 이미 답을 알고 있는 것입니다. 다른 예제로 다음과 같이 실행해보면,

```
bills2 = [1, 2, 5, 10]
makeSmartChange(bills2, 16, 1)
```

우리는 $16를 세는 서로 다른 스물 다섯가지의 방법을 찾을 수 있습니다.

```
[1, 1, 1, 1, 1, 1, 1, 1, 1, 1, 1, 1, 1, 1, 1, 1]
[1, 1, 1, 1, 1, 1, 1, 1, 1, 1, 1, 1, 1, 1, 2]
[1, 1, 1, 1, 1, 1, 1, 1, 1, 1, 1, 1, 2, 2]
[1, 1, 1, 1, 1, 1, 1, 1, 1, 1, 1, 5]
[1, 1, 1, 1, 1, 1, 1, 1, 1, 1, 2, 2, 2]
[1, 1, 1, 1, 1, 1, 1, 1, 1, 2, 5]
[1, 1, 1, 1, 1, 1, 1, 2, 2, 2, 2]
[1, 1, 1, 1, 1, 1, 1, 2, 2, 5]
[1, 1, 1, 1, 1, 1, 2, 2, 2, 2, 2]
[1, 1, 1, 1, 1, 1, 5, 5]
[1, 1, 1, 1, 1, 1, 10]
[1, 1, 1, 1, 1, 2, 2, 2, 5]
[1, 1, 1, 1, 2, 2, 2, 2, 2, 2]
[1, 1, 1, 1, 2, 5, 5]
[1, 1, 1, 1, 2, 10]
[1, 1, 1, 2, 2, 2, 2, 5]
[1, 1, 2, 2, 2, 2, 2, 2, 2]
[1, 1, 2, 2, 5, 5]
[1, 1, 2, 2, 10]
[1, 2, 2, 2, 2, 2, 5]
[1, 5, 5, 5]
[1, 5, 10]
[2, 2, 2, 2, 2, 2, 2, 2]
[2, 2, 2, 5, 5]
[2, 2, 2, 10]
```

좋습니다! 이 코드를 실행할 때 한 가지 주의해야 할 점이 있습니다. 목표 금액이 높아질수록, 특히 작은 화폐들만 가지고 있는 경우, 정답의 수는 폭발적으로 늘어날 것입니다.

15-3 　가장 적은 수의 화폐만 사용하도록 변경하기

여러분이 여러분의 친구에게 지불하는 가능한 방법들 중, 가장 적은 수의 지폐를 사용해서 갚고 싶다고 생각해봅시다. 우리의 코드로 생성한 결과는 분명히 우리가 원하는 정보를 포함하고 있습니다. 예를 들어, $16 예제에서 여러분은 세 개의 지폐만 사용할 수 있습니다. $1, $5 그리고 $10 입니다.

여러분은 위 문제 설명을 듣자마자 탐욕법을 사용해보고 싶은 충동이 들 것입니다. 이해합니다. 탐욕법을 적용해서 갚아야 할 금액보다 작은 화폐들 중에 가장 큰 화폐를 고르고, 목표 금액을 적절하게 줄이고, 이러한 과정을 반복합니다. 이 방법은 $16에 대해서는 확실히 동작합니다. $10을 먼저 고르고, 그 다음 $5, 다음 $1을 선택합니다. 만약 여러분이 다른 동네로 이사를 갔는데, 여기에서는 $8 단위의 화폐를 사용하고 있다면 어떻게 될까요? 최적의 답은 $8 지폐 두 개를 주는 것입니다. 하지만 탐욕법으로는 이 답을 찾을 수 없습니다.* 물론, makeSmartChange는 두 개의 $8 지폐를 선택하는 답을 가능한 답들 중 하나로 출력할 것입니다.

가장 적은 수의 화폐로 지불하는 문제의 답을 찾을 수 있는 방법 중 하나로, makeSmartChange 함수를 실행하고, 답을 나열하고 탐색하는 과정 중에 가장 적은 수의 답을 고르는 것입니다. 다음 연습 3에서 여러분에게 이 문제를 드리도록 하겠습니다.

---

* **역자 주_** 보통 이러한 동전 문제에서는 동전 금액이 서로의 배수인 경우에만 탐욕법을 적용할 수 있습니다. 예를 들어 동전 금액이 [1, 5, 10] 이 있는 경우, 10은 5배수, 5는 1의 배수이므로 항상 큰 금액의 동전을 사용하는 것이 언제나 이득이기 때문에 탐욕법이 성립합니다. 하지만 [1, 5, 8, 10] 이 있는 경우, 8은 5의 배수가 아니고, 10도 8의 배수가 아니기 때문에 서로 다른 수의 조합을 만들어낼 수 있습니다. 그러므로 탐욕법을 사용할 수 없습니다.

연습문제

연습 1 makeSmartChange 함수를, 각각의 답을 출력하지 말고 서로 다른 답들의 개수를 센 뒤 출력하도록 변경해보세요. 여러분은 전역 변수 count를 사용해서 각 재귀 호출에서 접근해서 답이 발견되었을 경우 늘어나도록 할 수 있습니다. 단순히 가능한 답을 세기 위해서는 더욱 효율적인 방법들도 있겠지만, 여기서는 주어진 코드를 수정하는 것으로 하겠습니다.

퍼즐 연습 2 여러분은 모든 화폐의 종류별로 무한히 쌓아놓고 사는 부자는 아닙니다. 사실 여러분은 각각 다른 액면가를 가진 화폐마다 제한된 수만큼의 지폐를 가지고 있습니다. 예를 들어, 아래는 여러분이 액면가 별로 챙겨둔 지폐의 수를 나타냅니다.

```
yourMoney = [(1, 11), (2, 7), (5, 9), (10, 10), (20, 4)]
```

리스트에 있는 각 튜플의 첫 번째 값은 화폐의 액면가를 나타내고, 두 번째 값은 얼마나 많은 개수의 지폐를 가지고 있는지 나타냅니다. 위의 예에서, 여러분은 $1 지폐를 열한장 가지고 있고, $20 지폐를 네장 가지고 있습니다. 위와 같이 여러분의 제한된 상황에서 답을 찾아서 출력할 수 있도록 프로그램을 수정해보세요.

쉬운 방법으로, 이전과 같이 모든 방법을 생성한 뒤(출력하지 않고) 위의 개수 제한을 위반하는 답은 버리면 됩니다. 우리는 여러분이 좀 더 우아하고 효율적인 방법으로, 재귀 탐색 중에 부분적인 정답이 위의 규칙을 위반하면 버리도록 수정하는 것을 권장합니다. 부분적인 정답이 규칙을 위반한다는 것은, 아직 목표 금액에는 도달하지 않았지만 한 개 혹은 그 이상으로 여러분이 가지고 있는 지폐의 수를 초과한 상황을 뜻합니다.

다음과 같이 코드를 실행하면,

```
money = [(1, 3), (2, 3), (5, 1)]
makeSmartChange(money, 6, 1)
```

다음과 같이 세 가지 답이 나와야 합니다.

```
[1, 1, 2, 2]
[1, 5]
[2, 2, 2]
```

$1 지폐가 세 개만 있기 때문에, 우리는 $1 지폐 세 개를 모두 쓰면 목표 금액인 $6를 맞출 수 없게 됩니다. 그렇기 때문에 정답은 한 개 혹은 두 개의 $1 지폐만 사용합니다.

연습 3 탐욕법으로는 가장 적은 수의 지폐를 사용해서 목표 금액을 맞추는 방법을 찾을 수 없기 때문에, 연습 2에서 만든 코드를 수정해서 가장 적은 화폐를 사용하는 정답 한 개를 찾아서 출력하도록 해보세요. 다시 말하지만, 모든 가능한 답을 저장하거나 출력하지 말고, 현재까지 찾은 최고의 답을 저장하고, 재귀 탐색 중에 좀 더 좋은 답을 찾으면 갱신하도록 하기 바랍니다. 목표 금액을 만족하는 첫 번째 답을 찾은 뒤에 최고의 답이 잘 색인될 수 있도록 여러분은 미리 특정한 값을 설정해두어야 합니다.

우리는 퍼즐 18의 예제 4에서 위의 전략을 더욱 효율적으로 만들어줄 방법을 알아볼 것입니다.

퍼즐 16_
욕심은 옳습니다

욕심은 올바른 것이고, 욕심은 항상 통합니다.

Gordon Gekko, 월스트리트, 1987

이번 퍼즐에 쓰이는 프로그래밍 구조 및 알고리즘:

- 입력변수로서의 함수
- 탐욕법

탐욕법은 경험적(heuristic) 문제 풀이 방법으로서, 각 단계마다 현재 상황의 최고의 선택을 하고 이런 일련의 선택들이 전체 상황에서도 가장 좋을 것이라고 기대하는 방법입니다.

우리가 이미 봤듯이 저녁 파티 문제(퍼즐 8), 재능 문제(퍼즐 9) 그리고 가장 적은 지폐를 찾는 문제(퍼즐 15의 예제 3)처럼, 탐욕법은 항상 최적의 답을 만들지는 않습니다. 하지만 욕심이 인간에게 자연스러운 본능인 것처럼, 이번 퍼즐에서는 언제 어떻게 탐욕법을 사용하면 좋을지 계속해서 알아보도록 하겠습니다!

우리의 문제는 이번 학기에 수강할 수 있는 수업의 수를 최대화하는 것입니다. 이 학생은 최대한 빨리 졸업을 하고 싶어하기 때문에, 가능한한 많은 수업을 빨리 마치려고 합니다. 출석은 필수 사항이므로, 수업 시간이 겹치지 않도록 수업을 선택해야 합니다.

전체 수업 시간이 구간으로서 리스트로 주어집니다. 각 구간은 [a, b) 형태로 이루어져 있고, a와 b는 하루 중의 시간이고, a 〈 b 입니다. 대괄호 [는 수업 시작 시간이 닫힌 구간인 것을 나타내고, 소괄호) 는 수업 끝 시간이 열린 구간인 것을 타나냅니다. 즉, 이 학생은 [a, b) 와 [b, c) 수업 두 개를 들을 수 있습니다. 예를 들어, MIT의 교수들은 수업이 끝나는 정각보다 5분 일찍 수업을 마쳐서 학생들이 충분히 다음 수업 장소로 이동할 수 있도록 합니다. 우리는 이 표기법을 연예인 퍼즐(퍼즐 2)에서 본 적이 있습니다.

우리의 문제는, 구간이 주어졌을 때 겹치지 않는 구간들로 부분 집합을 만들고 이 부분 집합의 크기를 최대화하는 것입니다. 구간은 그림으로 표현하기 적합합니다. 그래서 우리는 몇 가지 예제를 그림으로 살펴보겠습니다.

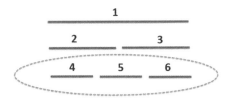

이 예제에서, 만약 우리가 수업 1을 고른다면 단 한 개의 수업만을 들을 수 있습니다. 또는 수업 2와 3을 선택할 수도 있습니다. 겹치지 않도록 선택할 수 있는 최대의 수업의 수는 세 개입니다. 수업 4, 5, 6을 선택하는 경우입니다.

16-1 탐욕적 접근

우리는 아래와 같은 방식으로 탐욕법을 사용해보겠습니다.

> **1.** 정해진 규칙에 따라 수업 c를 선택합니다.
>
> **2.** c와 구간이 겹치는 모든 수업을 제거합니다.
>
> **3.** 선택할 수 있는 수업이 아직 남아있다면, 첫 번째 단계로 돌아갑니다.

만약 우리가 번호가 가장 작은 수업(수업 1)부터 선택하기로 결정했다면, 위 예제에서는 확실하게 동작하지 않는 것을 알 수 있습니다.

16-2 규칙 – 가장 시간이 짧은 수업

위 예제에서 만약 우리가 가장 시간이 짧은 수업을 선택한다면, 즉 수업 4를 선택한다면 우리는 수업 1과 2를 들을 수 없습니다. 남은 수업 중 가장 짧은 수업 5를 선택하면, 수업 3이 제거됩니다. 마지막으로 수업 6만 남아있고, 이 수업을 선택하면 수업의 최대값을 얻을 수 있습니다.

최단 시간인 수업을 반복적으로 선택하는 방법은 모든 경우에 적용될 수 있을까요? 그렇지 않다면, 어떠한 경우라도 수업의 최대값을 보장할 수 있는 규칙은 어떤 것이 있을까요?

만약 여러분이 가장 시간이 짧은 수업을 고르는 규칙이 모든 경우에 적용될 것이라고 확신했다면, 짠! 아래에 이 규칙을 적용할 수 없는 간단한 예제가 있습니다.

수업 1은 가장 시간이 짧은 수업입니다. 하지만 이 수업을 선택하면, 다른 두 개의 수업(2와 3)을 선택할 수 없게 됩니다. 서로 시간이 겹치기 때문입니다.

16-3 규칙 – 가장 먼저 시작하는 수업

가장 먼저 시작하는 수업을 선택하는 규칙은 어떨까요? 이 방법으로, 학생은 아침에 기분좋게 일찍 일어나서 수업으로 충만한 하루를 보낼 수 있습니다. 가장 먼저 시작하는 수업을 고르는 규칙은 우리가 지금까지 본 두 개의 예제에 대해 잘 동작합니다. 첫 번째 예제에서, 수업 4가 (다른 수업과 함께) 가장 먼저 시작하고, 이 수업을 고른 뒤 겹치는 수업 1과 2를 제거합니다. 수업 5가 남은 수업 중 가장 먼저 시작하므로 선택합니다. 이 규칙은 최적의 선택을 하도록 잘 동작합니다. 두 번째 예제에서, 수업 2가 가장 먼저 시작하고, 그 뒤에는 수업 3을 선택하고, 마찬가지로 최적의 선택을 할 수 있습니다.

아쉽게도, 이 규칙도 완벽하지는 않습니다. 아래 예제에서 보듯이, 항상 동작하는 것은 아닙니다.

사실 두 개의 수업을 선택할 수 있음에도, 이 규칙은 수업 1을 선택하고 알고리즘은 한 개의 수업을 선택한 채로 종료됩니다.

16-4 규칙 – 가장 충돌이 적은 수업

여러분은 이렇게 생각할 수도 있습니다. "왜 시작 시간이나 수업 시간만 따져보고 있는거지?" 우리는 두 개의 수업 시간이 겹쳐서 충돌이 있는지 없는지를 확인할 수 있습니다. 우리가 각 수업이 다른 수업들과 얼마나 많이 충돌이 나는지를 알고 있다고 하고, 가장 충돌이 적은 수업을 선택합니다. 이 규칙을 반복해서 적용해보겠습니다. 두 번째 예제에서 수업 2와 3은 충돌이 가장 적은 수업(각각 하나씩)이기 때문에 둘 중 하나를 선택하고, 알고리즘의 단계 2에 의해 수업 1을 제거하면, 두 개의 수업을 선택하는 최적의 답을 얻을 수 있습니다. 세 번째 예제도 동일하게 동작합니다. 왠지 이 규칙이 상당히 괜찮아 보입니다!

아쉽게도, 우리의 희망은 아래 예제에서 한계를 보입니다. 이 예제는 많은 수업들이 포함되어 있고, 인정하건데 다소 억지로 지어낸 부분이 있습니다. 왜냐하면 이 규칙은 대부분의 경우에 잘 동작하기 때문에, 반례를 보이기 위해서 만들었기 때문입니다.

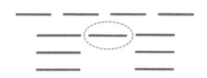

위 예제에서, 동그라미 표시가 된 수업은 바로 위의 두 개의 수업과 수업 시간이 겹칩니다. 다른 모든 수업들은 최소 다른 세 개의 수업과 수업 시간이 겹칩니다. 즉, 우리는 동그라미 표시가 된 수업을 선택합니다. 알고리즘의 단계 2에서, 우리는 동그라미 표시가 된 수업 바로 위에 있는 두 개의 수업을 제거합니다. 이렇게 되면, 우리는 가장 윗 줄에 있는 네 개의 수업을 선택할 수 있는 경우를 놓치게 되고, 결과적으로 최적의 선택을 할 수 없게 됩니다.

지금까지 살펴본 바로, 여러분은 이 문제에서 탐욕법을 적용하는 것은 불가능하다고 생각할 수도 있습니다. 그렇다면 우리는 저녁 초대 문제(퍼즐 8) 또는 재능 찾기 문제(퍼즐 9)와 같이 완전 탐색을 수행해야 합니다. 하지만 놀랍게도, 모든 경우에 적용될 수 있는 아주 간단한 규칙이 한 가지 있습니다.

16-5 규칙 – 가장 먼저 끝나는 수업

우리는 가장 먼저 끝나는 수업을 고를 것입니다. 이 규칙은 우리가 봤던 모든 예제에 대해서 동작합니다. 직접 확인해보시기 바랍니다. 가장 충돌이 적은 수업을 고르는 규칙을 깼던 우리의 마지막 예제에 이 규칙을 적용해봅시다. 첫 줄의 가장 왼쪽에 있는 수업을 고르고, 같은 줄에 있는 다음 수업을 고르고, 이렇게 반복하게 되면, 네 개의 수업을 선택해서 최적의 답을 찾을 수 있습니다. 물론, 그렇다고 해서 모든 경우에 항상 최적의 답을 고른다는 보장은 없습니다. 예제를 통해 증명하는 것은 진짜 증명이 아닙니다!

여러분에게 세 가지의 선택이 있습니다. (1) 이 규칙을 깰 수 있는 예제를 찾기 위해 한참을 시도해보고, 찾지 못하면 이 규칙이 잘 동작한다고 확신합니다. (2) 아래 있는 수학적 증명 과정을 읽어보고, 귀납법을 통한 증명을 이해하고 받아들입니다. (3) 그냥 저자를 믿습니다.

표기법: $s(i)$ 는 시작 시간, $f(i)$ 는 끝 시간, $s(i) \langle f(i)$ (수업의 시작 시간은 끝 시간보다 항상 작음). 두 개의 수업 i와 j가 겹치지 않는다면, 즉 $f(i) \leq s(j)$ 또는 $f(j) \leq s(i)$ 라면, 동시에 선택이 가능하다.

전제 1. 탐욕법의 결과로 $s(i_1) \langle f(i_1) \leq s(i_2) \langle f(i_2) \leq \ldots \leq s(i_k) \langle f(i_k)$ 를 만족하는 구간들의 리스트 $[s(i_1), f(i_1)]$, $[s(i_2), f(i_2)]$, $\cdots$, $[s(i_k) \langle f(i_k)]$ 를 출력한다.

증명. 모순을 통한 증명 − 만약 $f(i_j) \rangle s(i_{j+1})$ 라면, 구간 j와 j+1은 교차하고, 알고리즘의 단계 2의 모순이다.

전제 2. 구간의 리스트 L이 주어졌을 때, 가장 빠른 종료 시간을 선택하는 탐욕법은 최적의 답인 $k*$개의 구간을 선택한다.

증명. $k*$에 대한 귀납법

- 기저 사례: $k* = 1$. 최적 구간의 수는 한 개. 즉, 모든 구간이 서로 충돌하는 것을 의미하고, 이 경우 아무 구간이나 선택해도 최적의 답이 된다.

- 귀납적 접근: $k*$에 대한 전제가 유효하다고 가정하고, 우리에게 새로운 구간의 입력 리스트가 주어지고, 이 입력 리스트로부터 얻을 수 있는 최적의 결과로서 $k*+1$개의 구간을 얻을 수 있는데, 표시하자면 아래와 같다.

  $S*[1, 2, \cdots, k*+1] = [s(j_1), f(j_1)], \cdots, [s(jk_{*+1}), f(jk_{*+1})]$.

일반적인 n에 대해, 탐욕적 알고리즘은 아래와 구간 리스트를 돌려주었다고 하자.

  $S[1, 2, \cdots, n] = [s(i_1), f(i_1)], \cdots, [s(in), s(in)]$.

우리가 사용한 탐욕법의 기준에 따라 $f(i_1) \leq f(j_1)$ 를 만족하게 된다. 왜냐하면 우리는 항상 가장 먼저 끝나는 수업을 선택하기 때문에 $f(i_1)$ 보다 먼저 끝나는 수업이 없기 때문이다.

그렇다면, 다음과 같이 수업 스케줄을 다시 정할 수 있다.

$$S** = [s(i_1), f(i_1)], [s(j_2), f(j_2)], \cdots, [s(jk_{*+1}), f(jk_{*+1})].$$

구간 $[s(i_1), f(i_1)]$ 는 구간 $[s(j_2), f(j_2)]$와 절대 겹칠 수 없고, 그 이후에 나오는 어떤 구간과도 겹칠 수 없다. $S**$의 길이도 $k*+1$이고, 이 또한 최적의 답이 된다.

이제 우리는 $s(i) \geq f(i_1)$ 인 구간들의 집합을 L'으로 정의하려고 한다. $S**$ 은 L에 대한 최적의 답이고, $S**[2, 3, \cdots, k*+1]$ 은 L'에 대한 최적의 답이 되고, 그 결과 L'의 최적의 답은 크기가 $k*$ 인 것을 의미한다.

귀납적 가설에 의해 L'에 탐욕법을 적용하면 $k*$ 개의 구간을 선택할 수 있다는 것을 확인했다. 그래서, L'에 대해 탐욕법을 적용하면 $S[2, \cdots, n]$을 출력한다.

즉, $n-1 = k*$ 또는 $n = k*+1$이고, 이것은 $S[1, \cdots, n]$이 실제 최적의 답인 것을 내포하고 있다.*

가장 먼저 끝나는 수업 규칙을 가지고, 이제 우리는 탐욕적 알고리즘 코드를 작성할 준비가 되었습니다. 이 책은 프로그래밍에 관한 책이므로, 우리는 가장 먼저 끝나는 수업 규칙뿐만 아니라 다른 두 개의 규칙도 함께 코드를 작성하겠습니다. 그 과정에서 새로운 프로그래밍 기법을 보게 될 것입니다.

이 코드는 우리가 처음에 보았던 알고리즘 구조를 따릅니다. 우리는 각각의 규칙에 해당하는 함수를 만들고, 충돌이 있는 수업을 제거하는 함수를 만들고, 그리고 처음 두 개의 함수를 반복적으로 호출해서 수업을 선택하는 함수를 만들 것입니다.

우리는 먼저 아래와 같은 함수로부터 시작하겠습니다.

```
1.  def executeSchedule(courses, selectionRule):
2.      selectedCourses = []
```

---

* **역자 주** _ 이 퍼즐 문제에 관한 증명은 모두 귀납법을 통해 가장 먼저 끝나는 시간을 선택하는 탐욕법이 결과적으로 최적의 답을 만들어낼 수 있다는 것을 이야기합니다. 그 세부 내용은 조금씩 다르지만 가장 핵심적인 부분은, 다른 최적의 답이 존재하더라도 현재 알고 있는 최적의 답에서 가장 먼저 끝나는 수업을 전체 수업들 중 가장 먼저 끝나는 수업으로 교체했을 때, 새로운 답 또한 최적의 답이라는 것입니다. 이 핵심 관측을 사용해서 여러 방식으로 증명이 가능합니다.

```
3.        while len(courses) > 0:
4.            selCourse = selectionRule(courses)
5.            selectedCourses.append(selCourse)
6.            courses = removeConflictingCourses(selCourse, courses)
7.        return selectedCourses
```

2번째 줄에서 우리는 선택할 수업을 담을 리스트를 초기화합니다. **while** 문에서 탐욕적 알고리즘을 실행합니다. 4번째 줄은 우리가 지금까지 보지 못했던 프로그래밍 구조입니다. selectionRule은 함수 executeSchedule의 입력값으로, 그 자체가 하나의 함수입니다. 이 기능은 정말 멋집니다. 왜냐하면 우리가 지금까지 살펴보았던 다른 규칙들을 적용할 때마다 executeSchedulue 함수를 변경할 필요가 없게 해주기 때문입니다. 이런 기능이 없다면 우리는 각각의 규칙마다 다른 이름을 가지는 함수를 만들어야 합니다. 뒤에 자세히 살펴보겠습니다.

4번째 줄에서 selectionRule에 따라 수업을 선택하고, 5번째 줄에서 선택한 수업을 수업 리스트에 집어넣고, 이 수업과 충돌이 있는 모든 수업을 제거하고, 선택한 수업을 리스트 courses에서 제거합니다. 수업 리스트가 비게 되면 **while** 문은 종료됩니다.

removeConlictingCourses 함수에서 어떻게 충돌을 검사하고 수업을 제거하는지 살펴보겠습니다.

```
1.    def removeConflictingCourses(selCourse, courses):
2.        nonConflictingCourses = []
3.        for s in courses:
4.            if s[1] <= selCourse[0] or s[0] >= selCourse[1]:
5.                nonConflictingCourses.append(s)
6.        return nonConflictingCourses
```

이 함수는 selCourse와 충돌하지 않는 수업들을 리스트 nonConflictingCourses에 담아 출력합니다. 함수가 호출되었을 때, selCourse도 courses 리스트의 원소 중 하나이고, 자기 자신과 충돌하기 때문에, nonConflictingCourse에 포함되지 않게 됩니다.

4번째 줄이 가장 흥미로운 부분입니다. 여기에서 수업 s가 selCourses와 충돌하는지 아닌지 검사합니다. 이전에 설명했듯이, 수업은 [a, b) 구간으로서 표현됩니다. 수업 s는 [s[0], s[1]]로 표현됩니다. 만약 s의 끝 시간이 selCourse의 시작 시간보다 작거나 같다면, 또는 s의 시작 시간이 selCourse의 끝 시간보다 같거나 크다면, 두 수업은 충돌하지 않는 것이고, 그렇다면 5번째 줄에서처럼 s는 nonConflictingCourses에 추가될 수 있습니다. 그렇지 않고 두 수업이 충돌한다면 추가하지 않습니다.

이제, 각각의 규칙을 구현해보겠습니다.

```
1.  def shortDuration(courses):
2.      shortDuration = courses[0]
3.      for s in courses:
4.          if s[1] - s[0] < shortDuration[1] - shortDuration[0]:
5.              shortDuration = s
6.      return shortDuration
```

함수 shortDuration은 courses 입력값이 비어있지 않다고 가정합니다. 이 가정은 executeSchedule의 3번째 줄에 있는 **while** 문의 조건으로 인해 보장될 수 있습니다. 만약 여러분이 빈 리스트를 입력값으로 넘겼다면, 이 함수가 실행될 때 2번째 줄에서 오류와 함께 실행이 중단됩니다. 다음은 수업 리스트를 순회하면서 가장 시간이 짧은 수업을 찾습니다.

이제 가장 충돌이 적은 규칙을 규현해보겠습니다. 이 코드는 조금 더 복잡합니다.

```
1. def leastConflicts(courses):
2.     conflictTotal = []
3.     for i in courses:
4.         conflictList = []
5.         for j in courses:
6.             if i == j or i[1] <= j[0] or i[0] >= j[1]:
7.                 continue
8.             conflictList.append(courses.index(j))
9.         conflictTotal.append(conflictList)
10.    leastConflict = min(conflictTotal, key=len)
11.    leastConflictCourse = courses[conflictTotal.index(leastConflict)]
12.    return leastConflictCourse
```

이 함수는 conflictTotal 리스트를 생성하는데, conflictTotal[i]는 수업 i와 충돌이 있는 수업들의 리스트에 해당합니다. 각각의 conflictTotal[i]는 conflictList를 사용해서 만들어지고, 이중으로 중첩된 **for** 문을 사용합니다. 우리의 충돌 검사는 6번째 줄에 있는데, RemoveConflictCourses의 4번째 줄과 비슷합니다. 우리는 수업 i의 충돌 리스트에 수업 i를 넣지 않습니다. 리스트 courses에 있는 수업에 대해 수업 i와 수업 j를 중첩 **for** 문에서 순회하기 때문에, 8번째 줄에서 우리는 i와 충돌하는 수업 j를 찾아서 conflictList에 추가합니다. 안쪽 **for** 문이 끝날 때마다, 9번째 줄에서 현재의 conflictList를 conflictTotal에 추가합니다.

10번째 줄에서, 우리는 내장 함수 **min**을 사용해서 conflictTotal에서 가장 길이가 작은 leastConflict를 구합니다. 즉, 가장 적은 수의 원소를 가지는 충돌 리스트를 구하는 것입니다. 그리고 conflictTotal.index(leastConflict)는 leastConflict의 위치값을 출력하고, 이것을 사용해서 courses 리스트에서 우리가 원하는 수업을 찾을 수 있습니다.*

마지막으로, 다음은 우리가 실전에서 적용하고 싶은 규칙에 관한 코드입니다. 우리는 계속 최대 수업 등록 방법이 학생들의 현실적 문제인 것을 이해하는 척 해보겠습니다.

```
1.  def earliestFinishTime(courses):
2.      earliestFinishTime = courses[0]
3.      for i in courses:
4.          if i[1] < earliestFinishTime[1]:
5.              earliestFinishTime = i
6.      return earliestFinishTime
```

----
* **역자 주** _ leastConflicts 함수는 입력 변수 courses에 시작-끝 시간이 같은 수업이 없는 경우만 정상적으로 처리할 수 있습니다. 코드 내의 i, j는 각 수업을 나타내는 2-튜플인데, 오직 값으로만 두 수업이 같은지 비교하고, 위치값을 찾기도 하기 때문입니다. 가장 충돌이 적은 경우의 반례로 들었던 예시를 사용해보겠습니다. 그림의 수업을 숫자화하면 아래와 같이 표현할 수 있습니다.

```
courses = [
    (0, 2), (2, 4), (4, 6), (6, 8),
    (1, 3), (3, 5), (5, 7), (1, 3),
    (1, 3), (5, 7), (5, 7)
]
```

위 리스트가 입력 변수의 값으로 들어온 경우, (3, 5)가 2개의 다른 수업과 충돌하고 있고 가장 충돌이 적기 때문에 (3, 5)가 선택되어야 합니다. 하지만 leastConflicts(courses)는 (1, 3)을 결과로 내놓는데, 그 이유가 바로 중복 수업에 대한 처리가 잘 되지 않기 때문입니다. 이를 고려해서 함수를 수정해보는 것도 좋을 것입니다.

이 코드는 가장 시간이 짧은 수업 규칙의 코드와 비슷해보이고, 입력값 리스트가 비어있지 않다고도 가정하고 있습니다. 4 – 5번째 줄에서 우리는 수업의 종료 시간을 사용해서 가장 먼저 끝나는 수업을 찾습니다.

이 알고리즘을 적절한 규칙과 함께 실행하기 위해, 우리는 당연히 수업 리스트가 필요하고, 그리고 간단히 executeSchedule을 적절한 입력값과 함께 다음과 같이 호출합니다.

다음과 같이 실행하면,

```
mycourses = [[8,9], [8,10], [12,13], [16,17], [18,19],
             [19,20], [18,20], [17,19], [13,20],
             [9,11], [11,12], [15,17]]
print ('Shortest duration:', executeSchedule(mycourses,
shortDuration))
print ('Earliest finish time:', executeSchedule(mycourses,
earliestFinishTime))
```

아래와 같은 결과를 얻습니다.

```
Shortest duration: [[8, 9], [12, 13], [16, 17], [18, 19],
[19, 20], [11, 12], [9, 11]]
Earliest finish time: [[8, 9], [9, 11], [11, 12], [12, 13],
[16, 17], [18, 19], [19, 20]]
```

이 예제에서, 두 규칙은 같은 결과를 만들지만 수업은 다른 순서로 선택됩니다.

16-6 탐욕법은 언제 좋을까요?

주어진 구간들의 집합으로부터 그래프를 만들어보겠습니다. 각 수업은 꼭짓점에 해당하고, 꼭짓점/수업들 사이에 변은 두 수업의 구간이 겹치는 것을 의미합니다. 아래 수업 일정과 그에 해당하는 그래프가 있습니다.

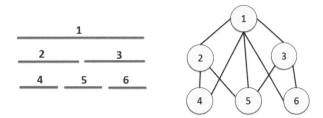

이 퍼즐에서 우리의 목표는 변으로 이어지지 않는 꼭짓점들의 최대 집합을 선택하는 것입니다. 변으로 이어지지 않다는 것은 수업 시간의 구간이 겹치지 않는 것을 의미하기 때문입니다. 잘 생각해보면, 이것은 바로 우리의 저녁 퍼즐(퍼즐 8)에서 살펴보았던 최대 독립 집합 문제와 동일합니다. 그리고 우리는 어떠한 경우라도 최적의 결과를 찾는 탐욕적 알고리즘이 있다는 것을 증명했었습니다. 우리가 밀레니엄 문제를 풀었으니, 이제 상금 받을 준비만 하면 되나요?

아쉽게도 아닙니다. 두 문제는 완벽하게 동일하지 않습니다. 수업 구간들의 집합으로 만들어진 그래프는 구간 그래프라고 불리우는 특별한 그래프의 종류입니다. 최대 독립 집합 문제의 그래프가 구간 그래프라면, 우리는 매우 효율적인 방법을 찾은 것입니다. 하지만 모든 그래프가 구간 그래프는 아닙니다. 예를 들어, 퍼즐 8에서 보았던 아래의 그래프는 구간 그래프가 아닙니다. 다른 말로, 어떤 구간 리스트로도 아래 그래프를 만들어낼 수 없습니다.

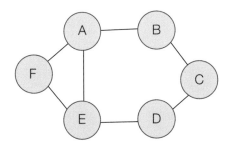

위 그래프는 분명히 서로 싫어하는 관계에 해당하는 그래프입니다. 변덕이 많아서 바뀔 수도 있지만요. 이 그래프가 구간 그래프가 아닌 이유는 바로 지름길이 없이 4보다 크거나 같은 길이의 순환이 있기 때문입니다. 바로 A—B—C—D—E—A 입니다. 순환은 간단히 그래프에서 변으로 이루어진 경로에서 시작과 끝 꼭짓점이 같은 것을 뜻합니다. 우리의 예시에서, 그 꼭짓점은 A입니다. 가장 적은 연결된 변을 가진 꼭짓점을 선택하는 방식의 탐욕법으로는 답을 구하지 못했었습니다. 그리고 어느 누구도 임의의 그래프가 주어졌을 때 최적의 결과를 찾아내는 탐욕적 접근의 선택 규칙을 발견하지 못했습니다. 우리가 저녁 파티 퍼즐에서 전체 탐색 방법을 썼던 것도 비슷한 맥락입니다.

퍼즐 9에서 문제를 풀 때도 탐욕적 알고리즘으로는 답을 찾지 못했었고, 퍼즐 15의 연습 3에서 가장 적은 지폐를 사용해서 잔돈을 주는 문제도 답을 찾지 못했습니다. 탐욕법으로 모든 경우에 최적의 답을 찾을 수 있는 가장 유명한 문제는 그래프에서 최단 경로를 찾을 문제입니다. 단, 변의 가중치가 음수이면 안됩니다. 이 탐욕적 알고리즘은 처음 고안한 Edsger Dijkstra의 이름을 따서 데이크스트라(Dijkstra) 알고리즘이라고 불립니다. 최단 경로 문제는 뒤의 '퍼즐 20 여섯 단계 분리'에서 살펴보겠습니다.

연습 **1** ▶ 가난한 한 학생은 가능한 많은 수업을 신청하기보다는 최대한 적은 수업을 수강해서 여유 시간을 만들어서 아르바이트를 하려고 합니다. 가장 먼저 끝나는 수업을 선택하는 함수에서, 같은 시간에 수업이 끝나는 경우에는 수업 시간이 가장 짧은 것을 선택하도록 수정해주세요. 다음과 같이 수업들이 주어졌을 때,

```
scourses = [[8, 10], [9, 10], [10, 12], [11, 12],
            [12, 14], [13, 14]]
```

새로운 규칙을 executeSchedule(scourses, NewRule) 로 호출하면 다음과 같이 출력되어야 합니다.

```
[[9, 10], [11, 12], [13, 14]]
```

반면에, 기존의 규칙을 그대로 사용하면 다음과 같이 출력됩니다.

```
[[8, 10], [10, 12], [12, 14]]
```

분명 이 학생은 여러분께 고마워할 것입니다.

퍼즐 연습 **2** ▶ 수업에 가중치가 있다고 가정해봅시다. 학생들의 목표는 충돌하지 않는 가장 많은 수의 수업을 듣는 것보다는, 충돌하지 않는 수업들의 가중치의 합이 최대가 되도록 수업을 듣는 것입니다. 가장 먼저 끝나는 수업을 선택하는 규칙이 이 경우에서도 동작할까요?

아쉽게도 아닙니다. 아래 예시를 살펴보겠습니다.

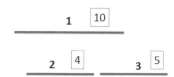

이 예제에서 가장 먼저 끝나는 규칙은 수업 2와 3을 선택할 것이고, 전체 가중치는 9가 됩니다. 반면에 수업 1만 선택했다면, 전체 가중치는 10이 되고, 이것이 최선의 경우입니다.

충돌하지 않는 수업들에서 최대 가중치를 고려해서 수업들을 선택하는 과정은 좀 더 복잡한 알고리즘이 필요한 것 같아 보입니다. 한 가지 방법은, 마치 퍼즐 8에서 손님들로 했던 것처럼 모든 가능한 수업의 조합을 생성한 뒤, 서로 충돌이 있는 수업들을 동시에 포함하는 조합들을 제거하고 남은 조합들 중 가장 전체 가중치가 가장 높은 조합을 선택하는 것입니다. 만약 n개의 수업이 있다면, 2^n개의 조합을 생성해서 확인해야 한다는 뜻입니다. 좀 더 좋은 방법은 아래 의사 코드로 적힌 방법을 따르는 것입니다.

```
재귀적 선택 (courses)
    기저 사례: courses가 비어있다면, 아무 것도 하지 않음
    courses의 각각의 수업 c에 대해:
        뒷 수업 = c가 끝난 후에 시작하는 수업들
        선택 = c + 뒷 수업으로부터 재귀적 선택
        지금까지 보았던 선택들 중 가장 높은 가중치 유지
    최대 가중치 선택 출력
```

위 의사 코드를 따르고, 아래 예시와 같은 형식을 받을 수 있는 함수를 작성해보세요. 아래 예제에서 세 번째 숫자는 수업의 가중치입니다.

```
wcourses = [[8,10,1], [9,12,3], [11,12,1],
            [12,13,1], [15,16,1], [16,17,1],
            [18,20,2], [17,19,2], [13,20,7]]
```

그리고 수업 선택의 결과는 아래와 같아야 합니다.

```
[[9, 12, 3], [12, 13, 1], [13, 20, 7]]
```

전체 가중치는 11로서 최대값입니다.

여러분은 왜 선택한 수업과 충돌하지 않는 모든 수업을 찾아보는 대신, 선택한 수업이 끝나는 시간의 뒤에 있는 수업들만 고려하는지 궁금해할 수 있습니다. 우리는 **for** 문에서 모든 가능한 "시작" 수업을 찾아보고 있는 것입니다. 즉, 우리는 수업 2 뒤에 수업 1이 이어지는 식의 정답을 고려하지 않을 것이고, 이을 통해 중복해서 경우의 수를 세지 않으려고 합니다. 이 방법을 적용한 알고리즘은 모든 충돌하지 않는 수업을 따지는 알고리즘보다 매우 효율적입니다. 우리는 퍼즐 15에서 비슷한 최적화를 수행했었습니다. 잔돈을 셀 때 중복된 답이 만들어졌었고, 중복을 피하기 위해 지폐의 액면가 순서대로만 따져보았었습니다.

퍼즐 연습 3 학생들이 수강할 수 있는 겹치지 않는 수업들의 숫자를 최대로 만들기보다는, 한 학생은 수강하는 수업들의 시간의 합을 최대로 하고 싶습니다.

규칙: 학생은 수업 시간이 겹치지 않는 수업만 등록할 수 있고, 수강 신청한 수업만 참석할 수 있고, 수강 신청한 수업의 처음부터 끝까지 수업에 꼭 참석해야 합니다. 텅 빈 교실에 혼자 앉아있는 것은 세지 않습니다!

코드를 작성해서 어떤 수업 일정에서도 수업 참석 시간이 가장 길 수 있도록 수업을 선택하는 알고리즘을 구현해보세요.

힌트: 각 수업의 가중치가 무엇에 해당하는지 생각해보세요.

퍼즐 17_
애너그램(Anagram) 매니아

"the best things in life are free"
"nail biting refreshes the feet"

Donald L. Holmes

이번 퍼즐에 쓰이는 프로그래밍 구조 및 알고리즘:

• 딕셔너리 기초
• 해시 알고리즘

애너그램(Anagram)은 다른 단어, 문장 혹은 이름에 있는 문자들을 재정렬해서 이루어지는 단어, 문장 혹은 이름을 뜻합니다. 예를 들어 iceman으로부터 재구성해서 cinema를 만들 수 있습니다. 수많은 단어들로 이루어진 책이 있고, 우리의 역할은 모든 애너그램을 그룹으로 만드는 것입니다. 즉, 우리는 책의 단어들을 분리해서 몇몇의 그룹을 만들어야 하고, 각 그룹은 서로서로 애너그램인 단어들로 이루어져야 합니다. 한 가지 방법은 책의 단어들을 정렬한 뒤, 서로 애너그램인 단어들을 옆에 함께 두는 것입니다.

다음과 같이 주어졌을 때,

    ate but eat tub tea

우리는 이렇게 만들 수 있습니다.

    ate eat tea but tub

조금 더 재밌는 예제로, 여러분에게 아래와 같은 단어들이 주어졌다고 생각해봅시다.

    abed abet abets abut acme acre acres actors actress airmen alert
    alerted ales aligned allergy alter altered amen anew angel angle
    antler apt bade baste bead beast beat beats beta betas came care
    cares casters castor costar dealing gallery glean largely later
    leading learnt leas mace mane marine mean name pat race races
    recasts regally related remain rental sale scare seal tabu tap
    treadle tuba wane wean

어떻게 하면 좋을까요?

17-1 한 번에 한 개의 애너그램 그룹 찾기

우리는 다음의 전략을 사용할 수 있습니다.

list의 각 단어 v에 대해:

    list의 각 단어 w (≠ v) 에 대해:

        v와 w가 애너그램인지 확인

        만약 그렇다면, w를 v 옆으로 이동

위의 전략의 코드가 아래 있습니다. 이 코드는 잘 동작하지만, 매우 비효율적입니다. 왜냐하면 이중으로 중첩된 반복문을 사용해서 애너그램 여부를 확인하고, 확인 과정에서 다시 정렬 함수를 또 호출하기 때문입니다.

```
1. def anagramGrouping(input):
2.     output = []
3.     seen = [False] * len(input)
4.     for i in range(len(input)):
5.         if seen[i]:
6.             continue
7.         output.append(input[i])
8.         seen[i] = True
9.         for j in range(i + 1, len(input)):
10.            if not seen[j] and anagram(input[i], input[j]):
11.                output.append(input[j])
12.                seen[j] = True
13.    return output
```

이 코드는 의사 코드를 그대로 따릅니다. 입력값으로 문자열의 리스트, 예를 들어 ['ate', 'but', 'eat', 'tub', 'tea'] 를 받아서, ['ate', 'eat', 'tea', 'but', 'tub'] 와 같은 리스트를 출력합니다. 3번째 줄에서 seen이라는 리스트 변수를 선언하고, 입력 리스트와 동일한 길이를 가지고 모든 원소들을 False로 초기화합니다. 변수 seen은 결과 리스트 output에 이미 넣은 단어들을 추적합니다. 바깥쪽 for 문에서 output에 넣지 않은 단어를 하나 선택한 후 output에 넣고, 선택한 단어와 애너그램인 단어들을 검색합니다. 이 단어는 애너그램 그룹의 가장 앞에 위치하게 됩니다. 애너그램 그룹을 채우는 것은 9번째 줄에서 시작하는 안쪽 for 문에서 수행합니다. 10번째 줄에서 이 단어가 이미 output에 있는지(seen[j] 가 False인지)를 확인합니다. 만약 그렇다면, 선택한 단어의 애너그램 그룹으로서 결과 리스트에 추가됩니다. 각각의 안쪽 for 문에서 하나의 애너그램 그룹을 만듭니다.

10번째 줄에서 **not** seen[j]는 사실 필요한 부분은 아닙니다. 예를 들어 v가 방금 전에 결과 리스트에 넣어졌고 우리는 v의 애너그램을 찾으려고 한다고 합시다. 입력 리스트에서 방금 결과 리스트에 들어간 v 뒤에 있는 어떤 단어 w는 v 이전에 처리된 다른 단어의 애너그램입니다. 즉, w는 v의 애너그램일 수 없고, anagram(v, w)는 **False**를 출력할 것입니다.

그렇다면, 왜 **not** seen[j]를 수행해서 확인하는 것일까요? 이것은 약간의 성능 향상을 위한 최적화입니다. 만약 seen[j]가 **True**라면, **if** 문은 즉시 **False**를 출력해서 anagram 함수가 호출되지 않습니다. anagram을 호출하는 것은 어떤 변수가 **True**인지 아닌지 확인하는 것보다 더욱 비싼 연산이고, 다음 코드를 보면 확실히 알 수 있습니다.

아래는 두 단어(문자열)이 서로 애너그램인지 아닌지를 확인하는 코드입니다.

```
1.  def anagram(str1, str2):
2.      return sorted(str1) == sorted(str2)
```

2번째 줄은 단순히 파이썬의 내장 정렬 함수를 호출해서, 사전 순서대로 문자열의 문자를 정렬하고, 문자들의 리스트를 출력합니다. sorted('actress')는 ['a', 'c', 'e', 'r', 's', 's', 't'] 를 생성하고, sorted('casters') 또한 ['a', 'c', 'e', 'r', 's', 's', 't'] 를 생성합니다. 왜냐하면 'actress'와 'casters'는 애너그램이기 때문입니다. 서로 애너그램이 아닌 단어들은 이 테스트를 실패할 것입니다. 왜냐하면 (정렬된) 문자들의 리스트들의 서로 다를 것이기 때문입니다.

애너그램 그룹의 출력 순서는 중요하지 않습니다. 모든 애너그램 그룹들이 순서 상관없이 맞기만 하면 됩니다. 그리고 각 그룹 안의 단어들의 순서도 임의적으로 있어도 됩니다. 아래 모든 출력 결과는 동일한 것으로 생각합니다.

```
ate  eat  tea  but  tub
ate  tea  eat  but  tub
but  tub  ate  eat  tea
tub  but  eat  ate  tea
```

만약 우리가 n개의 단어로 이루어진 리스트를 가지고 있고 평균적으로 단어들이 m개의 문자들로 이루어졌다면, 우리는 대략적으로 $n^2/2$번 애너그램 확인을 해야 합니다. 1/2이 있는 이유는 두 개의 단어를 비교할 때, 순서는 상관없이 한 번만 비교하기 때문입니다. v와 w를 비교했다면, w와 v를 다시 비교할 일은 없습니다. 각 애너그램 확인은 대략적으로 $2m \log m$ 번 문자를 비교해야 합니다. m개의 문자로 이루어진 두 개의 단어를 정렬해야 하기 때문입니다. 전체적으로 $n^2m \log m$ 번 연산을 해야 합니다.

임의의 단어들로 이루어진 리스트를 받아서 애너그램끼리 그룹을 지어놓은 새로운 리스트를 생성하는 좀 더 효율적인 방법이 있을까요?

17-2 정렬을 사용해서 애너그램 그룹 만들기

우리는 단어 s를 sorted(s)를 사용해서 일종의 원래 형태로 만들어놓으면, 애너그램들은 전부 같은 원형을 가지게 되는 것을 알 수 있습니다. 앞에서 보았던 anagramGrouping에서, 두 번 중첩된 반복문을 사용해서 애너그램 그룹을 찾는 것은 너무 비효율적이었습니다. 이제 한 단어를 그 원형 표현과 함께 묶어놓는다고 생각해보겠습니다. 즉, 우리는 (sorted(s), s) 형태의 2-튜플을 만드는 것입니다. 첫 번째는 문자들의 리스트이고, 두 번째는 원래 단어 문자열입니다. 우리의 첫 예시였던 ['ate', 'but', 'eat', 'tub', 'tea']를 보면, 아래와 같은 다섯 개의 튜플을 만들게 됩니다.

```
(['a', 'e', 't'], 'ate')
(['b', 't', 'u'], 'but')
(['a', 'e', 't'], 'eat')
(['b', 't', 'u'], 'tub')
(['a', 'e', 't'], 'tea')
```

이제 이 튜플들을 오름차순으로 정렬하면 어떻게 될까요? 파이썬의 내장 정렬에서 비교의 기본값은 사전 순서를 따르고 각 튜플의 왼쪽부터 오른쪽 순서대로 비교합니다. 정렬하면 아래와 같은 결과를 얻습니다.

```
(['a', 'e', 't'], 'ate')
(['a', 'e', 't'], 'eat')
(['a', 'e', 't'], 'tea')
```

```
(['b', 't', 'u'], 'but')
(['b', 't', 'u'], 'tub')
```

먼저, 문자들의 리스트들이 사전 순으로 정렬되었고, 그 말은 모든 애너그램들의 그룹을 찾았다는 뜻입니다. 왜냐하면 문자들의 리스트가 동일하기 때문입니다. 그리고 'a'로 시작하는 리스트들이 'b'로 시작하는 리스트들보다 앞에 옵니다. 마지막으로, 하나의 애너그램 그룹 안에서 단어들이 사전 순으로 정렬됩니다.

다음은 위 알고리즘을 구현한 코드입니다.

```
1.  def anagramSortChar(input):
2.      canonical = []
3.      for i in range(len(input)):
4.          canonical.append((sorted(input[i]), input[i]))
5.      canonical.sort()
6.      output = []
7.      for t in canonical:
8.          output.append(t[1])
9.      return output
```

2-4번째 줄에서 2-튜플의 리스트를 생성합니다. 이 알고리즘이 동작하기 위해서 sorted(input[i]) 는 반드시 각 튜플의 첫 번째 값이어야 합니다(만약 왜 그런지 이해가 되지 않는다면, 순서를 바꾸었을 때 어떻게 되는지 직접 확인해보세요).

5번째 줄에서 리스트 canonical을 제자리에서 정렬합니다. 즉, 리스트의 변수명은 그대로지만 내용이 변합니다. 정렬되지 않은 리스트의 복사본을 유지할 필요가 없기 때문에 제자리 정렬을 합니다. 6-8번째 줄에서 canonical로부터 각 튜플의 첫 번째 값을 버리고 두 번째 값으로만 새로운 출력 리스트를 생성합니다. 첫 번째 값들은 정렬을 통해 애너그램 그룹을 생성하기 위한 것이었고, 여기서는 이미 목적을 달성해서 필요없기 때문입니다.

다시 총 n개의 단어로 이루어진 리스트가 있고, 각각의 단어는 평균적으로 m개의 문자를 가진다고 가정하겠습니다. 우리는 각 단어의 문자들을 정렬하는데 총 $nm \log m$ 번의 비교 연산이 필요합니다. 그리고 나서 n개의 튜플을 정렬하는데 $n \log n$ 번의 튜플 비교가 필요합니다. 각 튜플의 비교 연산이 대략적으로 m번의 문자 비교로 이루어진다면, 두 번째 단계에서 필요한 비교 연산의 수는 $mn \log n$이 됩니다. 그래서 총 비교 연산의 수는 $nm(\log m + \log n)$ 입니다. 이 결과는 anagramGrouping에서 필요한 $n^2m \log m$보다 훨씬 좋습니다. 그러나 anagramSortChar의 단점으로 우리는 총 n개의 2-튜플을 리스트에 저장해야 하고, 2-튜플의 첫 번째 값인 정렬된 문자들의 리스트가 추가적으로 더 사용되었습니다. anagramGrouping에서는 이 문자들의 리스트를 저장할 필요가 없었습니다.

17-3 해시를 사용해서 애너그램 그룹 만들기

각 단어의 문자를 정렬하지 않아도, 또 각 단어의 정렬된 값을 저장하지 않아도 되는 좀 더 효율적인 방법이 있습니다. 이 방법은 해시의 개념을 사용하는 것입니다(여담으로, 해시는 파이썬의 딕셔너리 데이터 구조의 핵심 개념입니다).

우리는 문자열의 각 문자마다 고유의 숫자를 부여하고 정해진 함수를 이 숫자들에 적용해서 계산함으로서 해시값을 얻을 수 있습니다. 통상적으로, 이 함수는 곱셈을 사용합니다.

```
hash('ate') = h('a') * h('t') * h('e') = 2 * 71 * 11 = 1562
hash('eat') = 1562
hash('tea') = 1562
```

이 해시 함수에 대해서, 모든 애너그램은 분명히 같은 해시값을 만들 것입니다. 그래서 만약 우리가 각 단어들의 해시값을 기준으로 정렬한다면, 모든 애너그램들의 그룹이 완성될 것입니다. 단, 여기에 한 가지 문제점이 있습니다. 애너그램 관계가 아닌 두 개의 단어가 같은 해시값을 가질 수도 있기 때문입니다. 예를 들어 h('m')이 781이라면, 단어 'am'도 1562의 해시값을 가질 것입니다. 그렇게 되면 단어 'am'은 'ate'와 'eat' 사이의 어딘가에 있게 됩니다.

다행히도, 이 문제는 쉽게 해결할 수 있습니다. 우리는 (이전에 했던 것처럼) 각 문자에 고유의 숫자를 부여할 때, 소수를 사용하려고 합니다. 각 숫자가 유일한 소인수 분해를 가진다면, 위 문제를 일어나지 않습니다. 즉, h('m')을 781로 부여하지 않습니다. 왜냐하면 781 = 11 * 71 이므로 소수가 아니기 때문입니다.

어떻게 하면 될지 좀 더 생각해보겠습니다. 산술의 기본 정리에 따르면, 모든 1 보다 큰 숫자는 자기 자신이 소수이거나 혹은 소수의 곱으로 표현할 수 있습니다. 그리고 그 곱은, 인수의 지수까지 포함해서 유일합니다. 만약 우리가 각 알파벳 문자(소문자로 표시)에 유일한 소수(숫자를 임시로 대문자로 표시)를 할당하면, 'altered'는 숫자로서 A · L · T · E^2 · R · D로 표현됩니다. 'alerted' 도 A · L · T · E^2 · R · D로 표현되고, 명백히 같은 숫자입니다. 다행히도 산술의 기본 정리에 따라 우리는 이 값은 오로지 한 단어에 A가 한 개, l이 한 개, e가 두 개, r이 한 개, t가 한 개, d가 한 개일 때만 얻을 수 있습니다. 즉, 'altered' 와 'alerted'는 애너그램입니다.

정리하자면, 애너그램 퍼즐을 풀기 위한 효율적인 전략은 단순히 각 알파벳 문자에 소수를 할당하고 숫자들을 곱해서 각 단어의 해시값을 계산하는 것입니다. 우리는 해시값을 기준으로 단어들을 정렬해서, 정렬된 결과에 애너그램의 그룹이 모여있도록 할 수 있습니다. 우선은 잠시 파이썬의 딕셔너리에 관해 조금 알아보고 난 뒤, 이 문제를 풀기 위한 간단한 코드를 살펴보겠습니다.

17-4 딕셔너리

리스트는 음수가 아닌 정수의 위치값을 가지고 있습니다. 하지만 파이썬의 딕셔너리를 리스트의 더 일반적인 형태로서, 위치값으로 문자열, 정수, 부동소숫점 또는 튜플이 올 수 있습니다. 이 퍼즐과 이후 몇몇 퍼즐에서 여러분은 딕셔너리가 얼마나 유용한지 알고 감사하게 될 것입니다.

아래 이름과 ID를 연결하는 간단한 딕셔너리가 있습니다. 중괄호 표현 { }는 우리가 딕셔너리를 선언하고 있다는 것을 의미합니다.

```
NameToID = {'Alice': 23, 'Bob': 31, 'Dave': 5, 'John': 7}
```

NameToID['Alice']는 23이 나오고, NameToID['Dave']는 5가 나옵니다. NameToID['David']는 오류를 던집니다. 일반화된 리스트의 위치값은 키(key)라고 부르고, 위 딕셔너리는 네 개의 키를 가지고 있습니다. 딕셔너리의 각각의 키는 값을 가리키고 있고, 그래서 딕셔너리는 키와 값의 쌍으로 이루어져 있습니다.

NameToID['David']가 에러를 던지기 전에, 우리는 딕셔너리에 어떤 키가 존재하는지를 아래와 같은 방법으로 확인할 수 있습니다.

```
'David' in NameToID
'David' not in NameToID
```

이 표현은 우리의 딕셔너리에서 **False**와 **True**를 출력합니다. 그러나 아래와 같은 구문을 먼저 실행하면,

```
NameToID['David'] = 24
print(NameToID)
```

아래와 같은 결과를 얻습니다.

```
{'John': 7, 'Bob': 31, 'David': 24, 'Alice': 23, 'Dave': 5}
```

이제 다섯 개의 키-값 쌍이 있습니다. 아래 구문을 실행하면,

```
'David' in NameToID
```

이제는 **True**를 출력합니다. 왜냐하면 NameToID에 'David'라는 키를 추가했기 때문입니다.

주의해서 볼 점은, 이번에 화면에 출력된 내용은 처음과 다른 순서를 가지고 있다는 것입니다. 파이썬에서 딕셔너리는 키-값 쌍의 특별한 순서를 보장하지 않습니다. 위치값이 음수가 아닌 숫자여서 자연스럽게 순서를 가지는 리스트와는 다르게, 딕셔너리에서는 키가 정수도 될 수 있고, 문자열도 될 수 있고, 심지어 튜플일 수도 있습니다. 이런 키값들 사이에서는 자연스러운 순서가 있다고 생각하기 어렵습니다. 아래는 딕셔너리의 좀 더 흥미로운 예제입니다.

```
crazyPairs = {-1: 'Bob', 'Bob': 1, 'Alice': (23, 11), (23, 11): 'Alice'}
```

이 딕셔너리에는 "객체"들이 이상하게 모여있습니다. 숫자도 있고, 튜플도 있고, 사람도 있습니다. 우리는 이런 것들을 짝지어서 딕셔너리로 만들 수 있습니다. 예를 들어, 우리는 다른 키-값 쌍을 crazyPairs['David'] = 24 로 추가할 수도 있고, 또는 crazyPairs['Alice'] = (23, 12) 를 실행해서 기존의 키-값 쌍을 변경할 수도 있습니다. 위의 두 구문을 실행하고 print(crazyPairs) 를 실행하면, 아래와 같은 결과가 나옵니다.

```
{(23, 11): 'Alice', 'Bob': 1, 'David': 24,
 'Alice': (23, 12), 1: 'Bob'}
```

또 한 가지 확인할 점은, (23, 11): 'Alice' 는 우리가 실행한 구문에 의해 변경되지 않았습니다. 왜냐하면 우리는 키에 의한 값만 변화시키는데, (23, 11) 키에 대한 값을 변경한 것이 아니기 때문입니다.

우리는 위의 예시에서 불변 객체*인 튜플을 사용했습니다. 그에 반해 파이썬의 딕셔너리에서는 리스트를 키로 지정하는 것은 허용되지 않습니다. 그 이유는 바로 리스트는 불변 객체가 아니기 때문입니다. 리스트는 수정이 가능하기 때문에, 딕셔너리에서 키로 지정할 경우 내부적으로 처리하기 애매해서 많은 버그들을 유발시킬 수 있습니다. 그래서 파이썬에서는 이런 혼란을 방지하기 위해 리스트를 키로 지정하는 것을 허용하지 않습니다. 그러나 리스트는 딕셔너리의 값으로는 사용이 가능하고, 딕셔너리에 넣은 이후에 언제든지 수정이 가능합니다.

마지막으로, 딕셔너리에서 키를 삭제하기 위해서는 다음과 같이 실행합니다.

```
if 'Alice' in NameToID:
    del NameToID['Alice']
```

이 구문으로 NameToID에 'Alice'가 있는 경우, 딕셔너리에서 'Alice'는 삭제됩니다.

----
* **역자 주_** 불변 객체(immutable object)란, 한 번 변수에 값이 할당되었을 때, 메모리에 변수의 값을 저장할 영역이 지정되고 값이 지정되면, 다시는 그 값이 바뀌지 않는 것입니다. 예를 들어 a = (23, 11) 인 튜플을 정의하면, 튜플은 불변 객체이므로 변경할 수 없습니다. 만약 그 이후에 a = (24, 11) 이라고 실행하면, 새로운 메모리 영역을 할당받아서 새로 저장하게 됩니다. 반면에 리스트는 불변 객체가 아닙니다. 예를 들어 b = [1, 2] 라고 정의한 뒤, b.append(3) 을 수행해도 b 의 시작 메모리 위치값은 변하지 않습니다. 즉, 새로 메모리 영역이 할당되는 것이 아니라, 기존의 메모리 영역은 유지한 채 더 필요할 때만 뒤에 이어붙이는 방식입니다.

딕셔너리 d가 주어졌을 때 딕셔너리의 키, 값, 혹은 튜플로 표시할 수 있는 키-값 쌍을 얻기 위해서, 우리는 d.keys(), d.values(), d.items()를 실행하면 됩니다.

이로써 딕셔너리의 기본적인 사항들과 사용법에 관해 배웠습니다. 여러분은 이후에 이어지는 몇몇 퍼즐에서 딕셔너리의 다른 연산들에 대해 보게 될 것입니다. 우리는 퍼즐 14 '스도쿠 문제'에서 집합을 보았었습니다. 집합은 값이 없는 딕셔너리의 형태라고 생각하면 됩니다.

```
1.  chToprime = {'a': 2, 'b': 3, 'c': 5, 'd': 7,
                 'e': 11, 'f': 13, 'g': 17, 'h': 19,
                 'i': 23, 'j': 29, 'k': 31, 'l': 37,
                 'm': 41, 'n': 43, 'o': 47, 'p': 53,
                 'q': 59, 'r': 61, 's': 67, 't': 71,
                 'u': 73, 'v': 79, 'w': 83, 'x': 89,
                 'y': 97, 'z': 101 }
2.  def primeHash(str):
3.      if len(str) == 0:
4.          return 1
5.      else:
6.          return chToprime[str[0]] * primeHash(str[1:])
7.  sorted(corpus, key=primeHash)
```

1번째 줄에서는 각 문자에 소수를 할당합니다. 26개의 소수가 26개의 알파벳 문자에 할당되었습니다. 딕셔너리는 데이터 구조입니다. 그래서 만약 우리가 chToprime['a'] 라고 하면, 딕셔너리 chToprime은 2를 출력합니다. 비슷하게, chToprime['z'] 는 101을 출력합니다.

primeHash 함수에서, 재귀와 리스트 자르기가 단어(또는 문자열)의 해시값를 계산하기 위해 사용되었습니다. 기저 사례는 문자열이 비어있을 때이고, 그 해시값은 1입니다. 6번째 줄에서 실제 작업이 수행되는데, 현재 단어의 첫 번째 문자가 소수로 변경되고, 이 소수에 첫 번째 문자를 뺀 나머지 단어들의 해시값을 계산해서 곱합니다.

이제 아래 코드를 실행하면,

```
corpus = ['abed', 'abet', 'abets', 'abut',
'acme', 'acre', 'acres', 'actors',
'actress', 'airmen', 'alert', 'alerted',
'ales', 'aligned', 'allergy', 'alter',
```

```
        'altered', 'amen', 'anew', 'angel', 'angle',
        'antler', 'apt', 'bade', 'baste', 'bead',
        'beast', 'beat', 'beats', 'beta', 'betas',
        'came', 'care', 'cares', 'casters',
        'castor', 'costar', 'dealing', 'gallery',
        'glean', 'largely', 'later', 'leading',
        'learnt', 'leas', 'mace', 'mane', 'marine',
        'mean', 'name', 'pat', 'race', 'races',
        'recasts', 'regally', 'related', 'remain',
        'rental', 'sale', 'scare', 'seal', 'tabu',
        'tap', 'treadle', 'tuba', 'wane', 'wean']
print (sorted(corpus, key=primeHash))
```

아래와 같은 결과를 출력합니다.

```
['abed, 'bade', 'bead', 'acme', 'came',
 'mace', 'abet', 'beat', 'beta',
 'acre', 'care', 'race', 'apt', 'pat', 'tap',
 'abut', 'tabu', 'tuba', 'amen', 'mane',
 'mean', 'name', 'ales', 'leas', 'sale',
 'seal', 'anew', 'wane', 'wean', 'abets',
 'baste', 'beast', 'beats', 'betas', 'acres',
 'cares', 'races', 'scare', 'angel', 'angle',
 'glean', 'alert', 'alter', 'later',
 'airmen', 'marine', 'remain', 'aligned',
 'dealing', 'leading', 'actors', 'castor',
 'costar', 'antler', 'learnt', 'rental',
 'alerted', 'altered', 'related', 'treadle',
 'actress', 'casters', 'recasts', 'allergy',
 'gallery', 'largely', 'regally']
```

모든 애너그램이 보기 좋게 모여있게 되었습니다!

만약 우리가 일반적인 리스트를 사용하기를 원한다면, 우리는 ord 함수를 사용할 수 있습니다. '퍼즐 11 타일 문제'에서 보았던 함수입니다. 아래는 ord를 사용해서 구현한 코드입니다.

```
1.  primes = [2, 3, 5, 7, 11, 13, 17, 19, 23,
               29, 31, 37, 41, 43, 47, 53, 59,
               61, 67, 71, 73, 79, 83, 89, 97, 101]
2.  def chToprimef(ch):
3.      return primes[ord(ch) - 97]
4.  def primeHashf(str):
5.      if len(str) == 0:
6.          return 1
7.      else:
8.          return chToprimef(str[0]) * primeHashf(str[1:])
9.  sorted(corpus, key=primeHashf)
```

1번째 줄에서는 26개의 소수로 리스트를 만듭니다. 그리고 chToprimef 함수를 만들어서 각 알파벳 문자를 적절한 정수로 바꾸도록 합니다. ord('a') 는 97이고, 우리는 문자 'a' 의 경우 primes[0] 의 값에 연결합니다. ord('z') 는 122이고, 'z' 는 prime[25] 에 연결합니다.

유일하게 바뀐 곳은 chToprimef의 8번째 줄에서 해시값을 계산하는 부분입니다. 기존 primeHash 함수의 6번째 줄에서 chToprime 딕셔너리에 접근하는 대신에, chToprimef 함수를 호출해서 문자에 해당하는 소수를 찾습니다.

이 코드는 얼마나 빠르게 동작할까요? 리스트에 n개의 문자가 주어졌을 때, 우리는 리스트를 정렬하기 위해 $n \log n$의 연산이 필요합니다. 만약 각 단어별로 평균 m개의 문자를 가지고 있다면, 각 단어의 해시값을 계산하는데는 m번의 곱셈이 필요합니다. 우리는 두 단어를 비교할 때 바로바로 단어들의 해시값을 계산한다고 간주하겠습니다. 그렇다면, 연산의 횟수는 $2mn \log n$이 되고, 이는 anagramGrouping의 $2n^2m \log m$ 보다 훨씬 효율적입니다. 만약 $m = 10$, $n = 10,000$ 이라면 어떨까요? 이 둘은 엄청난 차이입니다!

anagramSortChar과 비교했을 때는, 성능 향상이 그렇게 큰 것은 아닙니다. 하지만 anagramSortChar은 primeHash에 비해 더 많은 메모리를 필요로 합니다.

우리는 정렬하기 전에 각 단어의 해시값을 찾았습니다. 해시값의 계산은 n개의 단어에 대해 nm번 연산이 필요하고, 그러므로 총 연산의 횟수는 $mn+n \log n$ 이 됩니다. 위의 예제에서, 현대의 컴퓨터의 처리 속도를 감안했을 때 해시값을 계산하는 것은 성능상으로 유의미한 차이를 내지 않습니다.

딕셔너리는 리스트와 같이 음수가 아닌 정수만 키가 될 수 있다는 제약사항이 없습니다. 그렇다면 딕셔너리는 실제로 어떻게 구현이 되어있을까요? 현대 컴퓨터에서, 우리는 크기를 지정해서 연속된 구간의 메모리를 할당받을 수 있습니다. 그리고 이 메모리 구간은 음수가 아닌 정수를 통해 위치값을 지정해서 접근할 수 있습니다. 그래서 우리는 정수가 아니거나 혹은 정수인 키를 음수가 아닌 정수의 위치값으로 연결짓는 해시 체계를 만들어야 합니다. 이 작업은 상당히 까다로운데, 왜냐하면 허용되는 키가 유리수일 수도 있고, 문자열일 수도 있고, 혹은 문자열과 숫자의 튜플일 수도 있기 때문입니다. 게다가 메모리 영역의 길이에도 제한이 있습니다.

이제 딕셔너리의 내부가 어떻게 동작하는지 봅시다. 키가 주어졌을 때, 해시 함수 hash가 적용됩니다. 함수 hash는 우선 키를 큰 정수로 변환합니다. 만약 여러분이 hash('a')를 파이썬에서 실행하면, 아마도 −2470766169773160532를 얻게 되고, 또 hash('alice')를 실행하면 4618924028089005378를 받게 됩니다. 이 해시값은 음수가 될 수 있다는 점은 제쳐두고서도, 우리는 메모리에 이렇게 많은 영역을 할당해달라고 요청할 수 없습니다. 이 문제를 해결하기 위해 일반적으로 사용하는 전략으로, 딕셔너리를 저장할 메모리 공간을 훨씬 적은 $N=2^p$ 만큼만 요청하고, 그리고 해시값의 이진수 표현의 마지막 p개의 비트만 사용해서 0부터 $N-1$ 사이에서 어떤 메모리 공간을 사용할 것인지 선택합니다. 딕셔너리의 키에 대한 값은 선택한 메모리 영역에 저장합니다.

만약 딕셔너리에 입력할 키가 매우 많다면, 언제나 충돌이 있을 수 있습니다. 즉, 두 개의 키가 같은 메모리 영역을 선택하는 것입니다. 예를 들어, hash('k')=3683534172248121396이고, p가 작다면 'k'는 'a'와 충돌하게 됩니다. 왜냐하면 두 해시값의 마지막 몇몇 비트가 0이기 때문입니다. 해시값의 충돌에 관해서는 여러가지 방법으로 해결할 수 있는데, 가장 대표적인 방법이 연쇄(chaining)입니다.

간단히 말해서, 연쇄란 각 메모리 영역이 한 개의 값만 저장할 수 있는 형태가 아니라, 연결된 리스트를 저장할 수 있는 것입니다. 딕셔너리를 연쇄 해시 테이블로 구현한다면, 다음 그림과 같은 개념이 됩니다.

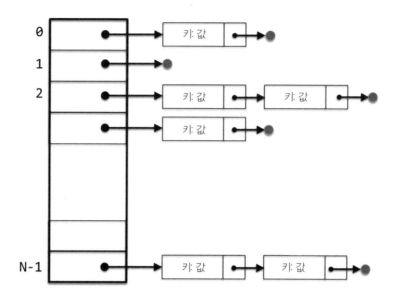

해시 테이블에 N개의 공간이 있습니다. 몇몇 곳은 1번 공간처럼, 아직 여기에 할당된 키-값 쌍이 없기 때문에 비어있을 수 있습니다. 0번 공간처럼 한 개의 키만 들어가 있을 수도 있고, 2번 공간처럼 충돌이 발생해서 여러개의 키-값 쌍이 연쇄적으로 들어가 있을 수도 있습니다. 키의 검색 요청이 들어왔을 때, hash 함수를 사용해서 어떤 공간에 이 키가 위치하는지 찾고, 그리고 모든 연쇄된 리스트에 있는 값을 하나하나 살펴봐서 이 키가 존재하는지를 확인합니다. 만약 저장된 키가 검색하는 키와 동일하면 값이 출력됩니다. 연쇄가 길수록 작업이 오래걸리게 됩니다.

해시 테이블의 목표는 키를 여러 메모리 공간에 고르게 분포시켜서, 평균적으로 한 개의 메모리 공간에 한 개의 키-값 쌍만 있도록 하는 것입니다. 고르게 분포될수록 검색의 효율적이 높아집니다. 연습 2와 3을 통해 애너그램 그룹 만들기 문제에서 키의 분배가 어떻게 되는지 살펴보겠습니다.

솔직히 인정하자면, 우리는 내장된 정렬 함수를 사용하는 편법을 사용했습니다. 하지만 우리는 이미 이전 퍼즐을 통해서 두 개의 다른 정렬 알고리즘을 공부해보았습니다. quicksort 함수를 수정해서, chToprimef의 출력으로 나오는 해시값을 통해 정렬할 수 있도록 해보세요. 그리고 내장 정렬 함수를 사용하는 대신 여러분이 새로 만든 함수를 사용해서 애너그램 그룹이 잘 정렬되도록 해보세요.

연습 2 이번 연습에서 우리는 해시의 개념을 살펴보고 애너그램의 그룹을 찾을 다른 방법을 찾아보도록 하겠습니다. 그러나 이 방법은 누구나 할 수 있는 간단한 방법은 아닙니다.

n=30개의 원소를 가진 리스트 L이 있다고 하겠습니다. L의 각 원소는 문자열 리스트입니다. 여러분은 아래 명령어를 사용해 빈 리스트를 생성할 수 있습니다.

```
L = [ [] for x in range(30) ]
```

각 L[i]는 빈 리스트이고, 이제 우리가 채워나가야 합니다. 우리는 corpus 리스트 안에 있는 모든 문자열들을 L의 원소로 집어넣고 싶습니다. 우리는 어떤 문자열이라도 받아서 primeHash 함수를 사용해서 숫자로 변경할 수 있습니다. 해시값은 리스트의 길이보다 클 수 있기 때문에, corpus 리스트 내의 각각의 원소 s를 리스트 L[primeHash(s) % p] (p = 29)에 넣도록 하겠습니다.

위에서 언급한 내용들을 코드로 작성해보세요. 그리고 리스트 L을 출력하세요. L에서 어떤 원소들은 빈 리스트이고, 어떤 원소들은 여러가지 문자열을 가지고 있게 됩니다. 어떤 단어가 L[i] 에 있다면, 그 단어의 모든 애너그램도 동일하게 L[i] 에 있습니다.

리스트의 원소 L[i] 안에 서로 애너그램이 아닌 단어들이 함께 있는 것을 확인할 수 있나요? 왜 이런 현상이 발생했을까요? 이번에는 리스트의 길이를 100으로 증가시키고 좀 더 큰 소수 p=97 로 설정해서, 해시 충돌이 없어졌거나 줄어들었는지 확인할 수 있을까요? 물론, 만약 여러분이 입력하는 단어의 수를 늘리면, 주어진 p에 대해 충돌 횟수가 늘어날 것입니다.

이 예제를 마칠 때쯤, 여러분은 직접 파이썬 딕셔너리(또는 해시 테이블)의 핵심을 구현한 것입니다!

연습 3 이번 연습에서 우리는 애너그램 퍼즐을 풀기 위해 연습 2에서 보았던 아이디어를 확장하고, 파이썬 딕셔너리를 사용할 것입니다. 먼저 sorted(s)는 s에 있는 문자들을 정렬한 리스트를 출력한다는 것을 떠올리기 바랍니다. 그리고 sorted(s)는 s의 원형 표현으로 생각할 수 있었고, 애너그램인 단어들은 모두 같은 리스트를 출력했었습니다. 우리는 리스트를 딕셔너리의 키로 사용할 수 없습니다. 그러나 우리는 sorted를 통해 반환된 리스트를 **tuple**(sorted(s)) 명령어를 사용해서 튜플로 변환할 수 있고, 튜플은 불변 객체이기 때문에 딕셔너리의 키로 사용할 수 있습니다.

아래 사항들에 맞춰서 코드를 작성해보세요. 주어진 단어들의 리스트에서 각 단어를 받아서 튜플로 표시되는 단어의 원형을 구하고, 이 값을 딕셔너리 anagramDict의 키로 사용합니다. 각 키의 값은 리스트로 이루어져 있고, 이 리스트에는 문제로 키로 할당된 원형을 가지는 단어들이 하나하나 입력됩니다. 딕셔너리가 모두 만들어지면, 간단히 **print**(anagramDict.values())를 실행하면 애너그램 단어들끼리 뭉쳐서 출력되는 것을 볼 수 있습니다.

퍼즐 18_

제 기억은
정확합니다

기억력이 좋지 않은 사람의 장점은, 똑같은 것도 처음하는 것처럼 여러
번 즐길 수 있다는 것이다.

Friedrich Nietzsche

이번 퍼즐에 쓰이는 프로그래밍 구조 및 알고리즘:

- 딕셔너리 생성과 조회
- 예외
- 재귀 탐색 중 메모이제이션

이번에는 미니 게임인 동전 고르기 문제를 최적화해보도록 하겠습니다. 한 행에 몇 개의 동전들이 있고, 동전에 표기된 숫자는 전부 양수입니다. 우리는 동전들의 부분 집합을 선택해서 그 합이 최대가 되도록 해야 하는데, 한 가지 조건은 인접한 두 동전들은 선택할 수 없습니다.

다음과 같이 주어졌을 때,

```
14 3 27 4 5 15 1
```

여러분은 14 선택, 3 건너뛰기, 27 선택, 4와 5 건너뛰기, 15 선택, 그리고 1 건너뛰기를 합니다. 그 결과로 56이 되고, 이것이 최적의 선택입니다. 번갈아서 선택하고 건너뛰는 방법은 이 예제에서는 동작하지 않습니다. 만약 우리가 14, 27, 5, 1을 선택했다면, 47 밖에 얻지 못합니다. 만약 3, 4, 15를 선택했다면, 안타깝게도 그 결과는 22 밖에 되지 않습니다.

이 동전 고르기 문제에서 어떻게 하면 최고의 결과를 얻을 수 있을까요?

```
3 15 17 23 11 3 4 5 17 23 34 17 18 14 12 15
```

이 문제의 최적의 결과는 126이고 15, 23, 4, 17, 34, 18, 15를 선택하면 됩니다.

명백하게 우리의 목표는 최적의 선택을 찾을 수 있는 알고리즘을 떠올리고 이를 코드로 구현하는 것입니다. 우리는 먼저 이 문제를 풀기 위해 재귀 탐색을 사용하려고 합니다. 현재 자신의 위치에 있는 동전을 선택할지 아니면 건너뛸지에 따라 그에 맞는 재귀 함수를 호출합니다. 만약 우리가 현재 동전을 건너뛰면, 다음 동전을 고를지 아니면 다시 건너뛸지 선택해야 합니다. 만약 우리가 현재 동전을 고르면, 우리는 다음 동전은 무조건 건너뛰어야 합니다.

18-1 재귀적 방법

아래는 동전 고르기 문제를 재귀적으로 푸는 코드입니다.

```
1. def coins(row, table):
2.     if len(row) == 0:
```

```
3.          table[0] = 0
4.          return 0, table
5.      elif len(row) == 1:
6.          table[1] = row[0]
7.          return row[0], table
8.      pick = coins(row[2:], table)[0] + row[0]
9.      skip = coins(row[1:], table)[0]
10.     result = max(pick, skip)
11.     table[len(row)] = result
12.     return result, table
```

이 함수는 행에 놓여 있는 동전들을 순서대로 저장한 리스트를 입력값으로 받습니다. 또한 딕
셔너리인 table도 입력으로 함께 받습니다. 이 딕셔너리는 원래 문제의 최적 선택에 대한 정보
를 포함하고 있고, 또한 원래 문제의 부분 문제에 관해서도 정보를 포함하고 있습니다. 처음 함
수를 호출할 때, 이 딕셔너리는 비어있습니다. 재귀 탐색이 진행되면서 딕셔너리에 값이 채워
지게 되고, 각 재귀 호출마다 딕셔너리의 값이 전달되어야 합니다.

2 – 7번째 줄에서 기저 사례를 정의합니다. 첫 기저 사례는 비어있는 리스트가 들어온 경우로,
간단하게 최대값 0과 현재까지 갱신된 딕셔너리를 함께 출력합니다. 딕셔너리 table은 3번째
줄에서 키 0에 대한 값으로서 0을 할당합니다. 만약 6번째 줄처럼 입력된 행의 리스트의 길이
가 1이라면, 우리는 간단히 리스트에 있는 한 개의 동전 값을 최대값으로 출력합니다. 또한 딕
셔너리에 키 1에 대한 값으로 동전 값을 할당합니다.

8 – 9번째 줄에서는 리스트의 첫 번째 동전을 선택할지 건너뛸지에 따라 재귀 호출을 수행합
니다. 만약 우리가 row[0]의 동전을 선택했다면 이 값을 전체 동전 값의 합에 더하고, row[1]
의 동전을 선택할 수 없기 때문에, 8번째 줄처럼 다음 재귀 호출에서 row[2:]가 입력값으로 전
달됩니다. 즉, 리스트의 첫 두 개의 원소들은 제외됩니다. 첫 번째 것은 선택해서, 두 번째는
인접 동전 선택 규칙에 의해 빠지는 것입니다. 9번째 줄에서는 row[1:]을 다음 재귀 호출의 입
력값으로 전달하고, row[0]의 값을 더하지 않습니다. 왜냐하면 우리는 row[0]을 선택하지 않
기로 하였고, 그에 따라 우리가 원한다면 row[1]을 선택할 수 있기 때문입니다. coins 함수는
12번째 줄처럼 result와 딕셔너리 table 두 개의 값을 동시에 출력하기 때문에, result 값을
얻기 위해서 우리는 8번째와 9번째 줄의 함수 호출의 결과에 [0]을 붙여야만 합니다. 10번째
줄에서는 어떤 재귀 호출의 결과가 더 좋은지를 결정하고, 더 좋은 결과를 이 함수의 결과로 저

장합니다. 11번째 줄에서는 딕셔너리를 적절하게 갱신합니다. 여기서 딕셔너리를 갱신하는 방법은, 키는 현재 리스트의 길이로, 값은 현재 리스트로 얻을 수 있는 최적의 동전 값의 합으로 합니다.

이제 위 함수가 어떻게 동작하는지 확인해보겠습니다. 우리는 리스트의 가장 앞에 있는 동전을 선택하거나 혹은 건너뜁니다. 그래서 리스트의 가장 앞에 있는 원소들을 제거한 더 짧은 리스트를 만들어서, 기존 문제보다 더 작은 부분 문제를 만듭니다. 우리의 예시를 보겠습니다.

```
14 3 27 4 5 15 1
```

리스트의 첫 원소인 14를 선택한다면, 길이가 5인 부분 리스트를 다음과 같이 만들 수 있습니다.

```
27 4 5 15 1
```

만약 우리가 동전 고르기 문제에서 얻을 수 있는 최고의 값에만 관심이 있다면, 우리는 단순하게 result만 출력하면 되고, 심지어 table 딕셔너리를 만들 필요조차 없습니다. 그러나 우리는 어떤 동전들이 선택되었는지 관심이 있습니다. 우리의 두 번째 예제처럼, 누군가가 많은 동전으로 이루어진 동전 고르기 문제를 풀었다고 해봅시다. 그 사람이 여러분에게 최적의 값은 126이라고 했지만, 여러분은 126이 최적인지 확인하기 위해 많은 수고를 해야 합니다. 여러분은 결국 스스로 동전 고르기 문제를 풀어보아야 합니다. 출력되는 딕셔너리에는 효율적으로 어떤 동전이 선택되었는지 판단할 수 있는 정보들이 포함되어 있고, 뒤에 나올 함수에서 어떻게 딕셔너리로부터 선택된 동전들을 거슬러 올라가면서 파악할 수 있을지 함께 살펴보겠습니다.

만약 다음과 같이 실행하면,

```
coins([14, 3, 27, 4, 5, 15, 1], table={})
```

아래와 같은 결과가 나옵니다.

```
(56, {0: 0, 1: 1, 2: 15, 3: 15, 4: 19, 5: 42, 6: 42, 7: 56})
```

첫 번째 값은 최적의 값이고, 키-값 쌍들이 나열된 딕셔너리가 중괄호에 쌓여서 함께 출력됩니다. 예를 들어, table[0] = 0, table[4] = 10, table[7] = 56 입니다. 딕셔너리는 길이가

7인 입력 리스트로부터 얻을 수 있는 최적의 값뿐만 아니라, 재귀 호출 과정 중에 나온 더 작은 리스트에 대해서도 최적의 값을 저장하고 있습니다. 그래서 우리는 어떤 동전이 선택되었는지 거슬러 올라가서 찾아볼 수 있습니다. 예를 들어, table[4]는 마지막 네 개의 원소로 이루어진 부분 리스트 [4, 5, 15, 1]에 대해 최적의 값은 19임을 알려줍니다. 이 값은 4와 15를 선택하면 얻을 수 있습니다.

우리는 이제 table 딕셔너리를 사용해서 어떻게 선택된 동전들을 찾아가는지 함께 보겠습니다.

```
1.  def traceback(row, table):
2.      select = []
3.      i = 0
4.      while i < len(row):
5.          if (table[len(row)-i] == row[i]) or \
5a.            (table[len(row)-i] == \
5b.             table[len(row)-i-2] + row[i]):
6.                 select.append(row[i])
7.                 i += 2
8.          else:
9.                 i += 1
10.     print ('Input row = ', row)
11.     print ('Table = ', table)
12.     print ('Selected coins are', select,
                'and sum up to', table[len(row)])
```

함수 traceback은 동전 리스트와 딕셔너리 두 개의 입력변수를 가지고 있습니다. 주의할 점은, table의 키들은 0부터 $len(row)$ (양 끝값 모두 포함) 까지 존재하고, 반면에 row의 위치 값은 항상 그랬듯이 0부터 $len(row)-1$ 까지 존재합니다.

이 함수는 딕셔너리에서 키가 가장 큰 것부터 거슬러 올라가면서 동작합니다. 즉, 가장 긴 리스트의 문제에 대한 정보부터 살펴봅니다. 5번째 줄은 이 함수의 가장 핵심적인 부분입니다. 우선, 5번째 줄의 두 번째 부분(첫 '\' 의 뒷 부분)을 보겠습니다. 우리는 리스트의 뒤에서부터 거꾸로 살펴보기로 했고, 그래서 두 개의 딕셔너리 쌍 $table[len(row)-i]$ 과 $table[len(row)-i-2]$ 의 값을 비교합니다. 만약 후자가 전자보다 row[i]만큼 더 작다면, 그 뜻은 우리가 row[i]에 있는 동전을 선택했었다는 것입니다. 즉, 동전 리스트의 i+1 번째 동전을 말합니다. 예를 들어, i = 0 이라고 하겠습니다. 딕셔너리 table의 마지막과 마지막에서 세 번째 원소를 비교합니다. 즉, 원래 문제와 부분 문제의 최적의 답 두 개를 비교합니다. 마지막 원소, table[**len**(row)]는 원래 문제의 최적의 값에 해당하고, 마지막에서 세 번째 원소, table[**len**(row)-2]는 원래 문제에서 앞의 두 개의 원소를 제거한 부분 문제의 최적의 값에 해당합니다. 만약 마지막 원소가 마지막에서 세 번째 원소보다 row[0]만큼 크다면, 원래 문제에서 첫 번째 원소 row[0]은 선택했다고 입증할 수 있습니다. 첫 번째 원소가 선택되었으면, 두 번째 원소는 건너뛰어야 합니다. row[0]과 row[1]이 다르다면, 원래 문제의 최적의 답과 원래 문제에서 처음 두 개의 원소를 제외한 최적의 답과 row[0]의 합이 같게될 수 있는 방법은 오로지 첫 번째 원소가 선택되었을 때만 가능합니다.

5번째 줄의 첫 번째 부분에서 table[**len**(row)-1] == row[i] 조건은 왜 있는 것일까요? 이 부분은 예외 사항인 i = **len**(row) − 1일 때를 고려하기 위해 존재합니다. 이 경우에, 5번째 줄의 두 번째 부분은 오류가 나게 됩니다. 왜냐하면 **len**(row)-i-2 < 0이기 때문입니다. 다행히도 **or**로 연결된 첫 번째 부분 때문에, 두 번째 부분은 실행되지 않습니다. 첫 번째 조건에서 table[1]은 항상 row[**len**(row)-1]로 설정되기 때문입니다.

일반적으로, 만약 우리가 row[i]를 선택하면, row[i+1]은 선택하지 못합니다. 그래서 7번째 줄에서처럼 i를 2 늘려서 계속 진행합니다. 만약 우리가 row[i]를 선택하지 않았다면, 9번째 줄에서처럼 i를 1만 증가시켜서 계속 진행합니다.

우리의 예제를 대입해서 실행하면 어떻게 될까요? 아래처럼 실행하면,

```
row = [14, 3, 27, 4, 5, 15, 1]
result, table = coins(row, {})
traceback(row, table)
```

아래와 같은 결과를 얻습니다.

```
Input row = [14, 3, 27, 4, 5, 15, 1]
Table = {0: 0, 1: 1, 2: 15, 3: 15, 4: 19, 5: 42, 6: 42, 7: 56}
Selected coins are [14, 27, 15] and sum up to 56
```

table[7]과 table[5] + row[0] (즉, 56 = 42 + 14)이기 때문에, 우리는 row[0] = 14를 선택하고, i를 2 증가시킵니다. table[5]는 table[3] + row[2] (즉, 42 = 15 + 27)이기 때문에,

우리는 row[2] = 27 을 선택하고, i를 2 증가시킵니다. 그 다음에는 table[3] 을 확인하는데, 이번에는 이 값이 table[1] + row[4] (즉, 15 ≠ 1 + 5) 과 다르기 때문에, 우리는 i를 1 증가 시킵니다. table[2] 는 table[0] + row[5] 와 같으므로 (즉, 15 = 0 + 15), 우리는 row[5] = 15 를 포함시킵니다.

이제 우리는 주어진 리스트로부터 최적의 결과값과 그 동전들을 어떻게 선택하는지 찾는 방법을 모두 코드로 작성했습니다. 그러나 여기에 작은 문제가 하나 있습니다. 우리는 '퍼즐 10 N-퀸 문제'에서 피보나치 수열을 재귀적으로 계산했던 것처럼 수없이 많은 재귀 호출을 만들어냅니다. 사실, 재귀 호출의 수는 정확히 피보나치 수열과 일치합니다. 크기가 n인 리스트에 대해, 우리는 크기가 $n-1$인 리스트와 크기가 $n-2$인 리스트를 만들어서 각각 재귀 함수를 호출합니다. 결과적으로, 크기가 n인 리스트가 주어졌을 때, 재귀 호출되는 함수의 수는 아래와 같습니다.

$$A_n = A_{n-1} + A_{n-2}$$

만약 n=40 이면, $A_n = F_n = 102,334,155$ 입니다. 이는 반길만한 결과는 아닙니다.

재귀적인 피보나치와 이 문제의 재귀적인 coins 함수가 만드는 재귀 호출들의 대부분은 불필요한 작업들입니다. 그 이유는 아래 재귀 호출 coins에 크기가 5인 리스트가 들어왔을 때 어떻게 동작하는지 보면 명확합니다. 이미 말했던 것처럼, 피보나치에서 보았던 것과 매우 일치합니다. 우리는 아래 그림에서 리스트의 크기만 적어놓았는데, 리스트의 원소가 무엇인지는 재귀 호출 트리를 이해하는데 당장 필요하지 않기 때문입니다.

피보나치 수열 때 했던 것처럼, 반복적인 방법으로 돌아가서 F_{40} 을 계산하는데 오로지 40번만 계산하게 만들 수도 있습니다. 하지만 우리는 재귀를 너무 좋아해서 꼭 재귀적 방법을 여기에서 사용하고 싶다고 해봅시다. 어떻게 하면 재귀적인 피보나치 수열의 계산을(그리고 이 퍼즐의 재귀적인 함수를) 좀 더 효율적으로 만들 수 있을까요? 이상적으로, 반복적인 방법만큼 효율적으로 만들 수 있을까요?

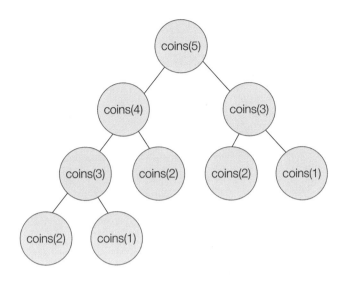

18-2 메모이제이션

네, 우리는 할 수 있습니다! 불필요한 호출을 줄이는 메모이제이션(memoization)이라고 불리는 기법을 사용해보겠습니다. 우리는 이미 동전 고르기 문제에서 딕셔너리를 가지고 있고, 우리가 추가적으로 할 일은 딕셔너리 table의 값을 살펴보아서 혹시 이전에 이미 현재 문제에 관한 답을 구해놓지 않았는지 확인하는 것입니다.

아래 동전 고르기 문제의 재귀적인 함수에 어떻게 메모이제이션을 적용해서 동작시키는지가 나와있습니다.

```
1. def coinsMemoize(row, memo):
2.     if len(row) == 0:
3.         memo[0] = 0
4.         return (0, memo)
5.     elif len(row) == 1:
6.         memo[1] = row[0]
7.         return (row[0], memo)
```

```
8.      try:
9.          return (memo[len(row)], memo)
10.     except KeyError:
11.         pick = coinsMemoize(row[2:], memo)[0] + row[0]
12.         skip = coinsMemoize(row[1:], memo)[0]
13.         result = max(pick, skip)
14.         memo[len(row)] = result
15.         return (result, memo)
```

아주 작은 부분이 변경되었지만, coins 코드에 엄청난 변화가 생겼습니다. 처음의 일곱 개의 줄은 딕셔너리의 이름이 table에서 memo로 바뀐 것을 제외하고는 완전히 동일합니다. 8번째 줄에서, 이 책에서 처음으로 파이썬의 **try-except** 구문의 시작을 만나게 되었습니다.

리스트에서 존재하지 않는 위치값을 보려고 할 때, 또는 딕셔너리에서 존재하지 않는 키에 대한 값을 보려고 할 때, 오류가 발생합니다. 존재하지 않는 것들을 보려고 하기 때문에 오류가 발생하는 것은 당연합니다. 그러나, 때때로 이런 에러가 발생할 수 있는 시도를 한 뒤에 오류가 발생하지 않으면 원래 하려던 것을 하고, 오류가 발생하면 또 다른 것을 하는 것은 매우 편리할 수 있습니다. 그것이 바로 **try-except** 구문을 통해 우리가 하려는 것입니다.

9번째 줄에서는 우리가 지금 풀려고 하는 문제에 관한 최적의 값이 이미 계산되었는지를 확인하는 것입니다. 최적의 값은 memo[len(row)] 에 저장되어 있고, 딕셔너리에서 그 키는 **len**(row) 입니다. 만약 키-값 쌍이 이미 딕셔너리에 존재한다면, 우리는 바로 그것을 출력할 수 있습니다. 그러나 만약 키가 존재하지 않는다면, 우리는 KeyError 오류를 만나게 됩니다. 만약 우리가 **try** 구문을 사용하지 않았다면, 프로그램이 오류로 인해 바로 종료되었을 것입니다. 하지만 다행히도 **try** 구문에 의해 프로그램의 흐름은 10번째 줄의 **except** 부분으로 빠지게 됩니다. **except** 구문에 왔다는 것은, 우리는 이 동전 고르기 문제에 대해서는 처음 풀어본다는 뜻입니다. 우리는 기존의 coins 코드에서 했던 것처럼 재귀 호출을 사용해서 문제를 풉니다. 예전에 했던 것처럼, 14번째 줄에서, 우리는 memo 딕셔너리를 계산된 결과로 채웁니다. 즉, 다음 번에 동일한 문제를 만나게 된다면, 우리는 다시 재귀 호출을 사용해서 계산할 필요가 없게 됩니다.

놀라운 것은, 단지 코드에 세 줄만 더했을 뿐인데, 그 결과는 실행시간을 지수적으로 향상시켜줍니다. 메모이제이션을 사용한 이 함수는 각 문제에 관해 딱 한 번만 계산해서 그 결과를

memo 딕셔너리에 저장합니다. memo에는 오로지 **len**(row) + 1 개의 원소만 있습니다. 각 각은 딱 한 번만 실행되지만, 여러 번 검색되고 사용됩니다.

우리는 딕셔너리 변수가 다른 역할을 수행하기 때문에, coins 함수 안의 table 변수명을 coinsMemoize 함수에서는 memo로 변경했습니다. 우리는 coinsMemoize에서 재귀 호출 을 진행하는 동안 memo를 살펴보는 것으로 개선하였고, 그 결과는 엄청난 성능 향상을 가져 왔습니다. 반면에 coins에서 변수 table은 오로지 그 결과를 쓰기만 하고 다시 살펴보는데는 쓰이지 않았습니다.

18-3 예외 피하기

그렇다고 메모이제이션을 적용하는데 **try-except** 구문이 필수라고 생각해서는 안됩니다. 사 실, 일부 프로그래머들은 의도적으로 예외를 던지는 것을 피하려고 합니다. 왜냐하면 잠재적 으로 이 방법은 일반적인 연산에 비해 더 시간 소모가 심할 수 있기 때문입니다. 아래는 예외를 피하도록 조금 수정한 결과입니다.

```
1. def coinsMemoizeNoEx(row, memo):
2.     if len(row) == 0:
3.         memo[0] = 0
4.         return (0, memo)
5.     elif len(row) == 1:
6.         memo[1] = row[0]
7.         return (row[0], memo)
8.     if len(row) in memo:
9.         return (memo[len(row)], memo)
10.     else:
11.         pick = coinsMemoizeNoEx(row[2:], memo)[0] + row[0]
12.         skip = coinsMemoizeNoEx(row[1:], memo)[0]
13.         result = max(pick, skip)
14.         memo[len(row)] = result
15.         return (result, memo)
```

위 코드는 예외 처리를 적용한 코드와 동일한 검사를 수행합니다. 이 부분을 이해하는 것은 예외를 이해하는 좋은 방법입니다. 예외는 0으로 나누기를 시도하는 것과 같은 에러 상황을 다루는데 사용할 수 있습니다. 에러가 발생할 수 있는 여러 구문들을 **try** 문으로 감싸는 것은 각 구문을 실행하기 전에 각각의 조건을 검사하는 것보다 더욱 편할 수 있습니다.

18-4 동적 프로그래밍

동적 프로그래밍은 원래 문제를 분리해서 간단한 형태의 부분 문제로 만들고, 반복되고 서로 겹치는 부분 문제들을 해결해서 원래 문제를 푸는 방법을 말합니다. 동적 프로그래밍은 분할 정복과는 다릅니다. 분할 정복은 문제를 분리해서 서로 겹치지 않는 부분 문제들로 만듭니다. 예를 들어 병합 정렬이나 퀵 정렬에서 보듯이, 두 배열은 서로 완전히 다릅니다. 비슷하게, 동전을 저울에 올리는 문제에서 동전들은 완전히 분리해서 두 개의 서로 다른 그룹을 만들었습니다. 그러나 여기서 보았던 동전 고르기 문제에서는 두 부분 문제들이 서로 겹치고, 어떤 의미로는 공통적인 동전들을 가지고 있습니다.

부분 문제들이 겹친다는 것은, 우리가 어떤 부분 문제들을 반복적으로 풀어야 함을 뜻합니다. 동적 프로그래밍에서, 이런 각각의 부분 문제들을 딱 한 번만 풀고 그 결과를 저장해둡니다. 다음번에 똑같은 부분 문제가 발생하면, 그 답을 다시 계산하는 대신 우리는 간단히 이전에 계산했던 답을 검색해보고 다시 계산하는 시간을 절약할 수 있습니다. 각 부분 문제들의 답은 어떠한 방식으로는 색인되어 있고, 특히 효율적인 검색을 위해 부분 문제의 입력값을 기반으로 저장하게 됩니다. 다시 계산하는 대신, 부분 문제의 답을 저장하는 기법을 메모이제이션이라고 합니다.

우리는 동적 프로그래밍과 메모이제이션을 사용해서 동전 고르기 문제를 효율적으로 해결했습니다. 연습문제에서 알게 되겠지만, 동전 고르기 문제는 이 책에서 동적 프로그래밍과 메모이제이션을 적용할 수 있는 첫 번째 문제가 아닙니다.

연습 1 퍼즐 10에서 보았던 피보나치 코드, 특히 rFib 함수로 돌아가보겠습니다. 메모이제이션을 사용해서 rFib에 있는 불필요한 함수 호출을 제거해보세요. 그리고 반복문을 사용했던 iFib만큼 효과적으로 수행될 수 있도록 수정해보세요.

여러분은 피보니치 수열을 풀었을 때처럼 동전 고르기 문제를 반복적인 방식으로 풀 수 있는지 마음에 걸릴 수 있습니다. 방법은 있습니다. 그리고 아래 우리가 함께 보았던 것과 비슷한 코드가 있습니다.

```
1.  def coinsIterative(row):
2.      table = {}
3.      table[0] = 0
4.      table[1] = row[-1]
5.      for i in range(2, len(row) + 1):
6.          skip = table[i-1][0]
7.          pick = table[i-2][0] + row[-i]
8.          result = max(pick, skip)
9.          table[i] = result
10.     return table[len(row)], table
```

3 - 4번째 줄에서는 입력된 리스트의 길이가 0이거나 1인 경우를 처리합니다. 주의할 점은 이곳의 부분 문제는 리스트의 끝에 있는 동전들에 해당합니다. 그래서 table[1] 이 row[-1] 로 채워지는 것입니다. 리스트의 마지막 동전은 row[**len**(row)-1] 이고, 이것은 row[-1] 로도 표현할 수 있습니다. 함수 coinsIterative에서 만들어지는 결과는 coins와 coinsMemoize 의 결과에서 했던 것처럼, 우리가 만들었던 traceback 함수를 그대로 사용할 수 있습니다.

우리는 이 코드를 먼저 만들어서 이 문제를 풀어보고 사용해볼 수도 있었습니다만, 그랬다면 여러분은 메모이제이션과 **try-except** 구문을 배워보지 못했을 것입니다. 이 개념과 구조는 널리 사용되고 또 여러분이 기억해둘 만한 가치가 있습니다. 게다가 많은 경우에 재귀 함수를 사용해서 문제를 푸는 것은 자연스러운 방법이 됩니다. 그리고 이런 경우, 메모이제이션은 효율성을 보장하는 방법입니다. 예를 들어, 메모이제이션을 사용해서 퍼즐 16의 연습 2에서 보았던 가장 큰 가중치가 되도록 수업을 선택하는 문제를 효율적으로 풀 수 있습니다. 아래 연습 3에서 더 살펴보겠습니다.

퍼즐 연습 2 여기서는 동전 고르기의 변종 문제를 풀어보겠습니다. 여러분은 이제 인접한 동전도 선택할 수 있습니다. 하지만 두 개를 연속으로 선택하면, 여러분은 두 개의 동전을 건너뛰어야 합니다. 이 문제에 대해 재귀적인 방법을 사용한 코드, 재귀적인 방법과 메모이제이션을 사용한 코드 그리고 반복문을 사용한 코드를 작성해보세요. 선택한 동전을 파악할 수 있도록 하는 함수도 함께 작성해야 합니다.

우리의 간단한 예제 리스트에 대해서,

```
[14, 3, 27, 4, 5, 15, 1]
```

아래와 같은 결과를 출력해야 합니다.

```
(61, {0: (0, 1), 1: (1, 2), 2: (16, 3), 3: (20, 3),
4: (20, 1), 5: (47, 2), 6: (47, 1), 7: (61, 2)})
```

선택할 수 있는 최대값은 61이고, 그에 해당하는 동전들은 14, 27, 5, 15 입니다.

> **힌트:** 여러분은 새로운 인접 동전 조건을 따르기 위해 세 개의 재귀 호출을 만들어야 하고, 이 결과로부터 얻어지는 최대값을 선택해야 합니다. 원래 문제에서 했던 두 개의 선택(동전을 고르거나 혹은 동전을 건너뛰우거나) 대신 이 문제에서 여러분은 세 개의 선택이 있습니다. 동전을 건너뛰거나, 동전을 고르고 다음을 건너뛰거나, 두 개의 인접한 동전을 모두 선택합니다. 바로 반복적인 방법을 사용하는 코드를 작성하는 것보다 재귀적인 방법을 찾는 것이 더 쉬울 것입니다.

연습 3 메모이제이션을 사용해서 퍼즐 16의 연습 2에서 작성했던 최대 가중치 수업 선택 알고리즘을 개선해보세요. 아래 여러분이 해야 할 일을 의사코드로 작성해두었습니다.

```
recursiveSelectMemoized(courses)
    기저 사례: courses가 비어있다면 아무것도 하지 않기
    courses의 각 수업 c에 대해:
        나중 수업들 = c가 끝난 이후에 시작하는 수업들
        선택 = c + 나중 수업들로부터의 재귀적인 선택 { 재귀 선택을 호출하기 전에, 메모이제이션의
        결과를 확인해서 이전에 이 수업들에 대해 계산해보았는지 확인하기 }
        현재까지 확인된 최대 가중치를 저장하기
    메모이제이션 결과로부터 최대 가중치 출력하기
```

메모 테이블은 메모이제이션의 결과를 저장하고, 그 결과를 키–값 쌍으로 유지합니다. 각각의 키는 수업들의 리스트가 되고, 각각의 값은 최대 가중치를 가지면서 충돌하지 않는 수업들의 리스트가 됩니다. 하지만, 파이썬의 딕셔너리는 수정 가능한(또는 불변이 아닌) 리스트를 키로 사용하는 것을 허락하지 않습니다. 그렇기 때문에 여러분은 repr을 사용해서 리스트를 수정 불가능한(또는 불변인) 문자열 표현으로 변경해야 합니다. 아래를 보겠습니다.

```
repr([[8, 12], [13, 17]]) = '[[8, 12], [13, 17]]'
```

이러면, 여러분은 딕셔너리에 추가할 수 있고, 딕셔너리에서 다음과 같이 검색할 수 있습니다.

```
memo[repr(courses)] = bestCourses
result = memo[repr(laterCourses)]
```

연습 4 우리는 이제 퍼즐 15에서 보았던 잔돈 세는 문제로 돌아가보겠습니다. 여러분이 친구에게 돈을 주어야 하는데, 그 친구는 이왕이면 가장 적은 수의 지폐만을 받고 싶어합니다. 여러분은 여러 개의 다른 액면가를 가진 지폐를 가지고 있고, 또 각 액면가의 지폐를 많이 가지고 있습니다. 퍼즐 15의 연습 3에서 우리가 여러분에게 아래 문제를 풀도록 했습니다.

모든 답이 될 수 있는 가능한 후보들을 나열하고, 그 중에서 지폐의 수를 최소화하는 답을 찾습니다. 그 중에 만약 목표 금액을 넘어가면 호출을 중지했었습니다. 메모이제이션을 통해 여러분은 이 최소 지폐를 구하는 코드를 더욱 효율적으로 만들 수 있습니다. 현재 목표 금액을 키로 사용해서 메모 테이블에 저장합니다. 예를 들어, 목표 금액이 10일 때 이 금액을 만들기 위한 최소의 지폐의 수를 메모 테이블에 저장합니다.

여러분은 `makeSmartChange`를 다시 작성해서, 어떤 지폐가 선택된 뒤 다음 `makeSmartChange`가 재귀적으로 호출될 때, 목표 금액이 선택한 지폐만큼 작아지게 해서 입력값으로 보내야 합니다. 이렇게 하면, 각 재귀 호출의 목표 금액을 기반으로 메모이제이션을 하기 쉽고, 함수는 목표 금액에 대한 최소 지폐의 수를 쉽게 출력할 수 있습니다.

메모이제이션을 적용하면, 여러분은 필요한 최소한의 지폐의 수를 더욱 빠르고 쉽게 찾을 수 있습니다. 예를 들어, 목표 금액이 $1,305이고 여러분이 가진 화폐는 $7, $59, $71, $97이 있다고 하면, 정답은 네 장의 $7, 네 장의 $59, 열 장의 $97이 필요합니다. 총 열아홉 장의 지폐가 필요합니다.

퍼즐 연습 5 퍼즐 15의 연습 1에서, 우리는 여러분에게 주어진 코드를 수정해서 전역 변수에 정답의 개수를 저장해서 가능한 답의 개수를 출력하도록 했었습니다. 당연하지만, 이 방법은 모든 서로 다른 정답을 나열하는 것과 효율성 면에서 동일합니다. 모든 경우의 수를 나열하지 않고 이 문제를 훨씬 효율적으로 풀 수 있는 방법이 있습니다(물론 여러분은 이전에 이미 알아 챘을 것이라고 생각합니다).

여러분이 가진 지폐를 $B = b_1, b_2, . . . , b_m$라고 하고, 목표 금액은 n이라고 하겠습니다. 답이 될 수 있는 경우의 수는 두 가지로 나뉩니다. 지폐 b_m을 가지고 있는 답과 지폐 b_m을 가지고 있지 않는 답입니다. 그렇다면, 우리는 다음과 같이 생각할 수 있습니다.

$$\text{count}(B, m, n) = \text{count}(B, m-1, n) + \text{count}(B, m, n-b_m)$$

첫 번째 입력값은 화폐들의 리스트입니다. 두 번째 입력값은 첫 번째 입력값인 B에서 어떤 화폐까지 사용할 수 있는지를 말합니다. 즉, m−1 이라면 선택할 수 있는 화폐들이 $b_1, b_2, . . . , b_{m-1}$ 입니다. 세 번째 입력값은 목표 금액입니다.

여러분은 위에서 고려해야 할 기저 사례를 정의해야 합니다. "잔돈 내는 방법이 얼마나 있을까요?" 퀴즈를 정말 제대로 풀어봅시다. 이 문제를 풀 수 있는 재귀적인 코드, 메모이제이션을 적용한 재귀적인 코드를 작성해보세요. 퍼즐 15의 연습 1에서 작성했던 모든 경우의 수를 나열해서 푸는 비효율적인 코드와 여기서 작성한 코드의 성능을 비교해보세요.

퍼즐 19_
기억에 남을 주말

당신이 정말 쓸데없는 짓만 하느라 주말을 허비하지 않는다면,
주말은 크게 중요하지 않습니다.

Bill Watterson

이번 퍼즐에 쓰이는 프로그래밍 구조 및 알고리즘:

- 딕셔너리를 사용한 그래프 표현
- 재귀적 깊이 우선 탐색

여러분은 고민거리를 하나 가지고 있습니다. 주말에 파티를 열고 싶은데, 한 번에 다 모든 친구들을 초대하기에는 집이 좁고, 친구들 중 일부만 초대하자니 까다로운 친구들이 서운해할까봐 걱정됩니다. 그래서 여러분은 금요일과 토요일, 두 번에 이어서 집들이를 하기로 했습니다. 그리고 친구들은 둘 중에 하루에만 초대받게 될 것입니다. 여러분에게는 아직 걱정이 남았는데, 서로 너무 싫어하는 친구들이 있어서, 그 친구들은 서로 다른 날에 초대하고 싶습니다.

요약하자면,

    1. 여러분들의 친구들 각각 두 번의 집들이 중 정확히 한 날짜에만 참석합니다.

    2. 만약 A가 B를 싫어하거나 혹은 B가 A를 싫어하면, 그 둘은 같은 집들이에 초대하지 않습니다.

이제 여러분은 과연 이 규칙을 지키면서 친구들을 잘 나눌 수 있을 것인가 조금 걱정하기 시작했습니다. 만약 여러분의 친구들이 다음과 같이 많지 않다면, 별 일 아닙니다. 친숙한 그래프입니다. 꼭짓점은 친구를 나타내고, 꼭짓점들 사이의 변은 두 친구의 사이가 좋지 않다는 것을 나타냅니다. 즉, 같은 집들이에 초대하면 안됩니다.

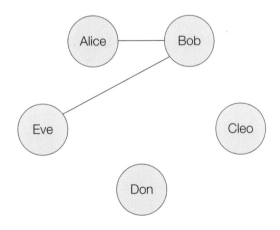

집들이 1에는 Bob, Don, Cleo를 초대합니다. 집들이 2에는 Alice와 Eve를 초대합니다. 물론 다른 방법들도 있을 수 있습니다. 불행하게도, 이 친구 관계 그래프는 너무 오래되었습니다. 여기까지 공부하는 사이에 여러분은 새로운 친구들을 많이 사귀었기 때문입니다. 지금 여러분의 친구 관계 그래프는 다음과 같습니다.

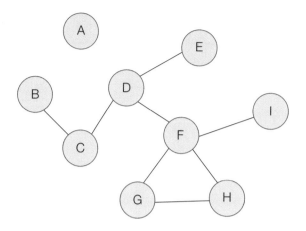

여러분은 스스로 세운 규칙들을 지키면서 친구들 A부터 I까지 모두 집들이에 초대할 수 있을까요? 아니면 누군가는 초대하지 않고 그 친구에게 미안해해야 할까요?

그런데 무언가 이상합니다. 그래프를 자세히 살펴보면, 여러분의 친구들 중 F, G, H 세 명이 있는데, 싫어하기 때문에 두 집들이에 세 명을 초대할 수가 없습니다. 이 세 명의 친구들을 초대하려면 집들이를 세 번 해야 합니다. 다행히도, G와 H는 이제 서로 싫어하지는 않고 데면데면한 사이라고 합니다. 같은 날짜의 집들이에 초대해도 괜찮다고 생각됩니다. 이제 여러분의 친구 관계 그래프는 다음과 같이 바뀌었습니다.

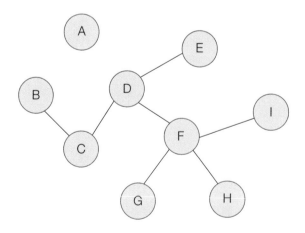

이제 어떻게 해야 할까요?

약간의 수작업을 통해, 여러분은 곧 B, D, G, H, I를 금요일 집들이에, A, C, E, F를 토요일 집들이에 초대하면 된다는 것을 알 수 있습니다. 휴!

위에서 보았듯이, G와 H처럼 여러분의 친구 관계는 수시로 변할 수 있습니다. 몇 주 뒤면 여러분은 방금 했던 수작업을 다시 해야 할 수도 있습니다. 여러분은 친구 관계가 주어졌을 때, 바로 친구들에게 "금/토 집들이! 모두 아래 적힌 날짜에 파티에 와줘." 라고 자신있게 메세지를 보내고 싶습니다. 절대 어색하지 않은, 떠들썩하고 재밌는 집들이로 만들고 싶은 것은 당연합니다. 여러분은 프로그램을 작성해서 친구들을 나눠서 두 번의 집들이에 초대할 수 있는 방법이 있는지 확인하려고 합니다. 마치 친구들을 칸막이로 나눠서 양쪽으로 나누고 싶습니다. 친구 관계 그래프를 살펴보고, 서로 싫어하는 친구들을 칸막이의 좌우로 나누고, 싫어하는 관계가 없는 친구들은 아무 곳에 넣겠습니다.

칸막이를 세워서 그래프를 나누면, 아래와 같은 모습이 됩니다.

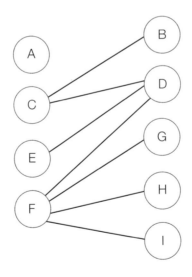

위에서 보았던 그래프를 단순히 다시 그린 것입니다. 그리고 위와 같은 형태의 그래프는 특별한 이름이 있습니다. 바로 이분 그래프(bipartite graph)입니다. 이분 그래프는 꼭짓점들이 두 개의 독립적인 집합 U와 V로 나누어질 수 있고, 모든 변 (u, v)는 U에 있는 꼭짓점과 V에 있는 꼭짓점(혹은 반대 방향으로)으로 연결되어 있습니다. 같은 꼭짓점 집합 안의 꼭짓점들 사이에는 어떠한 변도 없어야 합니다. 위의 예에서 U={A, C, E, F} and V={B, D, G, H, I} 가 됩니다.

두 개의 색을 사용해서 그래프의 인접한 두 개의 꼭짓점이 같은 색을 갖지 않도록 칠할 수 있다면, 이 그래프는 이분 그래프가 됩니다. 물론 이 말은 지금 우리가 풀어야 할 문제를 다시 정의하는 것도 됩니다. 우리는 방금 보았던 색칠 제약조건을 인접 제약조건이라고도 부를 것입니다.

여러분은 어쩌면 이분 그래프는 순환이 있으면 안된다고 생각할지도 모릅니다. 정확히 말하면, 짝수 개의 꼭짓점들로 이루어진 순환은 두 개의 색을 사용해서 색칠할 수 있습니다. 예를 들어, 아래 그래프에서 체크 무늬와 빗살 무늬를 보면 알 수 있습니다.

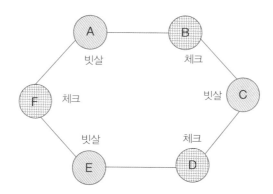

U={A, C, E}이고 V={B, D, F}입니다. 그리고 U의 친구들을 첫 날에 초대하고, V의 친구들을 둘째 날에 초대할 수 있습니다. 그러나 만약 홀수 개의 꼭짓점들로 이루어진 순환은 두 개의 색으로 색칠할 수 없습니다. 우리가 두 번째로 보았던 예제에서 F, G, H를 떠올려보시기 바랍니다. 거기서, G와 H 사이에 변이 있습니다. F, H 그리고 H는 3-순환이기 때문에, 이분 그래프가 될 수 없습니다. 다음 5-순환 그래프도 마찬가지로 이분 그래프가 될 수 없습니다.

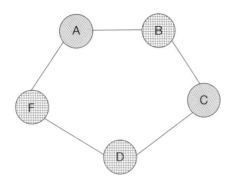

A의 색을 체크 무늬로 변경한다고 해서 문제가 풀리지 않습니다. B와 F가 빗살 무늬여야 하고, 그러면 C와 D가 체크 무늬여야 하고, 이렇게 되면 결국 인접 제약조건을 다시 어기게 됩니다.

19-2 이분 그래프 여부 확인

우리는 두 개의 색으로 그래프의 꼭짓점들을 모두 채울 수 있는 알고리즘이 필요합니다. 인접 제약조건을 만족하는 이분 그래프라면 성공적으로 모두 색칠할 수 있고, 아니라면 이 그래프는 이분 그래프가 아니라고 알려주어야 합니다. 한 색은 집합 U에 해당하고, 다른 색은 집합 V에 해당합니다. 아래는 깊이 우선 탐색이라고 불리는 기법을 사용한 알고리즘의 의사 코드입니다.

1. *color*=Shaded (빗살 무늬), *vertex*=시작 꼭짓점 *w*.
2. 만약 *w*가 아직 색칠되지 않았다면, *w*를 *color*로 색칠.
3. 만약 *w*가 이미 *color*와는 다른 색으로 색칠되었다면, 이 그래프는 이분 그래프일 수 없으므로 **False** 출력.
4. 만약 *w*가 올바른 색으로 색칠되어 있다면, **True**와 꼭짓점마다의 색 출력.
5. *color*를 뒤집기: Shaded(빗살 무늬)에서 Hatched(체크 무늬), 또는 Hatched(체크 무늬)에서 Shaded(빗살 무늬).

6. w의 각각의 이웃 v에 대해서, 재귀적으로 v와 *color*를 입력값으로 하는 함수 호출(예를 들어, w를 v로 변경해서 단계 2부터 다시 시작). 만약 재귀 호출 중 하나라도 **False**를 출력하면, 현재 함수도 **False** 출력.

7. 이 그래프는 이분 그래프이므로, **True**와 꼭짓점마다의 색 출력.

아래의 예제 그래프를 통해 위의 알고리즘을 실행해보겠습니다. 아래 빗살 무늬가 쳐진 꼭짓점 B부터 시작합니다. C는 B와 연결된 유일한 꼭짓점이고, 다음으로 색칠됩니다. C에서는 D로 가게 되고, B는 이미 올바른 색이 칠해졌기 때문에 넘어갑니다. D를 색칠하면, C는 이미 색칠되었기 때문에, 우리는 E, F를 칠할 수 있습니다. E로 먼저 가겠습니다.

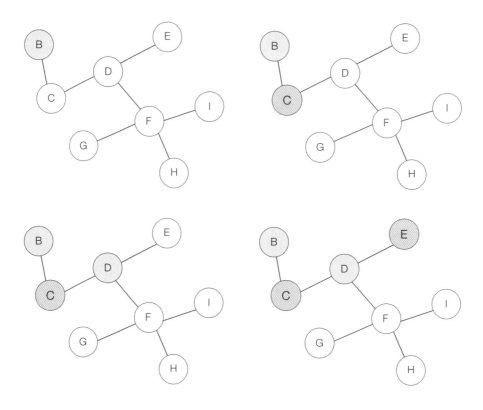

E는 D를 제외하면 연결된 꼭짓점이 없기 때문에, 다음은 D의 이웃인 F로 갑니다. 우리는 F의 이웃들을 아래처럼 G, H, I 순으로 색칠합니다.

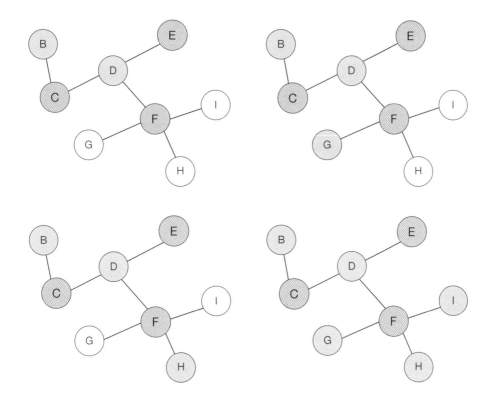

지금쯤 여러분은 꼭짓점/친구 A를 생략하고 진행했다는 것을 알아챘을 것입니다. A는 이전에 보였던 친구 관계 그래프에 분명히 있었습니다. A는 어떤 꼭짓점으로도 연결되지 않았습니다. 즉, 이웃이 없습니다. 그렇기 때문에 A는 빗살 무늬 혹은 체크 무늬 아무 색이나 색칠할 수 있습니다.

우리는 이 퍼즐에서 입력값으로 들어오는 그래프의 모든 꼭짓점들은 연결되어 있어서 주어진 시작 꼭짓점에서 어떤 꼭짓점으로도 닿을 수 있다고 가정하겠습니다. 이 단원의 마지막에 연습문제에서 서로 떨어져있는 그래프가 입력값으로 들어오는 일반적인 경우를 어떻게 처리해야 할지 살펴보겠습니다.

알고리즘을 코드로 적어보기 전에, 우리는 그래프를 위한 데이터 구조를 선택해야 합니다. 데이터 구조는 알고리즘에 필요한 연산들을 수행할 수 있어야만 합니다. 꼭짓점을 고르고, 그 이웃 꼭짓점들을 찾고, 이웃의 이웃을 찾아야 합니다. 아래는 파이썬의 딕셔너리를 기반으로 하는 그래프 표현으로서, 우리가 필요한 연산을 모두 제공합니다. 방금 전에 보았던 예제 그래프는 다음과 같이 표현됩니다.

```
graph = {'B': ['C'],
         'C': ['B', 'D'],
         'D': ['C', 'E', 'F'],
         'E': ['D'],
         'F': ['D', 'G', 'H', 'I'],
         'G': ['F'],
         'H': ['F'],
         'I': ['F']}
```

이 딕셔너리는 그래프의 꼭짓점과 변을 표현합니다. 우리는 꼭짓점을 나타내기 위해 문자열을 사용해서, 그래프의 B 꼭짓점은 'B' 로 하는 식으로 하겠습니다. 각 꼭짓점은 딕셔너리 graph 의 키입니다. 각 줄은 키-값 쌍에 해당하고, 값은 꼭짓점 키가 가지고 있는 변의 리스트입니다. 변은 간단히 변의 반대쪽 꼭짓점에 해당하는 꼭짓점의 문자열로 표현합니다. 위의 예에서, B는 연결된 변이 한 개만 있고, 이 변은 C로 연결됩니다. 그래서 우리는 'B' 키의 값으로 한 개의 원소만 있는 리스트를 할당합니다. 반면에, 'F' 꼭짓점 키는 연결된 네 변을 나타내는 네 개의 원소가 있는 리스트를 가지고 있습니다.

우리는 이 퍼즐에서 변의 방향성이 없는 무방향 그래프를 다루고 있습니다. 즉, 만약 우리가 꼭짓점 B에서 꼭짓점 C로 이동할 수 있다면, 반대 방향인 꼭짓점 C에서 꼭짓점 B로도 이동이 가능합니다. 우리가 사용하는 딕셔너리 표현에서 만약 꼭짓점 키 X가 꼭짓점 Y로 연결되어있고, Y는 값 리스트에 포함되어 있다고 할 때, 꼭짓점 키 Y 또한 꼭짓점 X를 값 리스트의 원소로서 가지고 있게 됩니다. 위의 딕셔너리 graph 내용을 살펴보면, 이런 대칭성을 확인할 수 있습니다.

여러분은 '퍼즐 17 애너그램' 문제부터 딕셔너리를 사용해왔고, '퍼즐 18 동전 고르기' 문제에서도 사용했었습니다. 사실 딕셔너리는 리스트를 포함하는 개념으로 이해할 수 있는데, 리스트의 위치값이 딕셔너리의 키와 동일하고, 키는 위치값처럼 정해진 숫자가 아니라 문자열도 될 수 있기 때문입니다. graph를 정의할 때도 키를 문자열로 사용했습니다. 여기서, 우리는 딕셔너리가 얼마나 강력한 데이터 구조인지, 여러 다른 딕셔너리 연산을 사용하면서 알아볼 것입니다.

한 가지 중요한 점은 이 퍼즐에서 딕셔너리의 키들이 어떤 특정한 순서를 유지할 필요가 없다는 것입니다. 즉, 다음과 같이 이분 그래프를 표현하기 위해 graph2처럼 정의하였어도, 우리가 작성할 코드가 출력할 색칠한 결과는 동일해야 합니다. 만약 우리가 graph와 graph2를 입력값으로 했을 때, 같은 꼭짓점과 같은 색으로 문제 풀이를 시작한다면, 우리는 정확히 동일하게 색칠된 결과를 만들어야 합니다.

```python
graph2 = {'F': ['D', 'G', 'H', 'I'],
          'B': ['C'],
          'D': ['C', 'E', 'F'],
          'E': ['D'],
          'H': ['F'],
          'C': ['B', 'D'],
          'G': ['F'],
          'I': ['F']}
```

위에서 여덟 개의 꼭짓점을 가진 그래프는 딕셔너리 graph 또는 graph2 모두에 해당합니다. 어떤 꼭짓점이 먼저 색칠되는지에 대한 순서는 값 리스트 안의 원소들의 순서에 따릅니다. 예를 들어, 꼭짓점 D가 색칠된 뒤, G가 H보다 먼저 색칠되고, 또 H가 I보다 먼저 색칠되는 이유는 바로 리스트의 순서를 그대로 따르기 때문입니다.

이분 그래프 색칠을 위한 코드가 아래 있습니다. 이 코드는 바로 전에 보았던 의사 코드를 그대로 반영했습니다.

```python
1. def bipartiteGraphColor(graph, start, coloring, color):
2.     if not start in graph:
3.         return False, {}
4.     if not start in coloring:
5.         coloring[start] = color
```

```
6.      elif coloring[start] != color:
7.          return False, {}
8.      else:
9.          return True, coloring
10.     if color == 'Sha':
11.         newcolor = 'Hat'
12.     else:
13.         newcolor = 'Sha'
14.     for vertex in graph[start]:
15.         val, coloring = bipartiteGraphColor(graph,\
15a.                    vertex, coloring, newcolor)
16.         if val == False:
17.             return False, {}
18.     return True, coloring
```

이 함수의 입력변수들은 친구 그래프를 딕셔너리로 표현한 graph, 가장 먼저 색칠할 꼭짓점 start, 꼭짓점이 어떤 색으로 색칠되었는지 저장할 딕셔너리 coloring, 마지막으로 start 꼭 짓점을 색칠할 색 color입니다.

2번째 줄에서 우리는 딕셔너리 graph에 꼭짓점 키 start가 있는지 확인합니다. 만약 없다면, 바로 **False**를 출력합니다. 재귀 탐색 중에 우리는 어떤 꼭짓점의 이웃 꼭짓점으로 'Z' 를 만날 수도 있습니다. 그런데 'Z' 가 그래프를 표현하는 딕셔너리에서 키 값들 중에 존재하지 않을 수 도 있습니다. 바로 이런 경우입니다.

```
dangling = {'A': ['B', 'C'],
            'B': ['A', 'Z'],
            'C': ['A']}
```

2번째 줄은 바로 이런 경우를 확인합니다.

4 – 9번째 줄은 알고리즘의 단계 2 – 4에 해당합니다. 만약 우리가 처음으로 꼭짓점 start를 만난 것이라면, 딕셔너리 coloring에 이 꼭짓점이 들어있지 않을 것입니다. 이 경우, 우리는 이 꼭짓점을 color 색으로 색칠하고 coloring 딕셔너리에 넣습니다(단계 2). 만약 이 딕셔너 리에 이미 start가 있다면, 우리는 이 꼭짓점의 색과 우리가 지금 칠하려는 색을 비교해야 합

니다. 만약 두 색이 다르다면, 이 그래프는 이분 그래프가 아니므로 **False**를 출력합니다(단계 3). 만약 두 색이 같다면, 이 그래프는 아직 이분 그래프입니다(아니면 조금 뒤에 이분 그래프가 아닌 것을 발견할 수도 있습니다). 그리고 현재까지 색칠한 결과 coloring과 **True**를 출력합니다(단계 4).

10 – 13번째 줄에서 재귀 호출을 위해 색깔을 뒤집습니다. 우리는 빗살 무늬를 'Sha'로 표현하고, 체크 무늬를 'Hat'로 표현하겠습니다. 14번째 줄에서, 우리는 start의 이웃 꼭짓점들이 저장된 리스트인 graph[start]의 꼭짓점들을 차례로 순회합니다. 만약 재귀 호출들 중 하나라도 **False**를 출력하면, 이 그래프는 이분 그래프가 아니기 때문에 우리도 **False**를 출력합니다. 만약 모든 재귀 호출이 **True**를 출력했다면, 우리도 **True**와 coloring을 출력합니다.

다음과 같이, 시작 꼭짓점을 B로, 색칠 결과는 빈 딕셔너리로, 시작 색은 빗살 무늬로 정하고 실행하면,

```
bipartiteGraphColor(graph, 'B', {}, 'Sha')
```

다음과 같이 출력됩니다.

```
(True, {'C': 'Hat', 'B': 'Sha', 'E': 'Hat', 'D': 'Sha', 'H': 'Sha', 'I':
'Sha', 'G': 'Sha', 'F': 'Hat'})
```

색칠 결과가 딕셔너리로 출력되는데, 입력 딕셔너리가 동일해도 결과 딕셔너리의 키들의 순서는 컴퓨터마다, 실행시마다 바뀔 수 있습니다. 꼭짓점 B가 가장 먼저 색칠되었어도, 꼭짓점 C가 가장 먼저 나타났습니다. 딕셔너리는 입력된 순서대로 출력되는 것을 보장하지 않습니다. 또한 여러분이 dictname이라는 딕셔너리에서 dictname.keys()를 사용해서 모든 키들을 생성하여도, 순서는 항상 변할 수 있습니다. 예를 들어, 딕셔너리 graph를 정의할 때, 'B'를 가장 먼저 적었습니다. 만약 우리가 graph.keys()를 사용해서 키들을 출력했을 때, ['C', 'B', 'E', 'D', 'G', 'F', 'I', 'H']가 될 수 있습니다. 비슷하게, graph.values() 또한 딕셔너리의 모든 값들을 생성하는데, 그 결과도 입력 순서에 상관없이 ['B', 'D'], ['C'], ['D'], ['C', 'E', 'F'], ['F'], ['D', 'G', 'H', 'I'], ['F'], ['F']로 나올 수 있습니다.

19-4 그래프 색칠

최대 k개의 색을 사용해서 그래프를 색칠하는 것을 'k-색칠'이라고 부릅니다. 우리가 지금까지 두 개의 색을 사용해서 그래프를 색칠할 수 있는지 확인하는 효율적인 방법을 사용했었지만, 세 개의 색을 사용한다면 문제가 어려워집니다. 지금까지 알려진 바에 따르면, 최대 세 개의 색을 사용해서 임의의 그래프를 색칠할 수 있는지 명확하게 확인할 수 있는 모든 알고리즘은 그래프 내의 꼭짓점의 수에 지수적으로 비례해서 증가하는 연산 횟수가 필요합니다.

그래프 색칠에 관해 가장 먼저 다루어진 특별한 그래프가 있는데, 지도의 색칠로부터 유래된 평면 그래프(planar graph)입니다. 평면 그래프는 어떤 변들도 서로 교차되지 않고 그릴 수 있는 그래프를 말합니다. 아래의 그래프들이 평면 그래프와 비평면 그래프의 예시입니다.

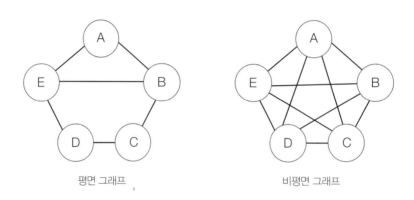

평면 그래프   비평면 그래프

영국 지도에서 도시를 색칠하는 중에, Francis Guthrie는 네 개의 색만 있으면 어떤 지도든 간에 인접한 도시들을 다른 색으로 칠할 수 있다고 추측했습니다. 이것이 유명한 평면 그래프의 4색 정리입니다. 1879년도에 Alfred Kempe는 그 결과를 정립해서 논문을 발표했습니다. 1890년도에 Percy John Heawood는 Kempe의 주장이 잘못되었음을 발견하고, Kempre의 아이디어를 사용해서 5색 정리 이론을 증명했습니다. 5색 정리 이론은 모든 평면 지도를 다섯 개 이하의 색을 사용해서 색칠할 수 있다는 것입니다. 많은 시도 끝에, 평면 그래프의 4색 정리가 1976년도에 Kenneth Appel과 Wolfgang Haken에 의해 증명되었는데, Kempre가 사용했던 방법과는 전혀 다른 방법을 사용했습니다. 4색 정리 이론은 처음으로 컴퓨터의 도움을 받아서 증명한 것으로 주목할만 합니다.

연습문제

연습 **1** 이분 그래프 확인 코드는 그래프가 모두 연결되어있다고 가정했었습니다. 여러분의 친구 관계 그래프는 아래 예시처럼 연결되어있지 않을 수도 있습니다.

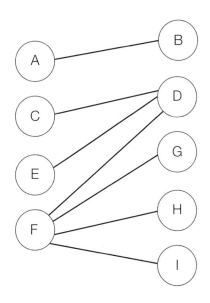

위와 같은 종류의 그래프에 대해서도 잘 동작할 수 있도록 코드를 수정해보세요. 현재 코드로는, 만약 시작 꼭짓점을 A 또는 B로 했다면 꼭짓점 A와 B만 색칠하고 C부터 I는 무시합니다.

부모 함수를 만들어서 적절한 시작 꼭짓점을 입력으로 하는 bipartiteGraphColor를 호출하도록 해야 합니다. 입력 그래프의 모든 꼭짓점이 색칠되었는지 확인합니다. 그렇지 않다면, 색칠되지 않은 꼭짓점을 시작으로 하고 bipartiteGraphColor를 실행합니다. 그래프의 모든 꼭짓점의 색칠될 때까지 이 과정을 반복합니다. 여러분이 모든 꼭짓점들을 적절한 색으로 색칠했을 때, 집들이 초대장을 출력합니다. 그렇기 위해서는 입력 그래프 내의 부분 그래프가 모두 이분 그래프여야 한다는 것을 잊으면 안됩니다.

연습 **2** bipartiteGraphColor를 수정해서, 만약 존재한다면 시작 꼭짓점을 시작으로 해서 두 개의 색으로 색칠할 수 없다고 판단한 꼭짓점까지의 순환 경로를 출력해주세요. 이러한 경로는 그래프가 이분 그래프가 아니라면 존재합니다. 정확한 순환 경로는 시작 꼭짓점을 포함하지 않을 수도 있지만, 이분 그래프가 아닌 경우 시작 꼭짓점으로부터 접근할 수 있습니다. 아래와 같은 그래프를 예시로 들어보겠습니다.

```
graphc = {'A': ['B', 'D' 'C'],
          'B': ['C', 'A', 'B'],
          'C': ['D', 'B', 'A'],
          'D': ['A', 'C', 'B']}
```

수정된 함수는 다음과 같이 출력해야 합니다.

```
Here is a cyclic path that cannot be colored ['A', 'B', 'C', 'D', 'B']
(False, {})
```

연습 **3** bipartiteGraphColor 함수는 깊이 우선 탐색을 포함하고 있습니다. 아래 코드는 꼭짓점의 순서에 따라 재귀적인 호출을 하는 부분입니다.

```
14.    for vertex in graph[start]:
15.        val, coloring = bipartiteGraphColor(graph,\
15a.                   vertex, coloring, newcolor)
```

잠시 그래프 색칠에 관해 잊어버리고, 여러분은 지금 한 꼭짓점에서 다른 꼭짓점으로 가는 경로를 찾고 싶어합니다. findPath 함수를 새로 작성해서 주어진 시작 꼭짓점에서 끝 꼭짓점으로 갈 수 있는 경로를 찾고, 만약 그런 경로가 있다면 그 경로를 출력하고, 없다면 **None**을 출력하도록 해보세요. 딕셔너리 graph, 시작 꼭짓점을 'B', 끝 꼭짓점을 'I' 로 findPath 함수에 입력값을 넣으면, 그 결과로서 ['B', 'C', 'D', 'F', 'I'] 가 출력되어야 합니다.

퍼즐 연습 4 무방향 그래프에서 만약 어떤 한 꼭짓점을 제거했을 때, 그래프가 완전히 분리된다면 이 꼭짓점을 단절점이라고 부릅니다. 단절점은 안정적인 네트워크 환경을 설계하는데 매우 유용한데, 단절점이 네트워크의 취약점을 나타냅니다. 네트워크에서 단절점이 있다면, 이 단절점에 해당하는 장비가 어떠한 이유로 꺼진다면 한 개의 네트워크가 두 개 혹은 그 이상의 네트워크로 분리되어 서로간에 통신 불능 상태로 빠지기 때문입니다. 아래 그래프에서 단절점이 진하게 표시되어 있습니다.

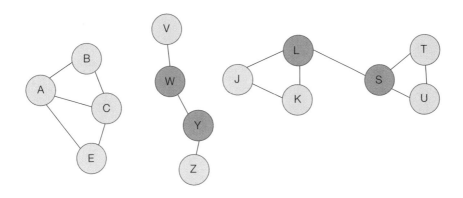

주어진 그래프가 단절점의 존재를 어떻게 확인할 수 있을지 생각해보고 코드를 구현해보세요. 만약 단절점이 있다면, 모든 단절점을 출력해보세요.

퍼즐 20_
여섯 단계 분리

맞아요. 저는 영화에서 Eunice라는 엑스트라였고, Wayne의 담당 미용사였습니다. Wayne는 아버지 O'Neill 과 함께 주말 학교에 함께 다녔죠. O'Neill은 Sanjay 박사와 함께 라켓볼을 즐겨했었습니다. Sanjay 박사는 의사였고, Kim의 맹장 수술을 했었습니다. Kim이 바로 당신을 낙제시켜서 2학년을 한 번 더 다니게 한 사람이죠. 이렇게 보니 우리는 모두 형제나 다름없네요.

Kevin Bacon - Visa 체크 카드 광고

이번 퍼즐에 쓰이는 프로그래밍 구조 및 알고리즘:

- 집합 연산
- 집합을 사용한 너비 우선 그래프 탐색

여섯 단계 분리(Six Degrees of Seperation)는 모든 사람은 여섯 혹은 그 보다 더 적은 수만큼 떨어져있다는 이론입니다. 이 이론은 세상의 어떤 사람이든지간에 소개를 거치고 거쳐서 "친구의 친구"를 계속 연이어 말하면 최대 여섯 번 안에 바로 그 사람과 연결할 수 있다고 말합니다. 각 단계가 분리의 단계를 말합니다. 친구를 조금 느슨하게 정의하고 임의적으로 두 명의 사람을 선택하면, 이 이론을 적용할 수 있습니다. 여러분도 보시다시피 내용이 매우 흥미로워서 여섯 단계 분리는 유명한 이론이 되었습니다.

두 사람 사이의 분리 단계를 결정하기 위해, 우리는 둘 사이의 가장 짧은 관계를 찾아야 합니다. A는 B와 친구이면서 C와 친구이고, 또한 B와 C도 서로 친구입니다. A와 B 사이에 C를 거쳐서 가는 관계는 그 길이가 2입니다만, 둘은 직접적인 관계를 가지고 있으므로, A와 B의 분리 단계는 1입니다. 아래 그래프에서 꼭짓점은 사람을, 변은 둘 사이에 친구 관계임을 나타냅니다. 비슷하게, 아래 그래프에서 X와 Y의 분리 단계는 2이고, 3이나 4는 될 수 없습니다. A와 C의 분리 단계도 마찬가지로 2입니다.

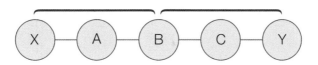

그래프의 분리 단계는 꼭짓점 쌍의 분리 단계가 가질 수 있는 최대값입니다. 위 그래프를 보면, 분리 단계는 2입니다. 모든 꼭짓점에서 다른 어떤 꼭짓점으로도 2단계 안에 닿을 수 있다는 뜻입니다.

그래프의 분리 단계와 두 꼭짓점의 분리 단계가 다르다는 것을 이해하는 것이 중요합니다. 그래프의 분리 단계는 그래프의 지름이라고도 불립니다. 만약 어떤 사람으로부터 지구 상의 모든 사람들까지 k 혹은 그보다 더 적은 단계 안에 닿을 수 있다고 해도, 이것이 지구의 분리 단계가 k라는 것을 의미하지 않습니다. 최소한 k이거나, 혹은 그보다 훨씬 더 클 수도 있습니다. 다음에 제시된 그림을 보면 직관적으로 이해할 수 있습니다.

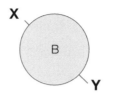

원은 지구를 뜻합니다. 가운데 원 B는 원 안의 어떤 지점으로부터 최대로 닿을 수 있는 반경을 나타냅니다. 그러나 물론, 원 안에 완전히 반대쪽에 위치한 두 점(예를 들어 X와 Y)은 원의 지름만큼 떨어져있고, 반경의 두 배의 단계를 가집니다.

좀 더 확실한 예시로, 아래 그림에서 B는 그래프의 어떤 곳이라도 2번 안에 닿을 수 있기 때문에 B의 분리 단계는 2입니다. 그러나 X와 Y는 4만큼 떨어져있으므로 그래프의 분리 단계는 4입니다.

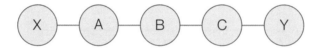

연습문제: 그래프에서 주어진 꼭짓점 T에서, 만약 T와 다른 꼭짓점 사이의 분리 단계가 최대 k라면, 그래프의 분리 단계는 최대 2k라고 말할 수 있을까요?

이 퍼즐에서 우리는 그래프가 모두 연결되어 있다고 가정하겠습니다. 즉, 모든 꼭짓점에서 다른 모든 꼭짓점으로 이동할 수 있습니다. 만약 우리가 다음과 같이 분리된 그래프가 있다면 각 부분 그래프의 분리 단계는 1이지만, 전체 그래프의 분리 단계는 무한대입니다. 왜냐하면 A에서 F로는 절대 갈 수 없기 때문입니다.

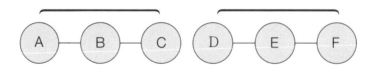

문제를 이해하기 위해 사용했던 작은 그래프에서 벗어나서, 이제 그래프의 크기를 좀 더 키워 보겠습니다.

아래 그래프가 여섯 단계 분리 가설을 위반하고 있는지 확인할 수 있을까요? 그렇다면 그래프 안에서 주어진 꼭짓점 쌍 사이의 최대 분리 단계는 무엇일까요? 어떻게 계산할 수 있을까요?

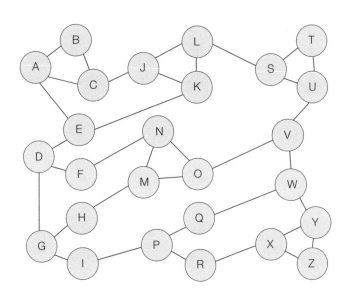

20-1 너비 우선 탐색

우리의 알고리즘은 다음과 같이 동작하게 됩니다. 우리는 정해진 꼭짓점 S에서 시작하고, S에서 그래프의 다른 모든 꼭짓점까지의 최단 경로를 찾을 것입니다. 이렇게 하면 S에서 다른 모든 꼭짓점까지의 분리 단계를 결정할 수 있습니다. 만약 S와 다른 꼭짓점 사이의 분리 단계가 k_s라면, 우리는 그래프의 분리 단계 d는 $k_s \leq d \leq 2k_s$ 이라는 것을 바로 알 수 있습니다. 그런데, 정확히 어떻게 d를 결정할 수 있을까요?

간단히 그래프의 모든 꼭짓점으로부터 최단 거리 알고리즘을 실행하고, 그 중에 가장 큰 k_s를 선택하는 방법을 사용할 수 있습니다. 왜냐하면 모두 검색해보는 과정에서 그래프의 모든 꼭짓점 쌍 사이의 분리 단계를 계산하게 되기 때문입니다.

이제 우리에게 필요한 것은, 한 꼭짓점이 주어졌을 때 다른 모든 꼭짓점까지의 최단 경로를 찾는 알고리즘입니다. 최단 경로는 이동하는 변을 연이어 두는 것이 될 것입니다. 연이어진 변의 개수가 경로의 길이가 되고, 바로 이 길이가 우리가 찾고 싶은 다른 꼭짓점에 닿을 수 있는 분리 단계가 됩니다. 우리는 퍼즐 19에서 경로는 찾을 수 있는 알고리즘을 함께 보았었습니다. 하지만 그 알고리즘은 그래프의 한 꼭짓점이 다른 꼭짓점과 연결이 되어있는지만을 확인하고, 탐색 과정에서 거친 이동 경로가 최단 거리라는 것을 보장하지는 않습니다.

퍼즐 19에서 보았던 깊이 우선 탐색과는 다르게, 너비 우선 탐색은 우리의 요구사항을 만족시킬 수 있습니다. 이름에서 알 수 있듯이, 시작 꼭짓점으로부터 한 단계를 거쳐(즉, 한 변을 거쳐서) 닿을 수 있는 모든 꼭짓점을 수집합니다. 방금 전 탐색을 통해 닿은 꼭짓점들로 새로운 경계선을 형성하고, 시작 꼭짓점을 새로운 경계선에 있는 꼭짓점들로 다시 설정합니다. 주어진 경계선이 있을 때, 우리는 새로운 꼭짓점들의 집합을 찾습니다. 즉, 현재 경계선에서 한 단계를 거쳐서 닿을 수 있는 모든 꼭짓점들을 뜻합니다. 중요한 점은, 우리는 이미 방문했던 꼭짓점들에 대해서는 고려하지 않아야 합니다. 예를 들어, 시작 꼭짓점을 다시 방문할 필요는 없습니다. 우리는 오로지 한 꼭짓점은 어떤 하나의 경계선에만 속하도록 해야 합니다.

첫 번째 경계선은 시작 꼭짓점이고, 당연하지만 시작 꼭짓점으로부터의 거리는 0입니다. 두 번째 경계선은 한 단계를 거쳐서 닿을 수 있는 꼭짓점들로 형성됩니다. 세 번째는 두 번째 단계에서 수집된 꼭짓점들로부터 닿을 수 있는 꼭짓점들로 형성됩니다. 이런 방식으로 계속 진행합니다. 우리가 모든 꼭짓점들을 방문했을 때, 비로소 탐색은 완료됩니다. 마지막 경계선의 꼭짓점들은 시작 꼭짓점 S로부터의 최대 분리 단계를 나타냅니다. 즉, k_s가 됩니다. 아래 그래프에서 어떻게 알고리즘이 동작하는지 그림으로 살펴보겠습니다. 시작 꼭짓점은 A입니다.

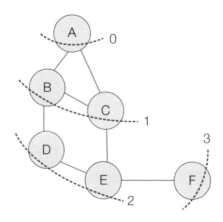

경계선은 선으로 표시해서, 경계선에 포함되는 꼭짓점들을 통과하도록 그려놓았고, 경계선이 생성된 순서에 따라 번호를 매겼습니다. 각 꼭짓점은 정확히 한 개의 꼭짓점에만 속합니다. B와 C는 경계선 1이기 때문에, 우리는 B와 C에서 한 단계를 거쳐 닿을 수 있는, 아직 방문하지 않은 꼭짓점들을 찾아야 합니다. 그 결과, 경계선 2는 D와 E를 포함합니다.

그래프에서 A부터 F까지 5개의 변을 거쳐 갈 수 있는 경로가 있고, 그것은 A → C → B → D → E → F 입니다. 하지만 최단 경로는 3개의 변을 거치는 A → C → E → F 입니다. 재귀적인 깊이 우선 탐색에서, 우리는 F에 다다르기 위해 최단 경로가 아닌 경로를 거치게 될 가능성이 매우 큽니다. 너비 우선 탐색은 최단 경로를 찾을 수 있고, k_a는 그 결과 3이 됩니다.

이제 우리는 꼭짓점 C를 시작점으로 정해보겠습니다. 경계선은 다음과 같이 정해질 것입니다.

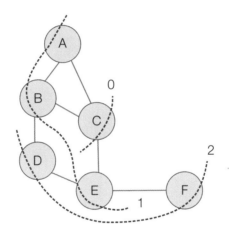

A, B, E가 한 단계만에 닿을 수 있고, D와 F는 두 단계입니다. 즉, k_c=2입니다.

20-2 집합

너비 우선 탐색 알고리즘에서 각 경계선은 수학적으로 말하자면 꼭짓점들의 집합에 해당합니다. 즉, 꼭짓점들의 순서는 의미가 없고, 꼭짓점들은 반복되지 않습니다. 우리는 파이썬에서 집합을 사용해서 수학의 집합을 나타낼 수 있고, 파이썬은 집합을 다루기 위한 연산들을 제공합니다. 우리는 '퍼즐 14 스도쿠 문제'에서 암시된 숫자를 찾아내는데 집합을 사용했었습니다.

아래는 집합의 예시입니다.

```
frontier = {'A', 'B', 'D'}
```

우리는 다음과 같이 집합에 원소를 더하거나 뺄 수 있습니다.

```
frontier.add('F')
frontier.remove('A')
print(frontier)
```

출력되는 결과는 아래와 같습니다.

```
{'D', 'B', 'F'}
```

만약 집합에 없는 원소를 제거하려고 한다면 KeyError 예외가 발생한다는 것에 유의하시기 바랍니다. 여러분은 집합에 어떤 원소가 있는지 없는지 다음과 같이 확인할 수 있습니다.

```
'A' in frontier
'A' not in frontier
```

다음과 같이 빈 집합을 생성하고 원소를 추가할 수 있습니다.

```
frontier = set()
frontier.add('A')
```

파이썬은 합집합, 교집합, 차집합과 같은 집합 연산도 제공합니다.

20-3 너비 우선 탐색에서 집합 사용하기

우리는 퍼즐 19에서 했던 것처럼, 딕셔너리를 사용해서 그래프를 표현하겠습니다. 아래는 방금 전의 그래프 예제를 딕셔너리로 정리한 것입니다.

```
small = {'A': ['B', 'C'],
         'B': ['A', 'C', 'D'],
         'C': ['A', 'B', 'E'],
         'D': ['B', 'E'],
         'E': ['C', 'D', 'F'],
         'F': ['E']}
```

딕셔너리에서 키는 각 꼭짓점입니다. 각각의 줄은 키-값 쌍을 나타내고, 값은 꼭짓점 키에서 변을 통해 연결된 다른 꼭짓점들의 리스트입니다. 이전에 했던 것처럼 무방향 그래프를 다룰 것입니다. 즉, 그래프는 방향성이 없는 변으로 이루어져 있습니다.

아래 우리가 지금까지 알아보았던 너비 우선 탐색을 사용한 코드입니다.

```
 1. def degreesOfSeparation(graph, start):
 2.     if start not in graph:
 3.         return -1
 4.     visited = set()
 5.     frontier = set()
 6.     degrees = 0
 7.     visited.add(start)
 8.     frontier.add(start)
 9.     while len(frontier) > 0:
10.         print (frontier, ':', degrees)
11.         degrees += 1
12.         newfront = set()
13.         for g in frontier:
14.             for next in graph[g]:
15.                 if next not in visited:
16.                     visited.add(next)
17.                     newfront.add(next)
```

```
18.         frontier = newfront
19.     return degrees - 1
```

이 함수는 그래프와 시작 꼭짓점을 입력값으로 받습니다. 그리고 그래프에서 다른 꼭짓점까지의 최단 경로를 계산합니다. 만약 시작 꼭짓점이 그래프 딕셔너리에 없다면, 함수는 실행을 중단하고 −1을 출력합니다(2−3번째 줄).

너비 우선 탐색을 위한 데이터 구조는 파이썬의 집합에 해당합니다. 우리는 각 꼭짓점이 정확히 하나의 경계선에만 위치하는 것을 보장해야 하기 때문에, 방문한 꼭짓점들을 관리해야 합니다. 방문한 꼭짓점들의 집합과 현재 경계선이 빈 집합으로 생성됩니다(4−5번째 줄). 변수 degrees는 경계선의 번호이고 0으로 초기화됩니다(6번째 줄). 우리는 먼저 7번째와 8번째 줄에서 시작 꼭짓점을 방문하는 것으로 탐색을 시작합니다. 방문한 꼭짓점 집합과 경계선 집합에 추가됩니다.

9 − 18번째 줄의 **while** 문에 너비 우선 탐색이 구현되어 있습니다. 경계선이 비어있지 않다면, 우리는 현재 경계선의 각 꼭짓점을 시작으로 탐색을 해서 아직 방문하지 않은 새로운 꼭짓점을 찾습니다. 13 − 17번째 줄의 바깥쪽 **for** 문에 현재 경계선의 각 꼭짓점을 순회합니다. 경계선의 각 꼭짓점에 대해, 우리는 14 − 17번째 줄의 안쪽 **for** 문에서 이웃 꼭짓점들을 찾아봅니다. 만약 이 이웃이 아직 방문되지 않았다면(15번째 줄에서 확인) 방문된 것으로 표시하고(16번째 줄), 새로운 경계선에 추가합니다(17번째 줄). 바깥쪽 **for** 문을 나갔을 때, 우리는 단순하게 현재 경계선을 다음 경계선으로 교체하고(18번째 줄) 다음을 진행합니다.

while 문을 나가게 되면, 우리는 모든 꼭짓점을 처리한 것이고 마지막 경계선에 대한 정보를 가지고 있게 됩니다. 그리고 마지막 경계선에 할당된 번호를 출력합니다. 이 값이 바로 그래프에서 시작 꼭짓점으로부터 다른 모든 꼭짓점 사이의 최대 분리 단계가 됩니다.

이제 작은 예제로 들었던 그래프를 넣어서 우리의 코드를 실행시켜봅시다.

```
degreesOfSeparation(small, 'A')
```

그 결과는 이전에 그림에서 보인 것과 동일하게 생성됩니다.

```
{'A'} : 0
{'C', 'B'} : 1
{'E', 'D'} : 2
{'F'} : 3
```

이번에는 더 큰 그래프를 넣어서 실행시켜봅시다.

```
large = {'A': ['B', 'C', 'E'], 'B': ['A', 'C'],
         'C': ['A', 'B', 'J'], 'D': ['E', 'F', 'G'],
         'E': ['A', 'D', 'K'], 'F': ['D', 'N'],
         'G': ['D', 'H', 'I'], 'H': ['G', 'M'],
         'I': ['G', 'P'], 'J': ['C', 'K', 'L'],
         'K': ['E', 'J', 'L'], 'L': ['J', 'K', 'S'],
         'M': ['H', 'N', 'O'], 'N': ['F', 'M', 'O'],
         'O': ['N', 'M', 'V'], 'P': ['I', 'Q', 'R'],
         'Q': ['P', 'W'], 'R': ['P', 'X'],
         'S': ['L', 'T', 'U'], 'T': ['S', 'U'],
         'U': ['S', 'T', 'V'], 'V': ['O', 'U', 'W'],
         'W': ['Q', 'V', 'Y'], 'X': ['R', 'Y', 'Z'],
         'Y': ['W', 'X', 'Z'], 'Z': ['X', 'Y']}
degreesOfSeparation(large, 'A')
```

그 결과는 아래와 같습니다.

```
{'A'} : 0
{'C', 'B', 'E'} : 1
{'J', 'K', 'D'} : 2
{'F', 'L', 'G'} : 3
{'I', 'S', 'N', 'H'} : 4
{'T', 'M', 'O', 'U', 'P'} : 5
{'Q', 'V', 'R'} : 6
{'X', 'W'} : 7
{'Z', 'Y'} : 8
```

위 결과로부터 우리는 그래프의 분리 단계는 8인 것을 알 수 있습니다.

아닙니다! 위 결과로부터는 그래프의 분리 단계가 적어도 8인 것만을 알 수 있습니다.

우리는 모든 가능한 꼭짓점으로부터 시작해서 실행한 결과를 모두 확인해야만 그래프의 분리 단계를 알 수 있습니다. 여기에 모든 꼭짓점을 시작으로 하는 결과를 적어서 여러분을 지겹게 만들지는 않겠습니다. 아래 보는 것처럼, 꼭짓점 B를 시작으로 했을 때 그래프의 최대 분리 단계를 알 수 있습니다.

```
degreesOfSeparation(large, 'B')
```

그 결과는 아래와 같습니다.

```
{'B'} : 0
{'C', 'A'} : 1
{'E', 'J'} : 2
{'K', 'D', 'L'} : 3
{'F', 'S', 'G'} : 4
{'U', 'I', 'T', 'N', 'H'} : 5
{'V', 'O', 'M', 'P'} : 6
{'Q', 'R', 'W'} : 7
{'X', 'Y'} : 8
{'Z'} : 9
```

꼭짓점 B부터 꼭짓점 Z까지(혹은 반대로) 가는 최단 거리는 9개의 변을 거치는 것입니다.

모든 꼭짓점들에 대해 degreesOfSeperation을 실행시켜보면, 여러분은 그래프의 "중심"이 꼭짓점 U라는 것을 알 수 있습니다. 아래를 실행시켜 보겠습니다.

```
degreesOfSeparation(large, 'U')
```

그 결과는 아래와 같습니다.

```
{'U'} : 0
{'T', 'S', 'V'} : 1
{'O', 'W', 'L'} : 2
{'J', 'M', 'K', 'Y', 'Q', 'N'} : 3
{'F', 'P', 'E', 'C', 'H', 'Z', 'X'} : 4
{'A', 'B', 'D', 'I', 'R', 'G'} : 5
```

위 그래프에서 $k_u=5$ 이고, 모든 시작 꼭짓점들 중에 가장 작은 값입니다. 우리는 스무줄 남짓의 코드를 작성해서 그래프에 관해 재미있는 정보들을 많이 얻을 수 있었습니다. 지금까지 우리가 함께 해왔던 경험을 통해, 프로그래밍은 정말 유용하고 컴퓨터 과학은 멋지다는 것을 알았으면 합니다. 여러분이 아직 확신이 들지 않았다면, 마지막으로 함께 할 퍼즐 하나가 남아있으니, 다음 퍼즐에서 더 재미있는 이야기를 해보겠습니다.

20-4 역사

여섯 단계 분리 이론은 1929년도에 헝가리 작가 Frigyes Karinthy가 그의 짧은 이야기를 담은 Chain이라는 저서를 통해 처음 제안되었습니다. Ithiel de Sola Pool(MIT)와 Manfred Kochen(IBM)은 1950년도에 이 이론을 수학적으로 증명하기 위한 작업에 돌입했고 공식화하는데 진전이 있었지만, 결국 만족스러운 증명을 해내지는 못했습니다.

1967년도에 미국인 사회학자 Stanley Milgram은 이 이론을 "작은 세상 문제"라고 부르고, 증명하기 위한 실험적 방법들을 고안해냈습니다. 무작위로 선택한 미국의 중서부 사람들에게 북동부의 도시에 있는 전혀 모르는 사람에게 물건을 전달하도록 하였습니다. 전혀 모르는 사람의 이름과 직업만을 알려주었고, 상세한 위치는 알려주지 않았습니다. 그리고 물건을 전달해야 할 사람들에게 다음과 같은 지시사항만 전했습니다. "여러분이 아는 사람들 중에 한 사람에게 물건을 전하는데, 성을 기준으로, 최종 수신자를 잘 알 것 같은 사람에게 전달해주세요." 이런 방식으로 물건이 실제 수신자에게 전달되는데까지 얼마나 걸리는지를 알아보았습니다.

놀랍게도, 평균적으로 다섯에서 일곱 번의 중간 다리를 건너서 모든 물건들이 배달되었습니다. Milgram의 이러한 발견은 Psychology Today에 게재되었고, 이 때 처음으로 여섯 단계 분리(six degrees of separation)라는 용어가 탄생하였습니다. 그러나 그의 발견은 이후에 너무 작은 규모로 실험을 했다는 것이 밝혀지면서 비판받았습니다. 십여년 후에, Columbia 대학 교수 Duncan Watts는 Milgram의 실험을 인터넷에서 훨씬 큰 규모로 실험해보았습니다. Watts는 이메일을 "물건"으로 바꿔서 전송하였고, 그 결과는 평균적으로 여섯 번을 건너서 모두 전송할 수 있다는 것을 확인했습니다!

많은 사람들이 1997년도에 시작된 Six Degrees라는 사이트가 첫 번째 소셜 미디어 사이트라고 간주합니다. Facebook이나 Twitter같은 현대의 사이트에서는 이러한 중간 다리를 효율적으로 낮춰왔고, 이제는 거의 0에 가까워졌다고 생각합니다.

![연습문제 로고]

연습문제

연습 1 그래프와 그래프 내의 한 쌍의 꼭짓점을 입력으로 받아서, 두 꼭짓점 사이의 분리 단계를 찾는 함수를 작성하세요. 그런 뒤, 또 다른 함수에서는 그래프 내의 모든 꼭짓점 쌍을 찾고, 첫 번째 함수를 사용해서 각 꼭짓점 쌍의 분리 단계를 찾은 후 그 중 가장 큰 값을 그래프의 분리 단계로 출력하도록 하세요.

물론, 위의 함수들로부터 얻는 결과는 degreesOfSeperation 함수를 그래프 내의 각 꼭짓점마다 실행해서 시작 꼭짓점으로부터의 최대 분리 단계를 찾고, 그 중에서 가장 큰 값을 출력하는 것과 동일합니다. 우리가 본문에서 큰 친구 관계 그래프에서 그래프의 분리 단계를 9로 결정한 방법이기도 합니다.

연습 2 무방향 그래프를 딕셔너리로 표현하는 방법에 대해서 한 가지 거슬리는 점은, 각 변은 방향이 없기 때문에 양쪽 꼭짓점에 모두 넣어주어야 한다는 것입니다. 예를 들어, 꼭짓점 A와 B를 연결하는 변은 한 개지만, 딕셔너리에서는 A에서 B로, 그리고 B에서 A로, 총 두 개가 필요합니다. 그리고 이런 점 때문에 큰 그래프를 표현할 때 실수를 하고는 합니다. 사실, 필자도 26개의 꼭짓점을 가진 그래프를 large 딕셔너리로 표현할 때, 엄청나게 많은 실수를 했습니다. 이 점을 보완하기 위해, 함수를 만들어서 그래프의 딕셔너리 표현이 대칭적으로 이루어져있는지 확인해보세요. 즉, 만약 꼭짓점 X에서 꼭짓점 Y로 변이 있다면, 그와 동일하지만 반대인 꼭짓점 Y에서 꼭짓점 X로 변이 있어야 합니다.

연습 3 우리가 같이 알아보았던 코드는 각 경계선을 출력하지만, 정확히 어떤 꼭짓점 쌍 사이에 경로를 알려주지는 않습니다. 새로운 함수를 작성해서, 그래프와 한 쌍의 꼭짓점이 주어졌을 때 그 사이의 최단 경로를 출력하도록 해보세요. 꼭짓점 B와 Z에 대해, 우리는 아래와 같은 결과를 얻을 수 있습니다.

B→C→J→L→S→U→V→W→Y→Z

또는

B→A→E→D→G→I→P→R→X→Z

가 될 것입니다.

> **힌트:** 여러분은 모든 경계선을 저장한 뒤, 마지막 꼭짓점으로부터 거꾸로 찾아갈 수 있도록 함수를 만들어야 합니다. 마지막 꼭짓점에 닿기 직전에 있는 경계선에서, 마지막 꼭짓점과 이어지는 변을 가진 W라는 꼭짓점이 있을 것입니다. W뿐만 아니라 더 있을 수도 있습니다. 그리고 난 뒤, W에 닿기 전에 있던 경계선에서, W로 이어지는 꼭짓점을 다시 찾습니다. 이런 식으로 반복하면서 시작 꼭짓점에 다다랐을 때 경로를 알 수 있습니다.

퍼즐 연습 4 여기서는 모든 변이 동일하지 않다고 가정하겠습니다. 이제 변에 가중치가 숫자로서 주어지는데, 이 숫자는 둘 사이의 거리, 혹은 관계를 의미합니다. 변의 가중치가 2라면, 둘 사이가 다소 먼 관계를 나타냅니다. 가중치가 1이라면 가까운 관계를 나타냅니다. 아래는 가중치가 주어진 그래프의 예시로서 딕셔너리로 표현할 수 있습니다.

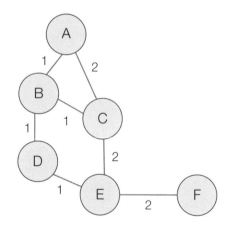

```
smallw = {'A': [('B', 1), ('C', 2)],
          'B': [('A', 1), ('C', 1), ('D', 1)],
          'C': [('A', 2), ('B', 1), ('E', 2)],
          'D': [('B', 1), ('E', 1)],
          'E': [('C', 2), ('D', 1), ('F', 2)],
          'F': [('E', 2)]}
```

꼭짓점 키의 값 리스트 안에 있는 원소는 2-튜플로서, 연결되어 있는 반대쪽 꼭짓점과 변의 가중치를 표시합니다. 우리는 무방향 변을 다루고 있기 때문에, 한 변으로 이어진 두 꼭짓점에서 어떤 꼭짓점이 시작점이든지 그 가중치 값은 같습니다.

우리는 두 꼭짓점 사이에 최소 가중치 경로를 찾아서, 경로 상의 가중치의 합을 두 꼭짓점의 가중치가 주어진 분리 단계라고 정의하겠습니다. 꼭짓점 A와 꼭짓점 C의 가중치가 주어진 분리 단계는 2입니다. 왜냐하면 A에서 C로는 직접 연결된 변이 있기 때문입니다. A에서 F까지의 가중치가 주어진 분리 단계는 5인데, 경로는 A → B → D → E → F 를 거치게 되어서, 총 가중치는 1+1+1+2=5 가 됩니다. 경로 A → C → E → F 처럼 더 적은 변으로 이루어진 경우라도, 그 총 가중치의 합이 6이 되어 더 긴 경우보다 가중치가 커질 수 있습니다.

함수 weightDegreesOfSeparation를 작성해서, 시작 꼭짓점으로부터 다른 모든 꼭짓점들까지의 분리 단계 중 가장 큰 값을 찾을 수 있도록 해보세요. 즉, 여러분은 주어진 시작 꼭짓점에서 다른 모든 꼭짓점들까지의 가중치가 주어진 분리 단계를 계산해보아야 합니다.

힌트: 너비 우선 탐색을 수정하는 대신 그래프의 형태를 바꾸는 것을 고려해보세요. 여러분의 변형된 그래프를 표현한 딕셔너리에서 대칭적 관계를 만족하는지, 예제 2에서 작성한 코드를 수행해서 확인해보기 바랍니다.

퍼즐 21_
질문에도 돈을
내야 합니다

만약 여러분이 이 가격이 얼마나 하는지 물어봐야 한다면,
여러분은 이미 그 것을 감당할 수 없다는 뜻입니다.

J. P. Morgan

이번 퍼즐에 쓰이는 프로그래밍 구조 및 알고리즘:
- 객체 지향 프로그래밍
- 이분 탐색 트리

어렸을 때, 여러분 모두 스무고개 게임을 해보았을 것입니다. 여기 비슷한 게임이 있습니다.

여러분의 친구가 1부터 7 사이의 숫자 하나를 생각합니다. 여러분은 최소한의 추측을 통해 친구가 생각한 번호를 맞추어야 합니다. 여러분의 추측이 맞다면, 이제 여러분이 숫자를 생각하고 여러분의 친구가 추측할 차례입니다. 여러분과 친구는 특별하게 이 게임 말고는 할 일이 없어서, 매 게임에서 서로가 숫자를 맞추기 위해 추측했던 횟수를 기록하기로 했습니다. 총 추측의 횟수가 더 많은 사람이 저녁을 사기로 했습니다. 저녁이 걸려있으니, 여러분은 이기기 위해 열심히 하기로 다짐합니다.

게임의 규칙과 용어를 정리하고 가겠습니다. 숫자를 생각하는 사람을 출제자, 맞추는 사람을 도전자라고 하겠습니다. 출제자는 생각한 숫자를 도전자가 추측을 시작하기 전에 종이에 적어두어야 합니다. 그래야 속이거나 중간에 숫자를 바꾸는 일을 방지할 수 있기 때문입니다. 도전자가 숫자를 추측할 때, 출제자는 "정답", "위", "아래" 중 하나를 답해야만 합니다. 대답의 의미는 단어 그대로의 뜻입니다.

여기까지 보았을 때, 여러분은 아마도 이분 탐색이 최고의 전략이 될 것이라고 생각할 것입니다. 이분 탐색을 사용하면, 1부터 7까지의 숫자를 최대 세 번의 추측 안에 맞출 수 있습니다. $\log_2 7$은 2보다 크고 3보다 작은 값이기 때문입니다. 아래는 이 게임에서 사용할 수 있는 이분 탐색 트리입니다.[*]

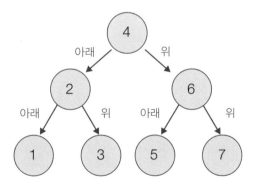

---

[*] **역자 주_** 트리는 그래프에서 조금 더 단순화된 데이터 구조로 생각할 수 있습니다. 트리에는 항상 최상위에서 시작하는 꼭짓점이 반드시 한 개만 있고, 이를 루트(root) 노드라고 부릅니다. 위의 예에서는 4가 바로 루트 노드입니다. 반대로 트리의 최하위에 있는 꼭짓점들은 리프(leaf) 노드라고 부릅니다.

위 이분 탐색 트리는 이분 탐색을 어떻게 수행할지를 나타냅니다. 루트 노드는 첫 번째 추측인 4입니다. 이에 대한 응답으로 "아래"를 받았다면 2로 이동하고, "위"를 받았다면 6으로 이동하고, "정답"을 받았다면 저녁 메뉴를 고르기 시작하면 됩니다. 만약 여러분의 친구가 4를 생각했다면 여러분은 한 번의 추측만으로 맞출 수 있고, 7을 생각했다면 4, 6, 7을 거치는 세 번의 추측을 통해 맞출 수 있습니다. 이분 탐색 트리는 이 게임에 유용한 데이터 구조이고, 다음과 같은 특성을 만족합니다. 현재 꼭짓점의 왼쪽으로 연결된 모든 꼭짓점들은 현재 꼭짓점보다 작은 값을 가지게 되고, 오른쪽으로 연결된 모든 꼭짓점들은 현재 꼭짓점보다 큰 값을 가지게 됩니다. 이 특징은 이분 탐색 트리의 모든 꼭짓점에 대해 적용됩니다. 즉, 재귀적인 특징이라고 할 수 있습니다. 꼭짓점의 자식 꼭짓점은 한 개이거나 두 개이거나, 혹은 아예 없을 수 있습니다.

그런데, 여러분의 친구는 이분 탐색과 이분 탐색 트리에 관해 알고 있었습니다. 여러분은 동전 던지기로 저녁을 누가 살지 정하는 것과 같은 게임이라고 생각하고 있었지만, 어느 순간 여러분은 친구가 계속해서 홀수만 고르는 것을 깨달았습니다. 홀수는 이분 탐색 트리의 바닥에만 있고, 그렇다면 여러분은 이 수를 고르기 위해 더 많은 추측을 해야 합니다. 그래서 여러분은 친구가 매 게임마다 고르는 숫자의 확률을 어느정도 추정했고, 그 결과는 아래와 같습니다.

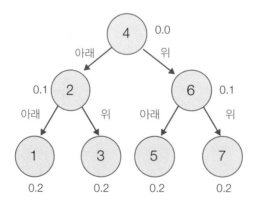

```
Pr(1) = 0.2 Pr(2) = 0.1 Pr(3) = 0.2 Pr(4) = 0
Pr(5) = 0.2 Pr(6) = 0.1 Pr(7) = 0.2
```

여러분은 다른 이분 탐색 트리를 만들어서 더 많이 나올 수 있는 홀수를 더 적은 추측을 통해 맞출 수 있도록 하려고 합니다. 여러분은 친구가 고집이 세서 이 확률을 바꾸지 않을 것을 알고 있고, 이제 평균적으로 더 적은 추측을 할 수 있는 이분 탐색 트리를 찾아내기만 하면 게임에서 이길 수 있습니다.

위와 같이 숫자의 확률이 주어졌을 때, 여러분이 해야 할 추측 횟수의 기댓값을 최소화하는 이분 탐색 트리를 어떻게 하면 만들 수 있을까요? 우선, 최소화해야 할 값은 아래와 같습니다.

$$weight = \sum_{i=1}^{7} Pr(i) \cdot (D(i)+1)$$

D(i)는 여러분의 이분 탐색 트리에서 숫자 i의 깊이입니다. 이전에 나왔던 평범한 이분 탐색 트리에서는, 위 기대값은 $0.2 \cdot 3 + 0.1 \cdot 2 + 0.2 \cdot 3 + 0 \cdot 1 + 0.2 \cdot 3 + 0.1 \cdot 2 + 0.2 \cdot 3 = 2.8$ 입니다. i = 1 일 때, 숫자 1은 0.2의 확률로 깊이 3에 있고, i=2 일 때, 숫자 2는 0.1의 확률로 깊이 2에 있습니다. 이런 식으로 생각하면 됩니다.

여러분은 다른 이분 탐색 트리를 가지고 게임을 훨씬 더 잘할 수 있습니다. 공짜 저녁이 눈앞에 보이기 시작합니다.

아래는 주어진 확률로부터 추측 횟수의 기대값을 최소화하는 최적의 이분 탐색 트리입니다.

$$\sum_{i=1}^{7} Pr(i) \cdot (D(i)+1)$$

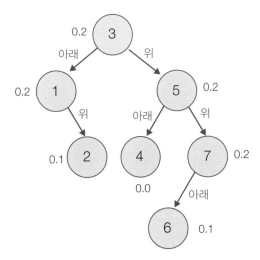

우선 주목해야 할 부분은, "균형잡힌" 이분 탐색 트리는 최대 깊이가 3이었고 추측 횟수의 기대값이 2.8이었던 것에 반해, 위 트리는 최대 깊이가 4입니다. 위 이분 탐색 트리에서 추측 횟수의 기대값은 $0.2 \cdot 2 + 0.1 \cdot 3 + 0.2 \cdot 1 + 0 \cdot 3 + 0.2 \cdot 2 + 0.1 \cdot 4 + 0.2 \cdot 3 = 2.3$ 으로, 2.8보다 작습니다. 이것이 주어진 확률에 대한 최고의 답입니다.

어쩌면 여러분들은 이미 수십번의 시도와 실수를 통해 위 이분 탐색 트리를 찾아냈을지도 모르겠습니다. 물론, 다음에 여러분이 친구나 혹은 다른 사람과 게임을 할 때는, 다시 주어진 확률에 대한 최적화된 또 다른 이분 탐색 트리를 만들어내야 합니다. 이제는 놀라지 않겠지만, 우리는 위 과정을 자동화해서 꼭짓점의 출현 확률이 주어졌을 때 최소의 추측 횟수 기대값을 가지는 이분 탐색 트리를 만들어내는 코드를 작성하겠습니다.

21-1 딕셔너리를 사용한 이분 탐색 트리

우리는 이미 어떻게 딕셔너리를 사용해서 그래프를 표현하는지 보았습니다. 이분 탐색 트리도 특별한 그래프의 일종으로 볼 수 있고, 그러므로 딕셔너리 표현을 그대로 사용할 수 있습니다.

아래는 이분 탐색 트리의 예제입니다.

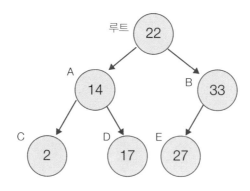

그리고 다음은 딕셔너리로 표현한 것입니다.

```
BST = {'root': [22, 'A', 'B'],
       'A': [14, 'C', 'D'],
       'B': [33, 'E', ''],
       'C': [2, '', ''],
       'D': [17, '', ''],
       'E': [27, '', '']}
```

'root'는 루트 노드에 해당하고, 숫자는 22입니다. 그리고 BST['root']는 길이가 3인 리스트를 값으로 가지고 있고, 이 리스트에는 루트 노드에 할당된 숫자, 왼쪽 자식, 그 다음은 오른쪽 자식이 들어있습니다. 그러므로, BST['root'][1]은 왼쪽 자식에 대한 값인 'A'를 출력합니다. BST[BST['root'][1]]은 꼭짓점 'A'에 해당하는 값 리스트를 출력할 것이고, 그 값은 [14, 'C', 'D'] 입니다.

빈 문자열 ''은 자식이 존재하지 않는다는 뜻입니다. 예를 들어, 33의 숫자를 가진 노드 'B'는 오른쪽 자식을 가지고 있지 않습니다. 숫자 27을 가지고 있는 'E'와 같은 리프 노드들은 좌우 모두 자식이 없습니다.

우리가 이전에 보았던 이분 탐색 트리의 예제 그림에서는 꼭짓점의 이름이 없었습니다. 하지만 딕셔너리를 사용해서 표현할 때는 꼭짓점의 이름을 붙여서 만들었습니다. 문제의 특성상 우리는 이분 탐색 트리의 꼭짓점들이 가지고 있는 숫자들은 전부 유일하다고 가정하고 있고, 그렇다면 꼭짓점에는 유일하게 구분될 수 있는 숫자로 이름을 붙일 수도 있습니다. 그렇게 한다면 딕셔너리에서 키를 꼭짓점의 숫자로 정할 수 있고, 표현이 좀 더 간단해질 것입니다. 코드로 표현하면 아래와 같습니다.

```
BSTnoname = {22: [14, 33],
             14: [2, 17],
             33: [27, None],
              2: [None, None],
             17: [None, None],
             27: [None, None]}
```

그렇지만, 여기에는 문제가 하나 있습니다. 어떻게 루트 노드에 해당하는 숫자를 알 수 있을까요? 첫 키-값 쌍을 루트 노드로 정하면 될까요? 안됩니다. 딕셔너리에서 키의 순서는 아무런 의미가 없다는 것을 다시 한번 생각해보시기 바랍니다. 우리가 딕셔너리를 출력했을 때, 위와 같은 순서로 나올 수도 있고 다른 순서로 나올 수도 있습니다. 예를 들어, 루트 노드가 아닌 33 이 첫 번째 키로 나올 수도 있습니다.

물론, 우리는 전체 이분 탐색 트리를 전부다 훑어본 뒤, 22는 딕셔너리에 있는 값 리스트 안에서 찾을 수 없기 때문에 루트 노드라고 알아낼 수도 있습니다. 그러나 이런 방법으로 루트 노드를 찾는다는 것은 이분 탐색 트리 안의 꼭짓점의 숫자가 커질수록 엄청난 계산을 필요로 합니다. 보통 우리가 이분 탐색 트리를 사용하는 이유는 빠른 시간 안에 원소를 검색하기 위해 사용하고, 일반적으로 n개의 원소들 중 한 숫자를 찾아내는데 $c \log n$(c는 작은 상수)만큼의 연산 횟수를 필요로 합니다. 우리는 루트 노드를 표시해둘 수 있는 무언가를 해야 합니다. 우리는 딕셔너리 구조 외부에서 리스트를 사용해서 이 내용을 적어둘 수 있습니다.

```
BSTwithroot = [22, BSTnoname]
```

정말 번거롭게 되었습니다! 그래서 우리는 원래 사용했던 표현 방식으로 돌아가서 어떻게 이분 탐색 트리를 생성하고, 이분 탐색 트리에서 어떻게 숫자를 검색하는지 등을 함께 살펴보겠습니다. 그리고 우리는 딕셔너리로 표현했던 것을 객체 지향 프로그래밍으로 바꾸어보겠습니다!

21-2 딕셔너리 표현을 사용한 이분 탐색 트리의 연산

이분 탐색 트리를 구현하는데 딕셔너리 표현을 어떻게 사용할지 함께 살펴보겠습니다. 우리는 이분 탐색 트리에서 어떤 숫자가 존재하는지 확인하고, 이분 탐색 트리에 새로운 숫자를 넣고, 마지막으로 이분 탐색 트리의 모든 숫자를 정렬된 순서로 출력하는 코드들을 살펴볼 것입니다. 모든 함수에서 이분 탐색 트리를 재귀적으로 루트 노드부터 리프 노드까지 순회하는 방법을 사용합니다. 이분 탐색 트리의 리프 노드는 자식이 없는 꼭짓점입니다. 예를 들어, 우리의 예제 딕셔너리에서 2, 17, 27이 리프 노드입니다.

다음은 이분 탐색 트리에서 숫자를 찾는 코드입니다.

```
 1. def lookup(bst, cVal):
 2.     return lookupHelper(bst, cVal, 'root')
 3. def lookupHelper(bst, cVal, current):
 4.     if current == '':
 5.         return False
 6.     elif bst[current][0] == cVal:
 7.         return True
 8.     elif (cVal < bst[current][0]):
 9.         return lookupHelper(bst, cVal, bst[current][1])
10.     else:
11.         return lookupHelper(bst, cVal, bst[current][2])
```

우리는 루트 노드부터 시작해서 숫자를 찾기 시작하고, 루트 노드는 'root'라고 이름붙여진 것으로 정했었습니다(2번째 줄). 만약 지금 우리가 보고 있는 꼭짓점이 비어있다면(즉, 빈 문자열 ' '로 표현되어 있다면), 우리는 **False**를 출력합니다(4 – 5번째 줄). 만약 현재 꼭짓점의 값이 우리가 찾고 있는 값과 같다면, **True**를 출력합니다(6 – 7번째 줄). 반면에, 우리가 찾고 있는 값이 현재 꼭짓점의 값보다 작다면, 우리는 재귀적인 방법을 사용해서 현재 꼭짓점의 왼쪽 자식으로 이동합니다(8 – 9번째 줄). 마지막으로 우리가 찾고 있는 값이 현재 꼭짓점의 값보다 크다면, 재귀적으로 현재 꼭짓점의 오른쪽 자식으로 이동해서 탐색을 계속 진행합니다(10 – 11번째 줄).

다음은 이분 탐색 트리에 새로운 숫자를 넣어서 트리를 변경하는 방법을 살펴보겠습니다. 우리는 새로운 숫자를 넣을 때, 어떤 방식으로 하든지 간에, 이분 탐색 트리의 특성을 유지해야만 합니다. 우선 마치 이분 탐색 트리에서 넣으려는 숫자를 찾고 있는 것처럼, 루트 노드부터 시작해서 만나는 값을 기준으로 왼쪽 혹은 오른쪽으로 계속 내려갑니다. 더 이상 숫자를 찾을 수 없는 리프 노드에 도착했을 때, 넣으려는 숫자가 리프 노드의 숫자에 비해 큰지 작은지에 따라서 리프노드의 왼쪽 혹은 아래쪽으로 자식을 하나 더 만듭니다. 이런 방식으로 새로운 숫자를 집어넣습니다.

다음 그림에서 왼쪽과 같은 이분 탐색 트리가 주어졌을 때, 우리는 4를 이 트리에 넣으려고 합니다. 그 결과는 오른쪽 그림과 같습니다.

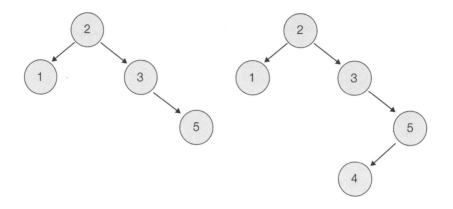

루트 노드 2부터 시작해서, 4 〉 2 이기 때문에 오른쪽 3으로 이동하고, 3에서는 4 〉 3 이기 때문에 오른쪽 5로 이동하고, 5 에서는 4 〈 5 이기 때문에 왼쪽에 새로운 꼭짓점을 만들고 숫자 4를 넣습니다.

다음의 입력 알고리즘 코드는 val이라고 불리는 숫자가 이분 탐색 트리에 존재하지 않는다고 가정하고 있습니다. 즉, 여러분은 이 함수를 실행하기 전에 반드시 lookup 함수의 결과가 **False**인지를 꼭 확인해야 합니다. 또한 'root'라고 이름붙여진 꼭짓점도 이미 존재하는 것으로 간주합니다. 루트 노드는 이미 숫자를 가지고 있어야 하고, 처음에는 아무 자식도 없어야 합니다. 자식들은 insert 함수를 사용해서 추가됩니다. 한 가지 주의할 점은, 우리가 위에서 그림으로 보았던 예제와는 다르게 코드에서는 꼭짓점의 이름과 값을 모두 사용해야만 합니다.

```
1. def insert(name, val, bst):
2.     return insertHelper(name, val, 'root', bst)
3. def insertHelper(name, val, pred, bst):
4.     predLeft = bst[pred][1]
5.     predRight = bst[pred][2]
6.     if ((predRight == '') and (predLeft == '')):
7.         if val < bst[pred][0]:
8.             bst[pred][1] = name
9.         else:
10.             bst[pred][2] = name
11.         bst[name] = [val, '', '']
12.         return bst
13.     elif (val < bst[pred][0]):
```

```
14.         if predLeft == '':
15.             bst[pred][1] = name
16.             bst[name] = [val, '', '']
17.             return bst
18.         else:
19.             return insertHelper(name, val, bst[pred][1], bst)
20.     else:
21.         if predRight == '':
22.             bst[pred][2] = name
23.             bst[name] = [val, '', '']
24.             return bst
25.         else:
26.             return insertHelper(name, val, bst[pred][2], bst)
```

insert 함수는 단순하게 insertHelper를 호출하고, 루트 노드는 'root'라는 이름을 가지고 있다는 사전에 정한 규칙을 따릅니다. 그렇지 않다면, 우리는 다른 곳에 루트 노드의 이름을 저장해두고 탐색을 시작할 때 사용해야 합니다.

insertHelper에서 코드 여기저기에 있는 기저 사례들이 있습니다. 만약 우리가 자식이 없는 꼭짓점에 있다면(6번째 줄), 우리는 새로운 숫자를 현재 꼭짓점의 왼쪽 혹은 오른쪽에 넣을 수 있고(7 – 12번째 줄), 그렇다면 할 일을 다한 것입니다. 반면에, 넣으려는 숫자가 꼭짓점의 숫자보다 작다면(13번째 줄) 숫자를 왼쪽 자식에 넣을 수 있는데, 만약 왼쪽 자식이 없다면 여기에 숫자를 입력하고(13번째 줄) 끝냅니다. 만약 왼쪽 자식이 존재한다면, 우리는 insertHelper를 왼쪽 자식과 함께 재귀적으로 호출합니다. 20 – 26번째 줄에서는 넣으려는 숫자가 꼭짓점의 숫자보다 큰 경우를 처리하고, 13 – 19번째 줄과 동일한 방식으로 동작합니다.

이전에 주어진 이분 탐색 트리에 해당하는 딕셔너리를 생성하려고 할 때, 아쉽게도 바로 insert 함수를 비어있는 딕셔너리를 사용해서 호출할 수 없습니다. 우리는 빈 딕셔너리를 생성해서 빈 트리를 생성하고, 그리고 루트 노드를 명시적으로 추가합니다. 그리고 난 뒤, 다음과 같이 꼭짓점의 이름과 숫자를 입력값으로 하여 insert 함수를 사용해서 생성합니다.

```
BST = {}
BST['root'] = [22, '', '']
```

```
insert('A', 14, BST)
insert('B', 33, BST)
insert('C', 2, BST)
insert('D', 17, BST)
insert('E', 27, BST)
```

마지막 insert는 아래와 같은 결과를 출력합니다.

```
{'C': [2, '', ''], 'root': [22, 'A', 'B'], 'E': [27, '', ''],
 'A': [14, 'C', 'D'], 'B': [33, 'E', ''], 'D': [17, '', '']}
```

루트 노드와 다른 꼭짓점들에 대해 다른 연산을 수행해야 하고, 꼭짓점의 이름을 붙여야만 한다는 것은 꽤나 귀찮은 일입니다. 전자의 문제는 insert에서 몇몇 특별한 경우의 처리를 해주면 해결할 수 있다고 하지만, 후자의 문제는 딕셔너리 표현의 기반이 되는 것이므로 변경하기 어렵습니다.

마지막으로, 이분 탐색 트리에 저장된 숫자들을 오름차순으로 정렬된 순서로 어떻게 출력할 수 있을지 알아보겠습니다. 이분 탐색 트리의 특징을 활용할 수 있는 중위 순회라는 방법을 통해 정렬된 리스트를 다음과 같이 만들 수 있습니다.

```
1. def inOrder(bst):
2.     outputList = []
3.     inOrderHelper(bst, 'root', outputList)
4.     return outputList
5. def inOrderHelper(bst, vertex, outputList):
6.     if vertex == '':
7.         return
8.     inOrderHelper(bst, bst[vertex][1], outputList)
9.     outputList.append(bst[vertex][0])
10.    inOrderHelper(bst, bst[vertex][2], outputList)
```

inOrderHelper 함수의 코드가 중위 순회가 무엇인지 바로 보여줍니다. 6 - 7번째 줄은 기저 사례입니다. 중위 순회의 뜻은 왼쪽 자식을 먼저 순회하고(8번째 줄), 현재 꼭짓점의 숫자를 확인하고(9번째 줄), 그리고 오른쪽 자식을 순회합니다(10번째 줄).

이 개념은 또 다른 정렬 알고리즘의 아이디어를 제공합니다. 숫자들이 임의의 순서로 주어졌을 때, 빈 이분 탐색 트리에 주어지는대로 하나씩 숫자를 입력합니다. 그리고, inOrder 함수를 사용해서 정렬된 리스트를 만들 수 있습니다.

21-3 객체 지향 프로그래밍 스타일의 이분 탐색 트리

우리는 이제 여러분에게 클래스와 객체 지향 프로그래밍(Object-Oriented Programming, OOP)에 관해 다시 소개하고, 그 기본에 관해 설명하려고 합니다. "다시" 소개한다고 한 이유는 이미 우리가 지금까지 파이썬의 내장 클래스인 리스트와 딕셔너리 등을 사용해왔기 때문입니다. 리스트와 딕셔너리 객체의 메소드(method)를 활용했었고, 이것이 객체 지향 프로그래밍의 가장 중요한 부분이라고 할 수 있습니다.

몇 가지 예시를 들어보겠습니다. 퍼즐 1에서 우리는 intervals.append(arg) 라는 구문을 사용했었는데, 바로 리스트 intervals의 append라는 메소드를 호출해서, 리스트 intervals에 입력값 arg를 원소로 추가했습니다. 퍼즐 3에서 우리는 deck.index(arg)를 사용해서 리스트 deck 안에 있는 입력값으로 주어진 arg 원소의 위치값을 찾았습니다. 그리고 퍼즐 14에서 우리는 vset.remove(arg)를 사용해서 집합 vset에서 입력값으로 주어진 arg 원소를 제거했었습니다.

이 퍼즐에서 가장 큰 차이점은 우리는 우리들의 파이썬 클래스를 정의할 것이라는 점입니다. 우리는 먼저 꼭짓점 클래스를 정의해서, 이분 탐색 트리의 꼭짓점에 해당하는 정보와 연산을 할 수 있는 메소드를 구현할 것입니다. 그래서 그래프와 다른 종류의 트리에서도 쉽게 사용할 수 있도록 하겠습니다.

```
1. class BSTVertex:
2.     def __init__(self, val, leftChild, rightChild):
3.         self.val = val
4.         self.leftChild = leftChild
5.         self.rightChild = rightChild
6.     def getVal(self):
```

```
7.          return self.val
8.      def getLeftChild(self):
9.          return self.leftChild
10.     def getRightChild(self):
11.         return self.rightChild
12.     def setVal(self, newVal):
13.         self.val = newVal
14.     def setLeftChild(self, newLeft):
15.         self.leftChild = newLeft
16.     def setRightChild(self, newRight):
17.         self.rightChild = newRight
```

1번째 줄은 새로운 클래스 BSTVertex를 정의합니다. 2 – 5번째 줄은 클래스의 생성자를 정의하고, 그 이름은 반드시 __init__ 이어야만 합니다. 생성자는 새로운 BSTVertex 객체를 생성해서 결과로 출력하는 것(암시적인 출력)뿐만 아니라, BSTVertex의 필드(field, 클래스 내에서 사용하는 변수)를 초기화합니다. 필드는 초기화 과정을 통해 정의됩니다. BSTVertex는 세 개의 필드가 있습니다. 숫자 val, 왼쪽 자식 leftChild, 그리고 오른쪽 자식 rightChild 입니다. 우리는 손쉽게 이름 필드를 추가할 수도 있겠지만, 여기서는 하지 않겠습니다. 딕셔너리 표현에서 했던 것과는 다르게 이야기하고 있는데, 왜 여기서는 필요하지 않은지를 곧 알게 될 것입니다.

아래는 BSTVertex 객체를 만드는 명령어입니다.

```
root = BSTVertex(22, None, None)
```

우리가 명시적으로 __init__ 을 호출하지 않았고, 생성자를 호출하는 대신 클래스 BSTVertex의 이름을 사용한 것을 알 수 있습니다. 우리는 세 개의 입력값만 넣었고, 이 세 개의 입력값은 __init__ 의 마지막 세 개의 입력변수에 해당합니다. self라는 입력변수는 함수 안에서 객체를 참조할 수 있도록 단순히 추가해놓은 것뿐입니다. self가 없다면, 우리는 leftChild = leftChild 라고 코드를 작성해야 하는데, 이러면 코드를 보는 사람뿐만 아니라 파이썬도 어떻게 해석해야 할지 헷갈려 할 것입니다! 위의 객체 생성 코드에서 우리는 숫자 22를 가지고 아무런 자식이 없는 루트 노드를 만들었습니다.

6 - 17번째 줄에서 우리는 BSTVertex 객체를 접근하거나 수정하는 메소드를 정의합니다. 엄밀히 말해서 이런 메소드는 필요하지 않지만, 객체 지향 프로그래밍의 좋은 습관 중 하나입니다. 물론 bn.val을 사용하면 n.getVal()과 같은 기능으로서, 꼭짓점의 값을 바로 접근할 수 있습니다. 또는 꼭짓점의 값을 수정하는 것도 n.setVal(10) 대신 n.val = 10 이라고 해도 됩니다. 주목할 점으로 접근자와 수정자 메소드를 사용할 때 입력변수 self를 지정할 필요가 없습니다. 객체의 값을 읽고 출력하는 메소드를 접근자 메소드라고 부르고, 객체의 값을 수정하는 메소드를 수정자 메소드라고 부릅니다.

이제 이분 탐색 트리 클래스를 살펴보겠습니다. 아래는 그 중 일부를 먼저 적었습니다.

```
1. class BSTree:
2.     def __init__(self, root):
3.         self.root = root
4.     def lookup(self, cVal):
5.         return self.__lookupHelper(cVal, self.root)
6.     def __lookupHelper(self, cVal, cVertex):
7.         if cVertex == None:
8.             return False
9.         elif cVal == cVertex.getVal():
10.             return True
11.         elif (cVal < cVertex.getVal()):
12.             return self.__lookupHelper(cVal,\
12a.                    cVertex.getLeftChild())
13.         else:
14.             return self.__lookupHelper(cVal,\
14a.                    cVertex.getRightChild())
```

이분 탐색 트리의 생성자는 2 - 3번째 줄에 정의된 것처럼 매우 간단합니다. 입력값으로 주어진 루트 노드로 이분 탐색 트리를 만듭니다. 생성자 부분에 정의되어 있지는 않아서 확실하게 알 수는 없지만, 우리는 BSTVertex 객체를 루트 노드로서 사용하고 있습니다. 그렇지만 4 - 14번째 줄에서 정의된 lookup 메소드를 보면 명확해집니다. lookup 함수는 우리가 이전에 보았던 딕셔너리를 기본으로 하는 lookup과 동일한 방식으로 검색을 수행합니다. 그러나 딕셔너리 또는 리스트의 위치 대신 객체의 필드에 대해서 동작합니다. 우리는 파이썬의 관습에 따라, 사용자가 직접 호출하지 않는 lookupHelper 와 같은 함수들에 대해서는, 이름 앞에 __ 를 붙이도록 하겠습니다.

아래는 어떻게 이분 탐색 트리를 생성하고, 그 안에서 숫자를 검색하는지 보여줍니다.

```
root = BSTVertex(22, None, None)
tree = BSTree(root)
lookup(tree.lookup(22))
lookup(tree.lookup(14))
```

첫 번째 lookup은 **True**를 출력하고, 두 번째는 **False**를 출력합니다. 이제는 이분 탐색 트리에 꼭짓점을 어떻게 집어넣을지 보겠습니다. 아래 코드는 BSTree 클래스 정의 코드의 일부이므로, 줄 번호를 이어서 적었습니다. insert의 들여쓰기도 lookup과 같은 정도로 들어가있습니다.

```
15.     def insert(self, val):
16.         if self.root == None:
17.             self.root = BSTVertex(val, None, None)
18.         else:
19.             self.__insertHelper(val, self.root)
20.     def __insertHelper(self, val, pred):
21.         predLeft = pred.getLeftChild()
22.         predRight = pred.getRightChild()
23.         if (predRight == None and predLeft == None):
24.             if val < pred.getVal():
25.                 pred.setLeftChild((BSTVertex(val, None, None)))
26.             else:
27.                 pred.setRightChild((BSTVertex(val, None, None)))
28.         elif (val < pred.getVal()):
29.             if predLeft == None:
30.                 pred.setLeftChild((BSTVertex(val, None, None)))
31.             else:
32.                 self.__insertHelper(val, pred.getLeftChild())
33.         else:
34.             if predRight == None:
35.                 pred.setRightChild((BSTVertex(val, None, None)))
36.             else:
37.                 self.__insertHelper(val, pred.getRightChild())
```

이 코드는 딕셔너리를 기초로 한 코드보다 훨씬 깔끔합니다. insert 함수에서는 트리의 루트 노드가 존재하지 않는 경우를 확인합니다. 이제 우리는 insert 함수가 있으므로, 다음과 같이 실행할 수 있습니다.

```
tree = BSTree(None)
tree.insert(22)
```

위 명령어는 루트 노드에 숫자가 22이고 자식이 없는 상태로 이분 탐색 트리를 만들고, BSTree 객체가 만들어지기 전에 BSTVertex 객체가 만들어지는 상황을 피할 수 있습니다. 그리고 만약 여러분이 None을 직접 적어주어야 한다는 것이 마음에 들지 않는다면, 여러분은 트리 생성자에 입력변수 기본값을 정의할 수도 있습니다.

```
2.    def __init__(self, root=None):
3.        self.root = root
```

마지막으로, 아래에서 트리를 중위 순회하는 함수를 볼 수 있습니다. 다시 말하지만, 딕셔너리 표현을 기본으로 했던 알고리즘과 똑같은 방식으로 만들어졌고, 이 코드 또한 BSTree 클래스 안쪽에서 정의되어야 합니다.

```
38.    def inOrder(self):
39.        outputList = []
40.        return self.__inOrderHelper(self.root, outputList)
41.    def __inOrderHelper(self, vertex, outList):
42.        if vertex == None:
43.            return
44.        self.__inOrderHelper(vertex.getLeftChild(), outList)
45.        outList.append(vertex.getVal())
46.        self.__inOrderHelper(vertex.getRightChild(), outList)
47.        return outList
```

객체 지향 프로그래밍 스타일의 코드에서 좋은 점 중에 하나는 쉽게 확장할 수 있다는 것입니다. 만약 우리가 이분 탐색 트리 꼭짓점에 이름을 추가하고 싶다면, 단순하게 BSTVertex 클래스에 필드 하나를 추가만 하면 됩니다. 뒤에서 연습 1과 2를 통해 이분 탐색 트리 데이터 구조를 확장시켜보도록 하겠습니다.

이제 우리는 필요한 데이터 구조를 모두 가지고 있고, 우선 탐욕법을 사용해서 우리의 문제를 풀어보겠습니다. 탐욕적 알고리즘은 루트 노드에 가장 높은 확률을 가지는 숫자를 놓는 것으로 시작합니다. 그 이유는 높은 확률을 가진 숫자일수록 낮은 깊이에 있기를 원하기 때문입니다. 루트 노드에 숫자를 놓은 뒤, 우리는 어떤 숫자가 루트 노드의 왼쪽에 있어야 할지, 오른쪽에 있어야 할지 알 수 있습니다. 우리는 다시 양쪽에 탐욕법을 적용하겠습니다. 이 방법으로 우리는 매우 잘 동작하는 알고리즘을 찾은 것 같습니다. 실제로 많은 경우에 이 알고리즘은 잘 동작합니다. 하지만, 이 방법은 또 어떤 경우들에 대해서는 최적의 이분 탐색 트리를 만들어내지 못합니다. 아래 이 알고리즘이 실패하는 예시가 있습니다.

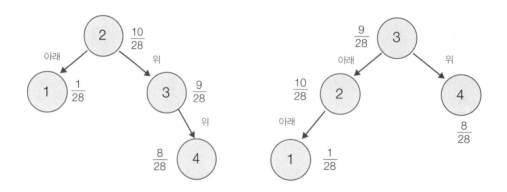

출제자가 1, 2, 3, 4 의 숫자를 선택할 확률을 $\frac{1}{28}, \frac{10}{28}, \frac{9}{28}, \frac{8}{28}$이라고 가정하겠습니다. 출제자가 2를 고를 확률이 가능 높기 때문에, 탐욕법을 통해 우리는 이 숫자를 루트 노드로 선택합니다. 그 다음은 1은 루트 노드의 왼쪽, 3 과 4 는 루트 노드의 오른쪽으로 놓아야 합니다. 3을 선택할 확률이 4보다 높기 때문에, 우리는 3을 오른쪽의 첫 꼭짓점으로 사용하겠습니다. 그 결과로서 왼쪽 그림의 이분 탐색 트리가 완성되었습니다. 그리고 평균 추측 횟수는 $\frac{1}{28} \cdot 2 + \frac{10}{28} \cdot 1 + \frac{9}{28} \cdot 2 + \frac{8}{28} \cdot 3 = \frac{54}{28}$이 됩니다. 하지만, 오른쪽에 조금 더 적은 가중치를 가지는, 좀 더 좋은 이분 탐색 트리가 있습니다. 여기서는 3을 루트 노드로 선택하였고, 평균 추측 횟수는 $\frac{1}{28} \cdot 3 + \frac{10}{28} \cdot 2 + \frac{9}{28} \cdot 1 + \frac{8}{28} \cdot 2 = \frac{48}{28}$이 됩니다.

즉, 우리는 루트 노드에 대해 전체 가중치가 최소화될 수 있도록 하는 여러가지 시도를 전부 해봐야한다는 뜻입니다. 숫자가 $k(0)$, $k(1)$, $\cdots$, $k(n-1)$이 주어졌을 때, 최소 가중치가 $e(0, n-1)$라고 하겠습니다. 각 $k(i)$의 선택 확률은 $p(i)$입니다. 우리는 $k(0) < k(1) .. < k(n-1)$이라고 가정하겠습니다. 우리가 루트 노드로 $k(r)$를 선택하면, 아래 그림처럼 $k(0)$, $\cdots$, $k(r-1)$은 루트 노드의 왼쪽으로, $k(r+1)$, $\cdots$, $k(n-1)$은 루트 노드의 오른쪽에 놓아야 합니다. 아래에서 삼각형으로 그려진 두 개의 부분 트리도 이분 검색 트리이고, 그 최소 가중치로 $e(0, r-1)$ 과 $e(r+1, n-1)$ 을 갖습니다.

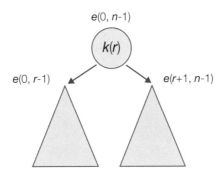

위와 같은 재귀적인 관계를 점화식으로 표현하면 아래의 두 식으로 나타낼 수 있습니다. i는 시작 위치값, j는 끝 위치값을 나타냅니다.

$$e(i, i) = p(i)$$

$$e(i, j) = \min_{r=i}^{j} (e(i, r-1) + e(r+1, j)) + \sum_{s=i}^{j} p(s)$$

만약 $j=i$인 경우, 즉 i 한 개의 숫자만 있는 경우에는 단 하나의 이분 탐색 트리만 가능하므로, 트리의 최소 가중치는 $p(i)$이고, 이것이 기저 사례가 됩니다.

만약 우리가 $k(i)$ 부터 $k(j)$ 까지의 숫자 집합이 있을 때, 우리는 모든 숫자 각각을 루트 노드로 놓을 수 있고, 그 중에서 최고의 루트 노드의 숫자를 선택해서 전체 가중치를 최소화해야 합니다. 두 번째 줄의 식에서 이러한 설명을 보충하는 추가적인 합을 계산하는 부분이 있습니다. 우리가 사용했던 가중치 공식은 $p(i)$와 $(D(i)+1)$을 곱한 값들을 더해서 표현했습니다. 식으로는 $\sum_i Pr(i) \cdot (D(i) +1)$ 입니다. 각 꼭짓점 i에 대해서, 이 꼭짓점이 루트 노드로 선택되지 않았을 때마다 $p(i)$가 한 번씩 더해지고, 마지막으로 루트 노드로 선택되었을 때 한 번 더해지기 때문에, $p(i)$의 계수가 $(D(i)+1)$이 되는 것입니다. 다시 한 번 말합니다만, 꼭짓점 i가 루트 노드로 선택되었을 때, 이 꼭짓점은 어느 쪽의 부분 트리에도 속하지 않기 때문에 $p(i)$ 가 한 번 더 더해지지 않습니다.

어떻게 동작하는지 확인하기 위해, 세 개의 숫자 k(0), k(1), k(2) 가 있다고 하고, 최적의 이분 탐색 트리가 아래와 같다고 하겠습니다.

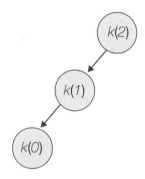

식은 아래와 같습니다.

- e(0, 2) = e(0,1) + ~~e(3,2)~~ + p(0) + p(1) + p(2)
- e(0, 1) = e(0,0) + ~~e(2,1)~~ + p(0) + p(1)
- e(0, 0) = p(0)

값을 치환해서 최종 식을 만들면 아래와 같습니다.

```
e(0, 2) = 3·p(0) + 2·p(1) + p(2)
```

정확히 우리가 원하는 것을 찾았습니다.

먼저, 우리는 퍼즐을 풀기 위한 고수준의 구조를 가진 함수를 보겠습니다.

```
1.  def optimalBST(keys, prob):
2.      n = len(keys)
3.      opt = [[0 for i in range(n)] for j in range(n)]
4.      computeOptRecur(opt, 0, n-1, prob)
5.      tree = createBSTRecur(None, opt, 0, n-1, keys)
6.      print('Minimum average # guesses is', opt[0][n-1][0])
7.      printBST(tree.root)
```

3번째 줄에서 부분 트리와 관련된 서로 다른 부분 문제들의 최소 가중치를 저장하는 리스트 opt를 초기화합니다. 우리는 $e(i, j)$의 결과를 저장해야 하기 때문에, 이차원의 리스트가 필요합니다. opt 리스트의 각 원소는 2-튜플입니다. 첫 번째 원소는 $e(i, j)$의 값이고, 두 번째 원소는 이 값을 생성한 루트 노드의 숫자로서, keys[i]를 저장합니다.

함수 computeOptRecur은 이런 최적의 값을 계산하고 opt 리스트를 채워줍니다(4번째 줄). 그리고 우리는 이 값을 가지고 최적의 이분 탐색 트리를 구성해야 합니다(마치 우리가 퍼즐 18에서 선택한 동전들을 가지고 되돌아가면서 계산했던 것과 비슷합니다). 이 과정은 optimalBSTRecur 함수에서 수행됩니다(5번째 줄).

아래는 최적의 가중치가 어떻게 계산되는지 보여주는 코드입니다.

```
1.  def computeOptRecur(opt, left, right, prob):
2.      if left == right:
3.          opt[left][left] = (prob[left], left)
4.          return
5.      for r in range(left, right + 1):
6.          if left <= r - 1:
7.              computeOptRecur(opt, left, r - 1, prob)
8.              leftval = opt[left][r-1]
9.          else:
10.             leftval = (0, -1)
11.         if r + 1 <= right:
```

```
12.                 computeOptRecur(opt, r + 1, right, prob)
13.                 rightval = opt[r + 1][right]
14.             else:
15.                 rightval = (0, -1)
16.             if r == left:
17.                 bestval = leftval[0] + rightval[0]
18.                 bestr = r
19.             elif bestval > leftval[0] + rightval[0]:
20.                 bestr = r
21.                 bestval = leftval[0] + rightval[0]
22.     weight = sum(prob[left:right+1])
23.     opt[left][right] = (bestval + weight, bestr)
```

2 − 4번째 줄은 숫자가 한 개일 때의 기저 사례에 해당합니다. 5 − 23번째 줄은 재귀적으로 문제를 푸는데, 각각의 숫자를 루트 노드에 넣어보고 그에 따른 최소의 가중치를 계산해봅니다.

6 − 10번째 줄에서는 왼쪽 서브 트리에 최소 두 개의 숫자가 루트 노드가 될 수 있을 경우에 재귀 호출을 수행합니다. 비슷하게 11 − 15번째 줄에서는 오른쪽 서브 트리에 최소 두 개의 숫자가 있을 때 재귀 호출을 수행합니다.

16 − 23번째 줄에서 최소 가중치 값을 계산합니다. 16 − 18번째 줄에서 반복문의 첫 번째 반복에서 bestval을 초기화합니다. 그리고 19 − 21번째 줄에서, 만약 더 작은 가중치 값을 찾았다면, bestval을 갱신합니다. 마지막으로, 22 − 23번째 줄에서는 $\sum_{s=i}^{j} p(s)$을 계산해서 opt 리스트에 추가해줍니다.

여러분은 아마도 computeOptRecur을 보면서, 메모이제이션을 적용하기 좋을 것 같아 보인다고 생각했을 것입니다. 아주 좋은 생각입니다. 여러분은 연습 3에서 이 코드에 메모이제이션을 스스로 적용해보게 될 것입니다.

이제 모든 서브트리에서 계산한 최적의 가중치를 알고 있고, 이 값을 통해 최적의 이분 탐색 트리를 생성하는 함수를 살펴보겠습니다.

```
1. def createBSTRecur(bst, opt, left, right, keys):
2.     if left == right:
3.         bst.insert(keys[left])
```

```
4.        return bst
5.     rindex = opt[left][right][1]
6.     rnum = keys[rindex]
7.     if bst == None:
8.         bst = BSTree(None)
9.     bst.insert(rnum)
10.    if left <= rindex - 1:
11.        bst = createBSTRecur(bst, opt, left, rindex - 1, keys)
11.    if rindex + 1 <= right:
13.        bst = createBSTRecur(bst, opt, rindex + 1, right, keys)
14.    return bst
```

이 함수는 주어진 숫자 리스트 keys에 최소한 2개의 원소는 가지고 있다고 간주합니다. 우선 5번째 줄에서 현재 루트 노드로 선택한 꼭짓점이 어떤 것인지를 살펴봅니다. 그리고 선택한 루트 노드로 이분 탐색 트리를 만들고(7 – 9번째 줄) 이분 탐색 트리가 존재하지 않는 경우도 처리합니다. 재귀 호출을 통해 왼쪽 부분 트리(10 – 11번째 줄), 오른쪽 부분 트리(12 – 13번째 줄)을 채워나갑니다.

2 – 4번째 줄은 기저 사례로서 이분 탐색 트리가 한 개의 꼭짓점만 가지고 있을 경우를 처리합니다. 기저 사례는 오로지 이분 탐색 트리가 막 만들어진 직후에만 만날 수 있습니다. 왜냐하면 우리는 이분 탐색 트리에서 최소 두 개의 숫자가 있다고 가정했기 때문입니다. 그러므로, 우리는 이분 탐색 트리가 존재하는지 여부를 확인할 필요가 없습니다.

이제 이분 탐색 트리를 어떻게 문자열 형태로 표시할지 살펴보겠습니다.

```
1. def printBST(vertex):
2.     left = vertex.leftChild
3.     right = vertex.rightChild
4.     if left != None and right != None:
5.         print('Value =', vertex.val, 'Left =',
                left.val, 'Right =', right.val)
6.         printBST(left)
7.         printBST(right)
8.     elif left != None and right == None:
9.         print('Value =', vertex.val, 'Left =',
                left.val, 'Right = None')
```

```
10.        printBST(left)
11.    elif left == None and right != None:
12.        print('Value =', vertex.val, 'Left = None',
                'Right =', right.val)
13.        printBST(right)
14.    else:
15.        print('Value =', vertex.val,
                'Left = None Right = None')
```

이 함수는 이분 탐색 트리의 루트 노드 객체(즉, BSTVertex 클래스의 객체)를 입력으로 받습니다. 그리고 단순하게 루트 노드의 왼쪽과 오른쪽의 자식을 재귀적으로 호출합니다.

이제 우리가 처음에 보았던 예시로 돌아가서 과연 우리가 만든 코드가 이분 탐색 트리를 잘 만들 수 있는지 확인해보겠습니다.

```
keys = [1, 2, 3, 4, 5, 6, 7]
pr = [0.2, 0.1, 0.2, 0.0, 0.2, 0.1, 0.2]
optimalBST(keys, pr)
```

그 결과는 아래와 같습니다.

```
Minimum average # guesses is 2.3
Value = 3 Left = 1 Right = 5
Value = 1 Left = None Right = 2
Value = 2 Left = None Right = None
Value = 5 Left = 4 Right = 7
Value = 4 Left = None Right = None
Value = 7 Left = 6 Right = None
Value = 6 Left = None Right = None
```

다음에는 탐욕법으로 실패했던 예시에 대해서 코드를 수행해보도록 하겠습니다.

```
keys2 = [1, 2, 3, 4]
pr2 = [1.0/28.0, 10.0/28.0, 9.0/28.0, 8.0/28.0]
optimalBST(keys2, pr2)
```

그 결과는 아래와 같습니다.

```
Minimum average # guesses is 1.7142857142857142
Value = 3 Left = 2 Right = 4
Value = 2 Left = 1 Right = None
Value = 1 Left = None Right = None
Value = 4 Left = None Right = None
```

21-6 데이터 구조 비교

우리는 지금까지 리스트, 딕셔너리, 그리고 이분 탐색 트리 등 많은 데이터 구조를 다루었습니다. 리스트는 셋 중 가장 간단한 것으로, 가장 적은 저장 공간을 필요로 합니다. 만약 여러분이 정보들을 단순히 저장해두고 순서대로 처리하려고 한다면, 리스트는 이 요구사항을 완벽하게 만족시킵니다. 그러나 리스트는 다른 작업에서는 비효율적일 수 있습니다. 예를 들어, 어떤 값을 찾으려고 할 때 리스트를 사용한다면 리스트의 길이만큼의 연산 횟수가 필요하기 때문입니다.

딕셔너리는 리스트에서 값을 저장하는 방법을 일반화시킨 데이터 구조이고, 어떤 값을 찾으려고 할 때는 매우 효율적인 방법을 제공합니다. 해시 테이블을 곁들인다면 어떤 값을 찾을 때 몇 번의 연산만으로 값을 찾을 수 있습니다. 반면에 범위 검색의 경우, 예를 들어 "x와 y 사이의 값을 가지는 키를 검색하고 싶어." 같은 요구사항은 결국 딕셔너리의 모든 키를 검색해야 합니다. 왜냐하면 딕셔너리를 원소들을 순서없이 저장해두기 때문입니다.

이분 탐색 트리에서 어떤 값을 찾는 것은 log n 번의 연산을 수행해야 하고, 딕셔너리만큼 효율적이지는 않지만 확실히 리스트보다는 매우 효율적입니다. 범위 검색 또한 매우 편리하게 구현할 수 있습니다. 왜냐하면 이분 탐색 트리는 데이터를 정렬해서 저장해두기 때문입니다. 연습 4에서 자세히 다루겠습니다.

작업에 알맞은 데이터 구조를 선택하는 것은 알고리즘 퍼즐을 재미있게 만들어줍니다!

연습문제

연습 1 BSTree 클래스에 getVertex 메소드를 추가해서 lookup처럼 **True**나 **False**를 출력하는 것이 아니라 BSTVertex를 출력하도록 변경해보세요. 이것은 이분 탐색 트리 데이터 구조를 변경하는 것이고, 이 퍼즐과는 전혀 무관합니다.

연습 2 inOrder를 따라서 이분 탐색 트리의 크기를 계산하는 size 메소드를 추가해보세요. 이분 탐색 트리의 크기는 꼭짓점의 수로 정의됩니다. 이것은 또 이분 탐색 트리 데이터 구조를 변경하는 것입니다.

연습 3 computeOptRecur에 메모이제이션을 적용해서, 불필요한 작업을 줄여보세요. 새로운 함수의 이름은 computeOptRecurMemoize라고 하겠습니다. 메모이제이션을 적용한 함수는 각 opt 항목 하나, 예를 들어 $e(i, j)$를 딱 한 번만 계산해야 합니다.

연습 4 rangeKeys(bst, k1, k2) 함수를 구현해 보세요. 이 함수는 이분 탐색 트리에서 모든 꼭짓점의 값 k에 대해 k1 <= k <= k2인 값을 찾아서 오름차순으로 출력합니다. 아래 이분 탐색 트리 b를 예시로 들면, rangeKeys(b, 10, 22)가 실행되면 그 결과는 14, 17, 22가 되어야 합니다.

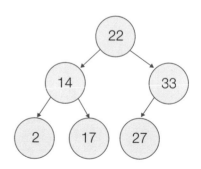

퍼즐로 배우는 알고리즘 with 파이썬

1판 1쇄 발행 2019년 9월 20일

저   자   Srini Devadas
역   자   유동균
발 행 인   김길수
발 행 처   (주)영진닷컴
주   소   (우)08505 서울시 금천구 가산디지털2로 123
          월드메르디앙벤처센터2차 10층 1016호
등   록   2007. 4. 27. 제16-4189호

©2019. (주)영진닷컴

ISBN 978-89-314-6132-9